♡MACHI☆MAHO

11

MAGICAL GIRL BY ACCIDENT

SOURYU

SOURYU PRESENTS MAHIMAHI

Characters

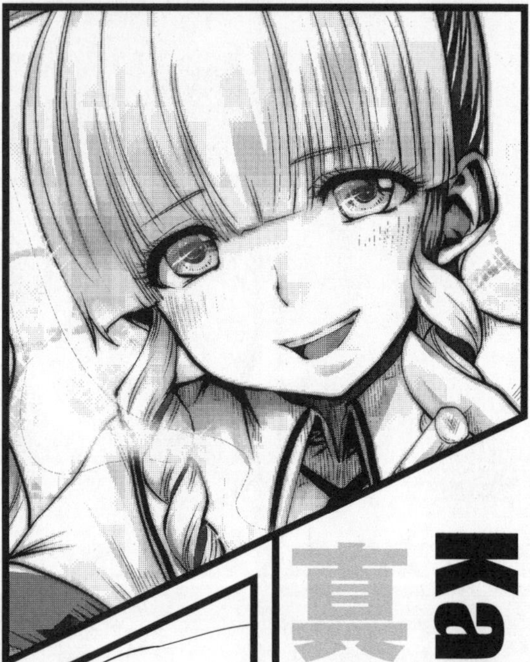

Kayo Majiiba

SCHÜLERIN AN DER SEITEKI-HIGHSCHOOL UND HELDIN DIESER STORY. NEBEN IHREM RAUEN CHARAKTER BESITZT SIE MAGISCHE KRÄFTE, DIE SIE UNSCHLAGBAR MACHEN.

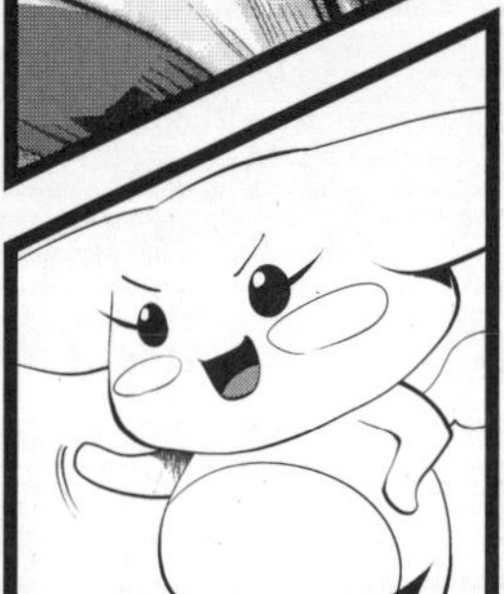

Myu

ENTDECKT KAYOS POTENZIAL ALS MAGICAL GIRL UND VERLEIHT IHR ÜBERNATÜRLICHE KRÄFTE. MYU IST KAYOS HELFER NUMMER 1 IM KAMPF GEGEN DIE ATASUNMO.

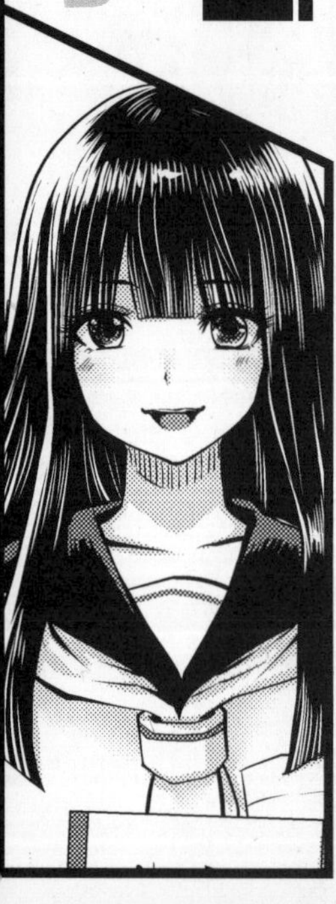

Nako Shusai

LERNT AN EINER RENOMMIERTEN MÄDCHEN-HIGHSCHOOL, WO SIE VORSITZENDE DER SCHÜLERKONFERENZ IST. NACHDEM EIN ATASUNMO SIE VERSCHLUNGEN HAT, ERWACHEN IHRE MAGISCHEN KRÄFTE. DERZEIT BESUCHT SIE DIE SEITEKI-HIGHSCHOOL.

Annabelle

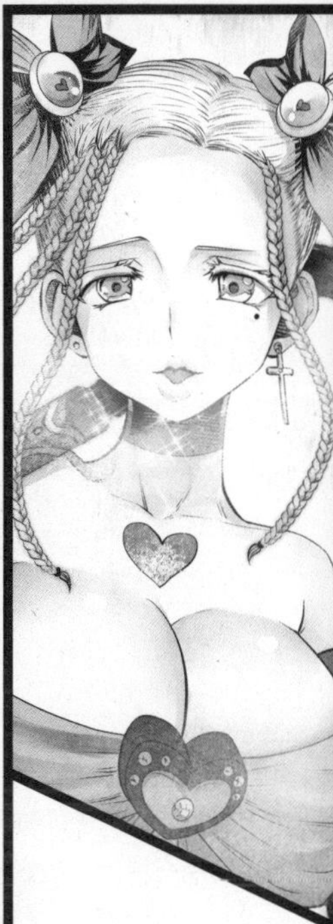

ANNABELLE IST EINE AUSTAUSCHSCHÜLERIN AUS AMERIKA UND EIN ALTER HASE UNTER DEN MAGICAL GIRLS. SIE HASST ATASUNMO ÜBER ALLES UND IST GLEICHZEITIG DIE NEUE RIVALIN VON KAYO UND NAKO. IMMER DANN, WENN SIE ES MIT DER GEBALLTEN MACHT MAL WIEDER ÜBERTREIBT, WERDEN IHRE DICKEN HUPEN KURZERHAND ZU MICKRIGEN FLACHTITTEN.

Mon-Chan

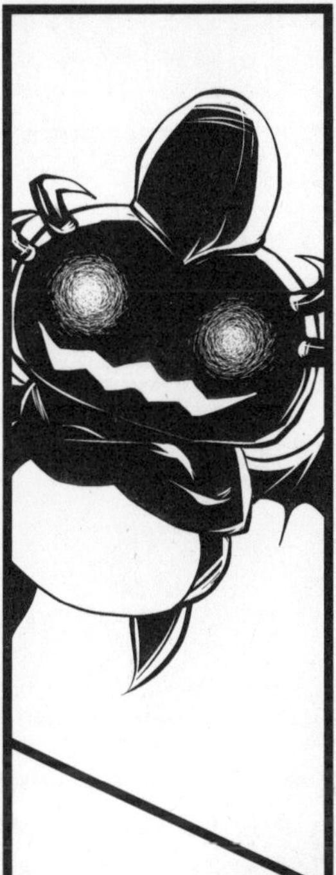

EIN MERKWÜRDIGER ATASUNMO, DER SICH ABGESPALTEN HAT, NACHDEM ER NAKO VERSCHLUNGEN HATTE. SEITDEM VERSUCHT DER KLEINE GNOM UNENTWEGT, DIE KONTROLLE ÜBER NAKO ZU ERLANGEN, MIT DEM ZIEL, AUCH KAYO EINES TAGES FRESSEN ZU KÖNNEN.

Myo

ANNABELLES PARTNER IN CRIME. HÄLT STUR AM IDEAL DER GERECHTIGKEIT FEST UND WILL AUF TEUFEL KOMM RAUS ALLE ATASUNMO VERNICHTEN.

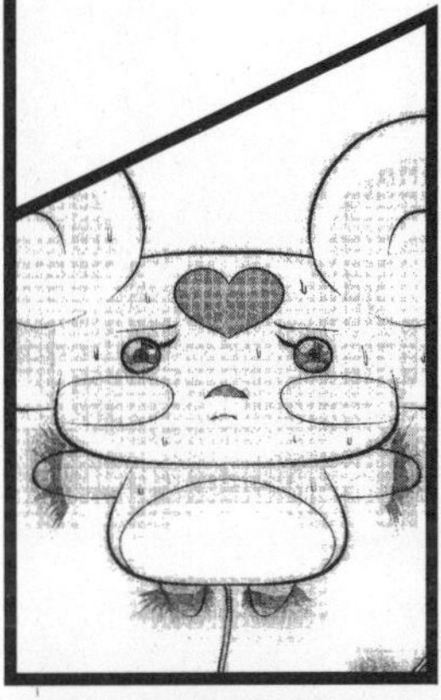

STORY

AUF DER SUCHE NACH EINEM MÄDCHEN, DAS ALS »MAGICAL GIRL« DIE MENSCHHEIT RETTEN SOLL, STÖSST DER RÄTSELHAFTE, KLEINE MYU AUF DIE SCHÜLERIN KAYO MAJIBA. OHNE ZÖGERN, VERLEIHT ER IHR MAGISCHE KRÄFTE UND BITTET SIE, DEN KAMPF GEGEN DIE ATASUNMO AUFZUNEHMEN – GEFRÄSSIGE MONSTER, DIE SICH VON NEGATIVER ENERGIE ERNÄHREN.

OBWOHL KAYO EINE ZIEMLICHE FURIE UND IM GRUNDE DER TEUFEL IN PERSON IST, IST SIE LEIDER AUCH DIE EINZIGE, DIE ES SCHAFFT, ATASUNMO OHNE JEGLICHE VERWANDLUNG MIT EINEM SCHLAG K.O. ZU HAUEN! KAYO BEGEGNET ENDLICH IHREM VATER, DER MASANIDO AUS EINEM ZUSAMMENPRALL MIT DEM CHAOSGOTT GYU GERETTET HAT. EINE UNMITTELBARE KONFRONTATION DER BEIDEN PARTEIEN STEHT KURZ BEVOR. IM HINTERGRUND TÜFTELN DIE SOSIII BEREITS EINEN PERFIDEN PLAN AUS…

INHALT

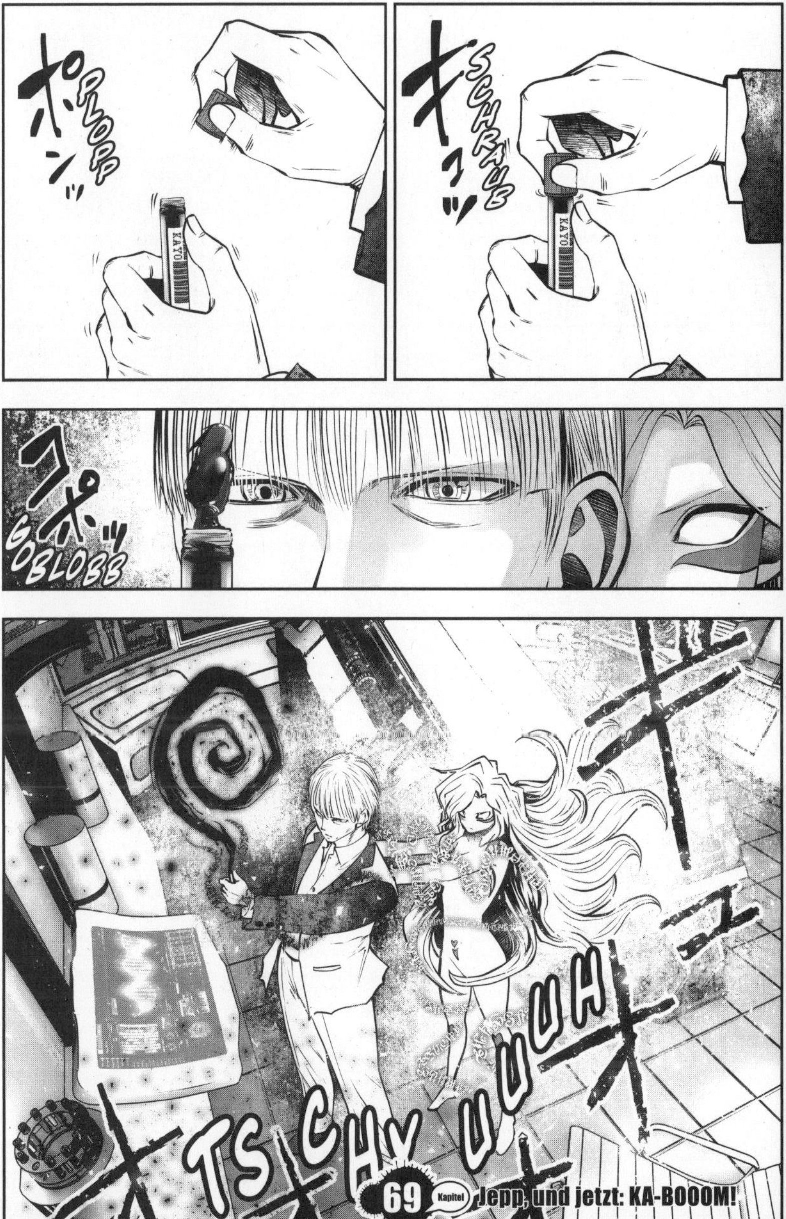
キュッ
SCHRAUB
ポンッ
PLOPP
コポッ
GOBLOBB
キュー
TSCHUUUH
69 Kapitel Jepp, und jetzt: KA-BOOOM!

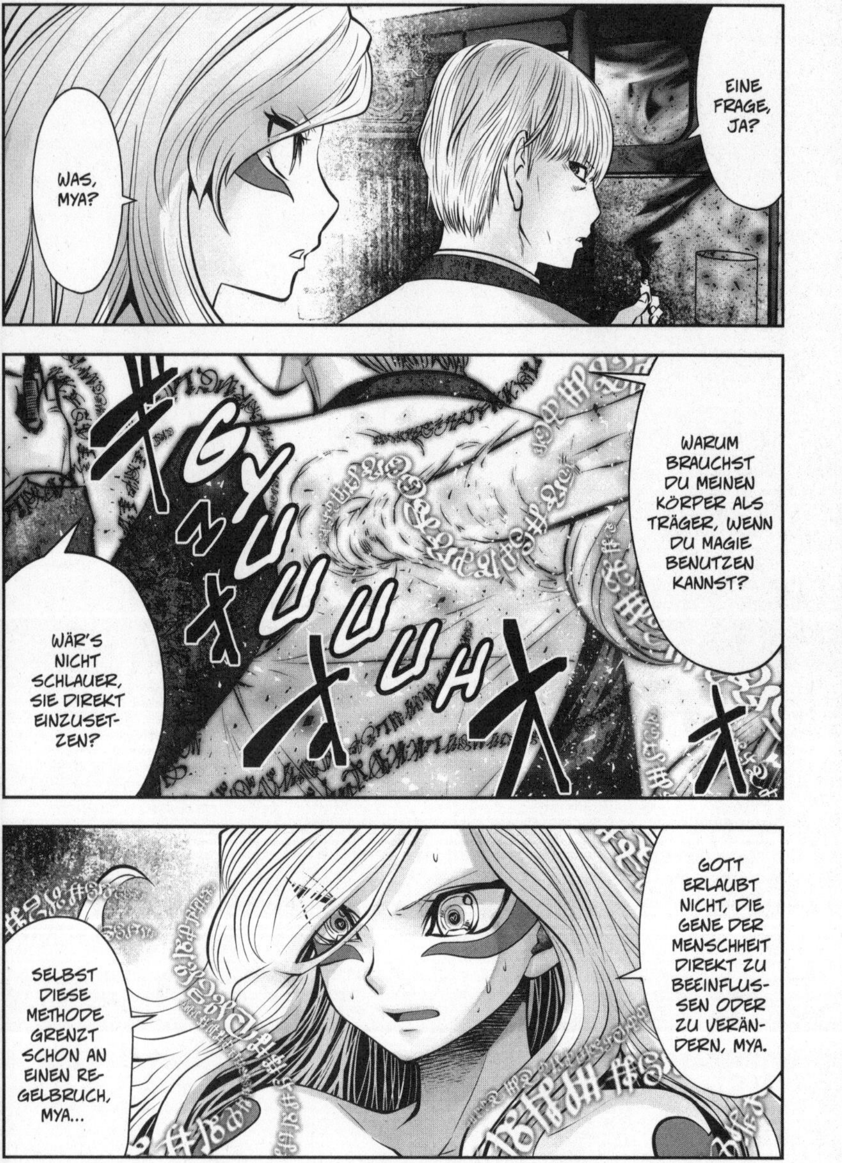
EINE FRAGE, JA?
WAS, MYA?
WARUM BRAUCHST DU MEINEN KÖRPER ALS TRÄGER, WENN DU MAGIE BENUTZEN KANNST?
WÄR'S NICHT SCHLAUER, SIE DIREKT EINZUSET-ZEN?
GOTT ERLAUBT NICHT, DIE GENE DER MENSCHHEIT DIREKT ZU BEEINFLUS-SEN ODER ZU VERÄN-DERN, MYA.
SELBST DIESE METHODE GRENZT SCHON AN EINEN RE-GELBRUCH, MYA...

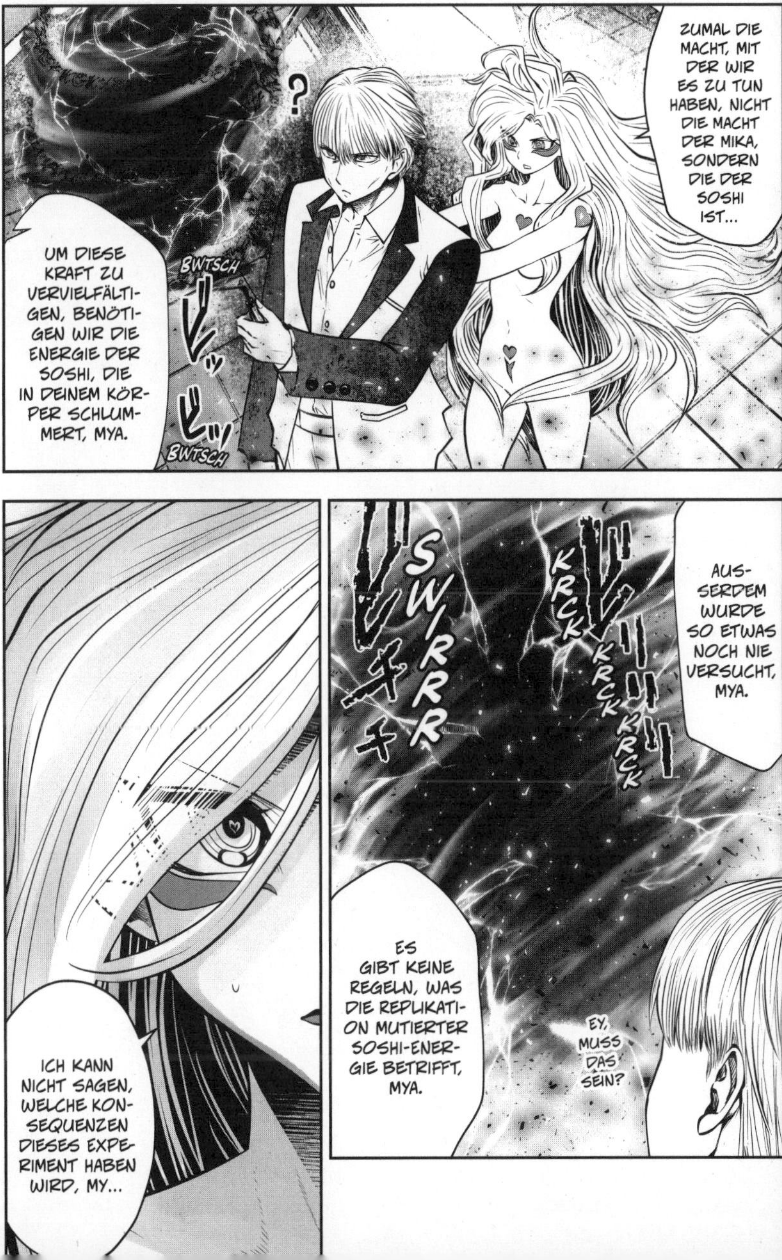
ZUMAL DIE MACHT, MIT DER WIR ES ZU TUN HABEN, NICHT DIE MACHT DER MIKA, SONDERN DIE DER SOSHI IST...
?
UM DIESE KRAFT ZU VERVIELFÄLTIGEN, BENÖTIGEN WIR DIE ENERGIE DER SOSHI, DIE IN DEINEM KÖRPER SCHLUMMERT, MYA.
BWTSCH
BWTSCH
AUSSERDEM WURDE SO ETWAS NOCH NIE VERSUCHT, MYA.
KRCK KRCK KRCK KRCK
SWIRRR
EY, MUSS DAS SEIN?
ES GIBT KEINE REGELN, WAS DIE REPLIKATION MUTIERTER SOSHI-ENERGIE BETRIFFT, MYA.
ICH KANN NICHT SAGEN, WELCHE KONSEQUENZEN DIESES EXPERIMENT HABEN WIRD, MY...

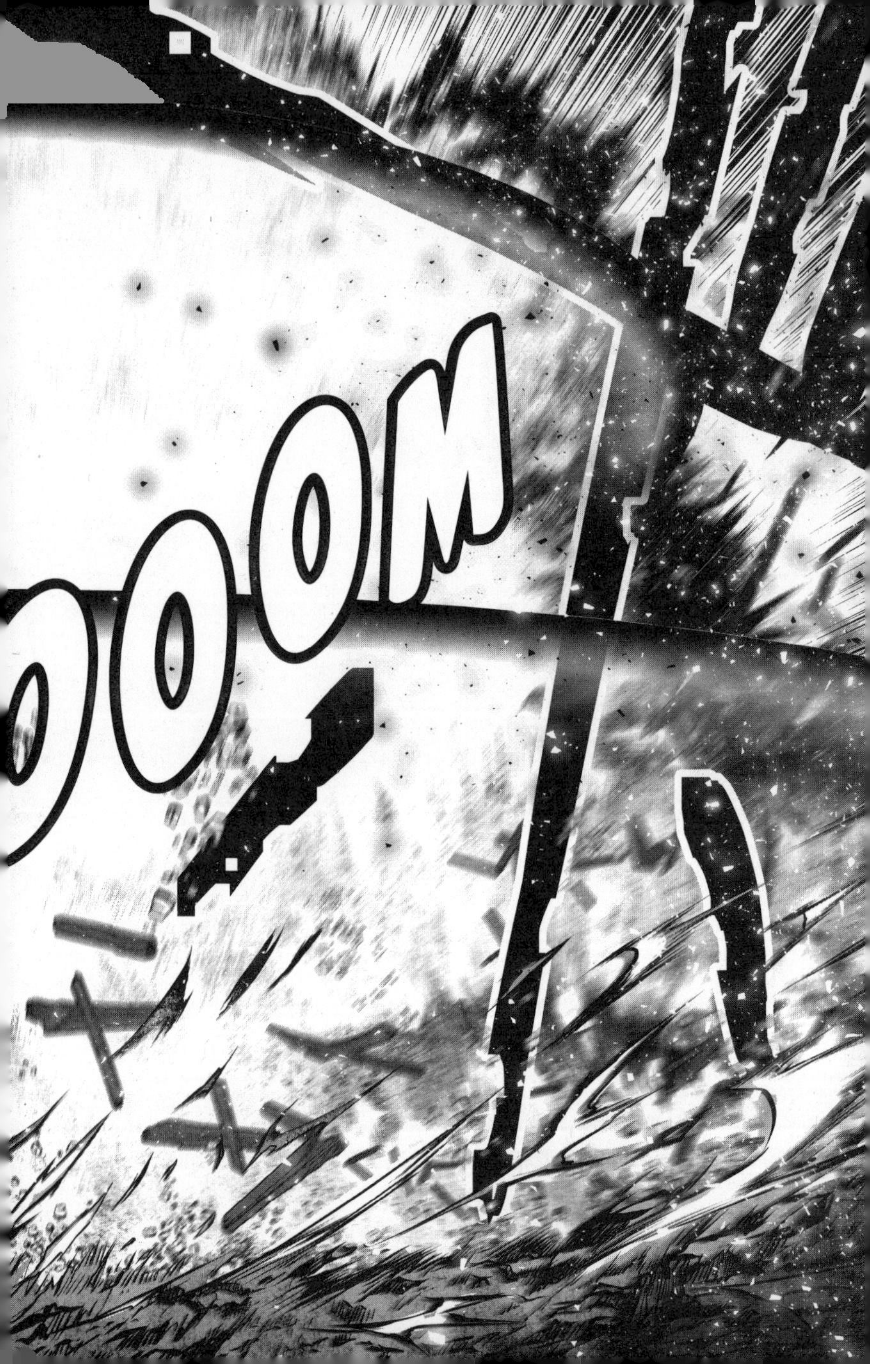
OOOM

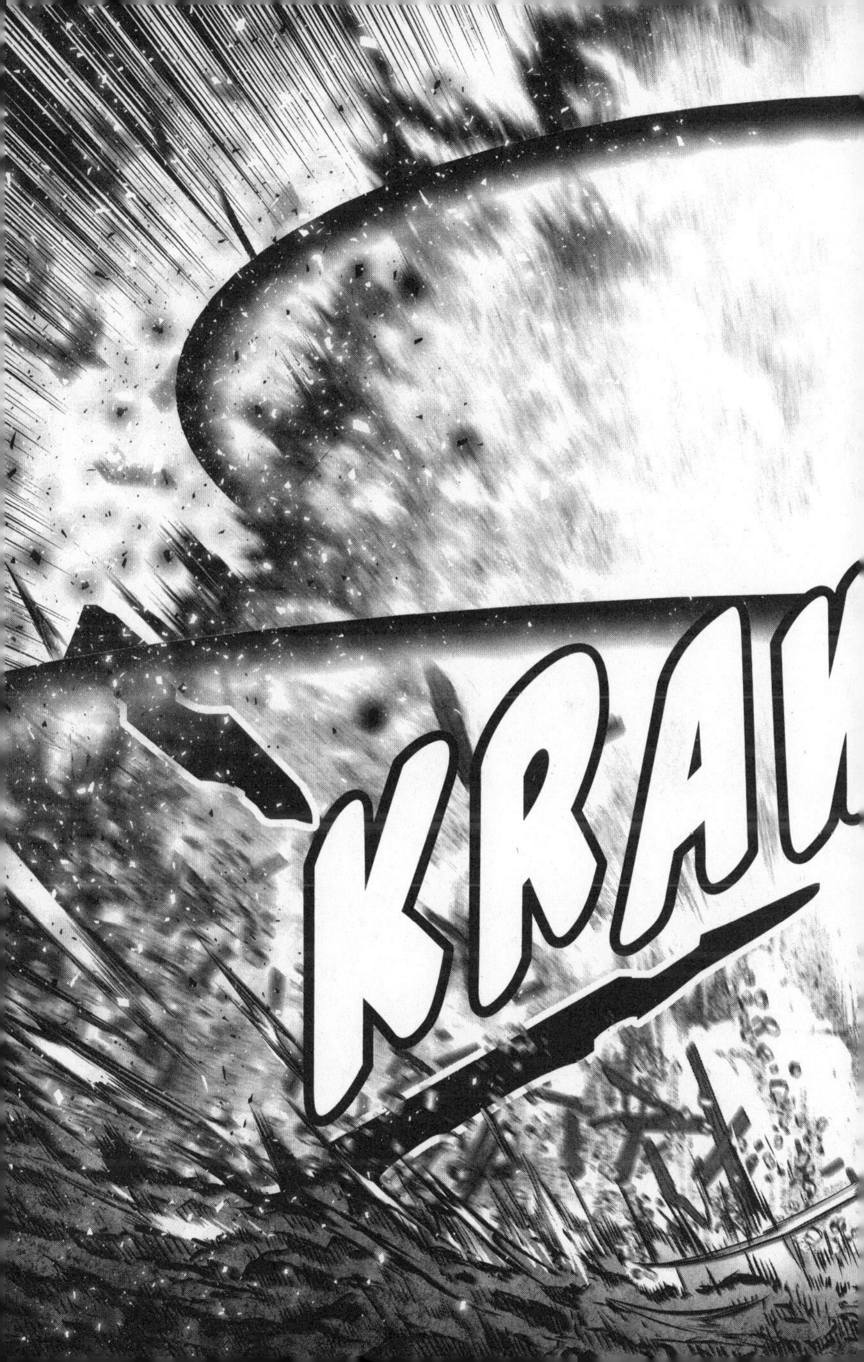
KRA

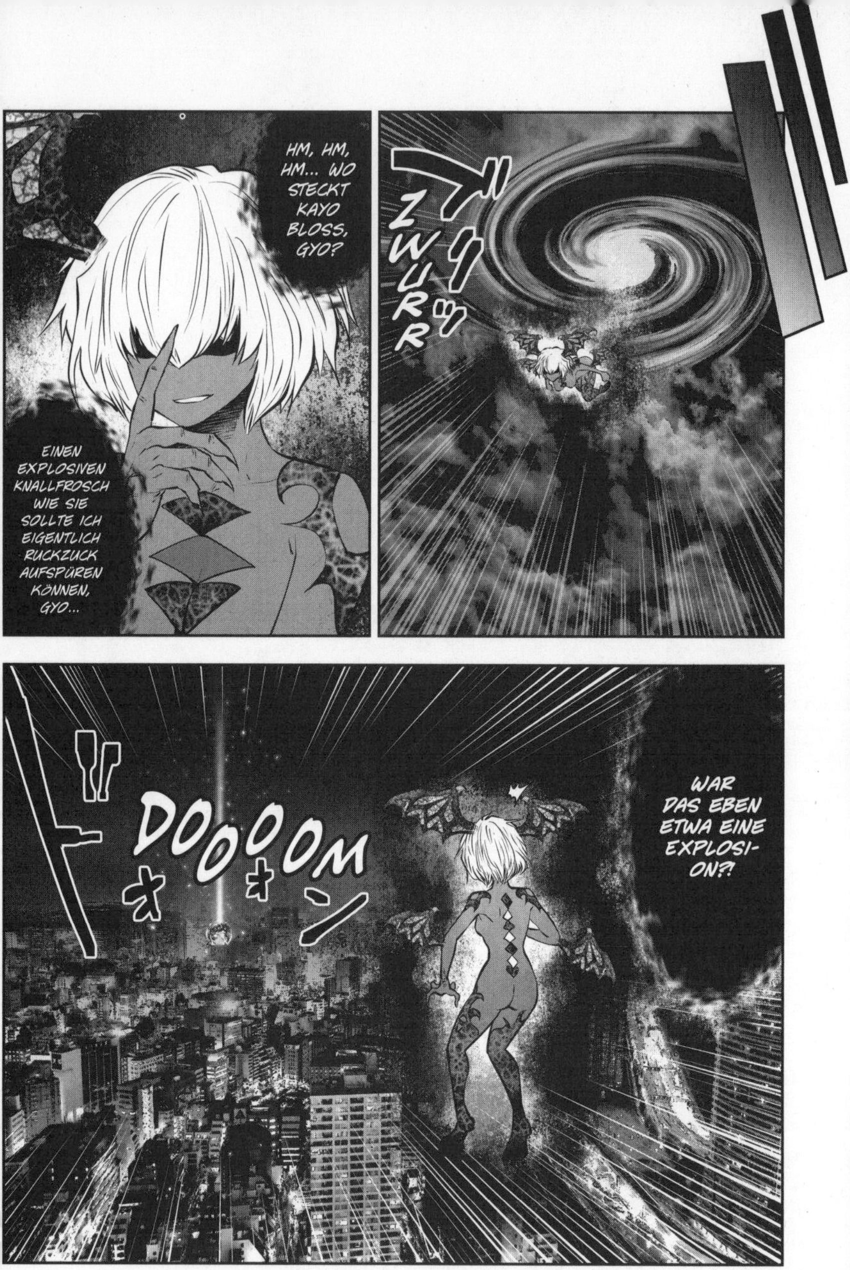
ZWURR
HM, HM, HM... WO STECKT KAYO BLOSS, GYO?
EINEN EXPLOSIVEN KNALLFROSCH WIE SIE SOLLTE ICH EIGENTLICH RUCKZUCK AUFSPÜREN KÖNNEN, GYO...
DOOOOM
WAR DAS EBEN ETWA EINE EXPLOSI-ON?!

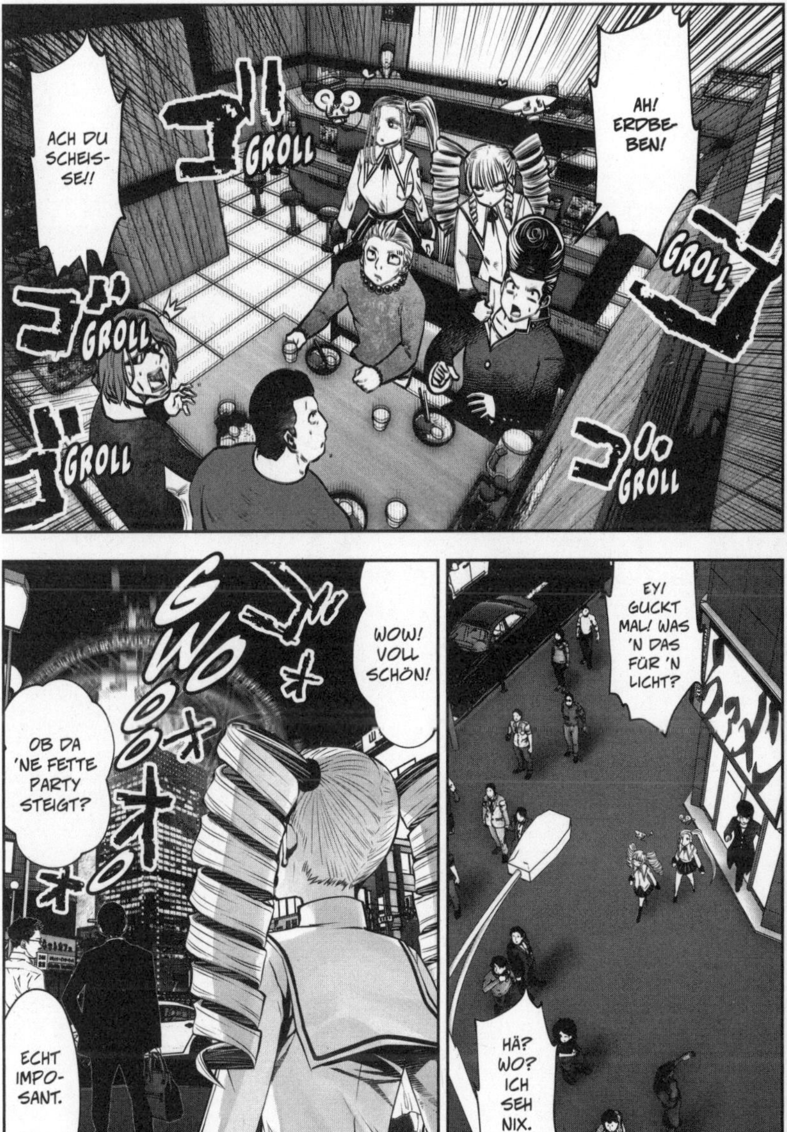
AH! ERDBE-
BEN!
GROLL
GROLL
ACH DU SCHEIS-
SE!!
GROLL
GROLL
GROLL
EY! GUCKT MAL! WAS 'N DAS FÜR 'N LICHT?
HÄ? WO? ICH SEH NIX.
WOW! VOLL SCHÖN!
GWOOO
OB DA 'NE FETTE PARTY STEIGT?
ECHT IMPO-
SANT.

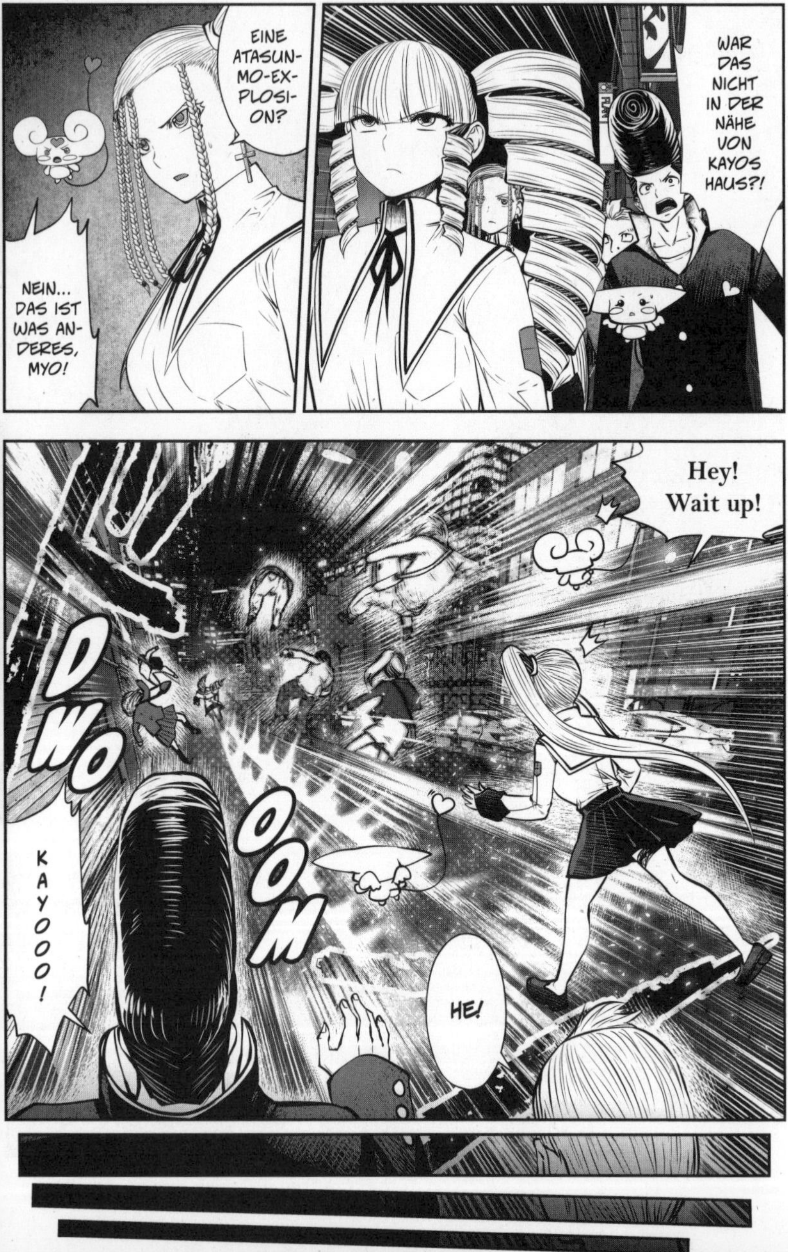
WAR DAS NICHT IN DER NÄHE VON KAYOS HAUS?!
EINE ATASUNMO-EXPLOSION?
NEIN... DAS IST WAS ANDERES, MYO!
Hey! Wait up!
DWOOOOM
KAYOOOO!
HE!

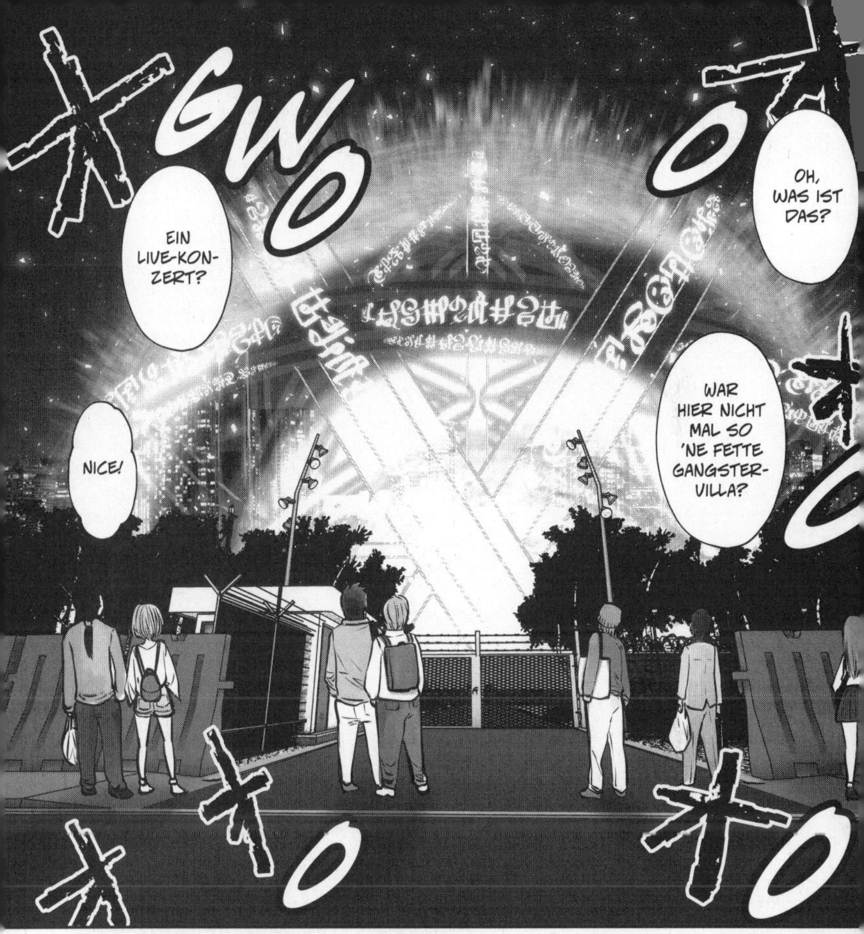
OH, WAS IST DAS?
EIN LIVE-KONZERT?
WAR HIER NICHT MAL SO 'NE FETTE GANGSTER-VILLA?
NICE!

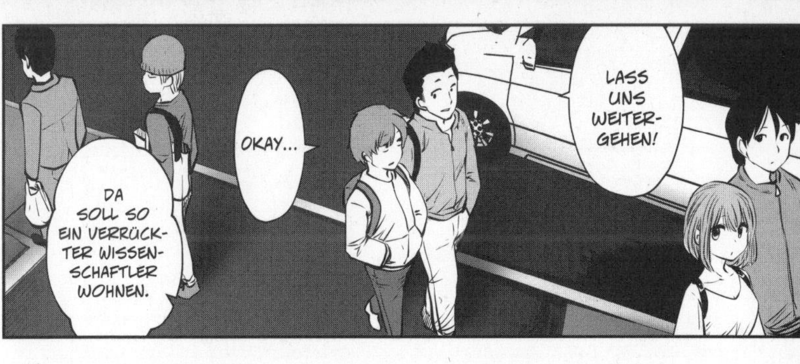
LASS UNS WEITERGEHEN!
OKAY...
DA SOLL SO EIN VERRÜCKTER WISSENSCHAFTLER WOHNEN.

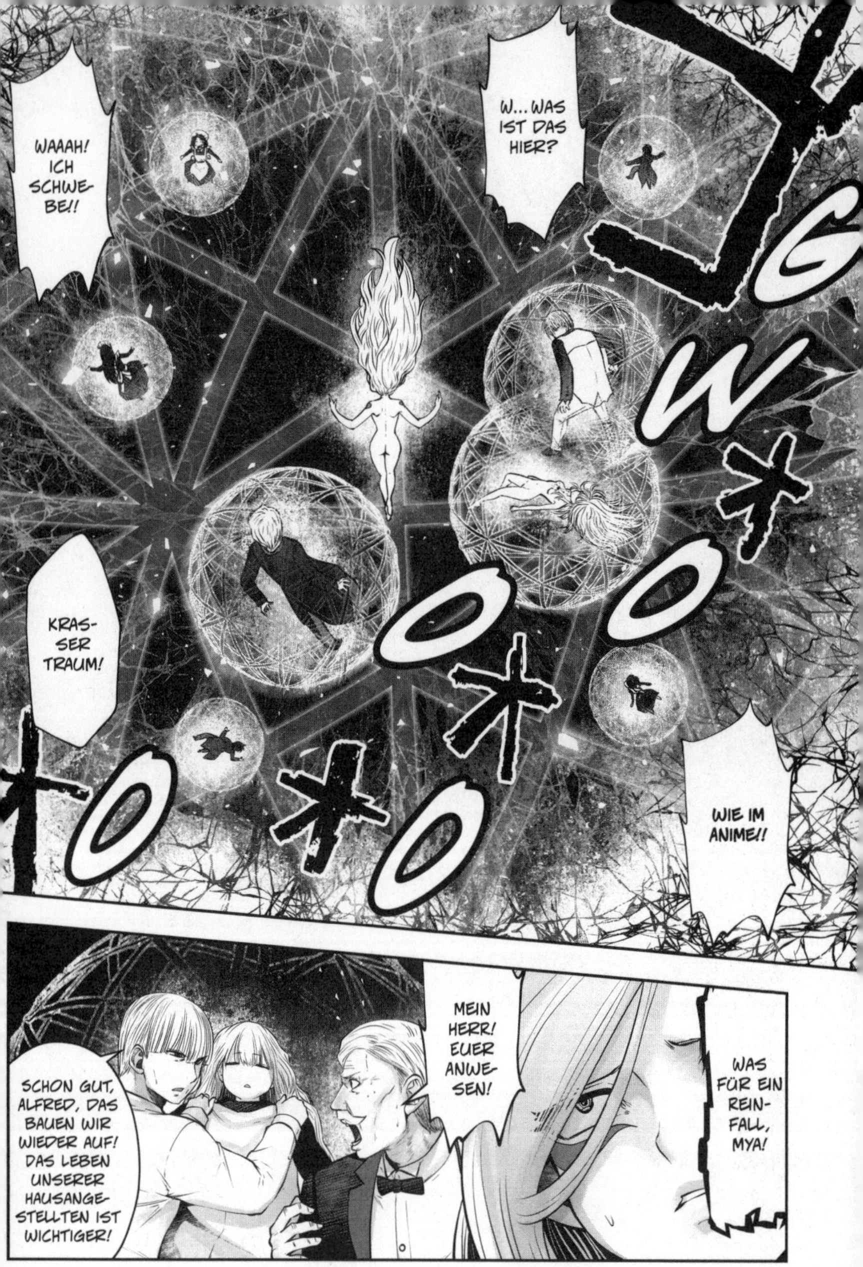
W... WAS IST DAS HIER?
WAAAH! ICH SCHWEBE!!
GWOOOO
WIE IM ANIME!!
KRASSER TRAUM!
WAS FÜR EIN REINFALL, MYA!
MEIN HERR! EUER ANWESEN!
SCHON GUT, ALFRED, DAS BAUEN WIR WIEDER AUF! DAS LEBEN UNSERER HAUSANGESTELLTEN IST WICHTIGER!

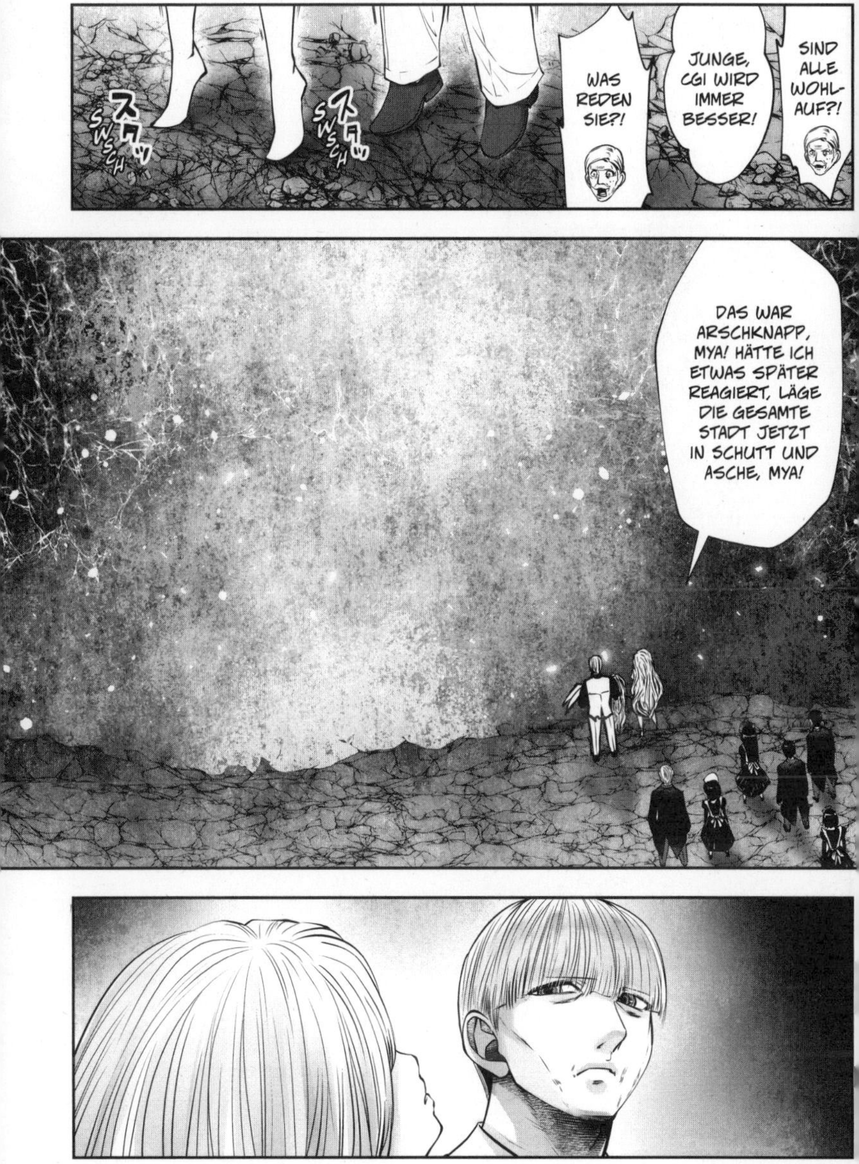
SIND ALLE WOHL-AUF?!
JUNGE, CGI WIRD IMMER BESSER!
WAS REDEN SIE?!
SWSCH
SWSCH
DAS WAR ARSCHKNAPP, MYA! HÄTTE ICH ETWAS SPÄTER REAGIERT, LÄGE DIE GESAMTE STADT JETZT IN SCHUTT UND ASCHE, MYA!

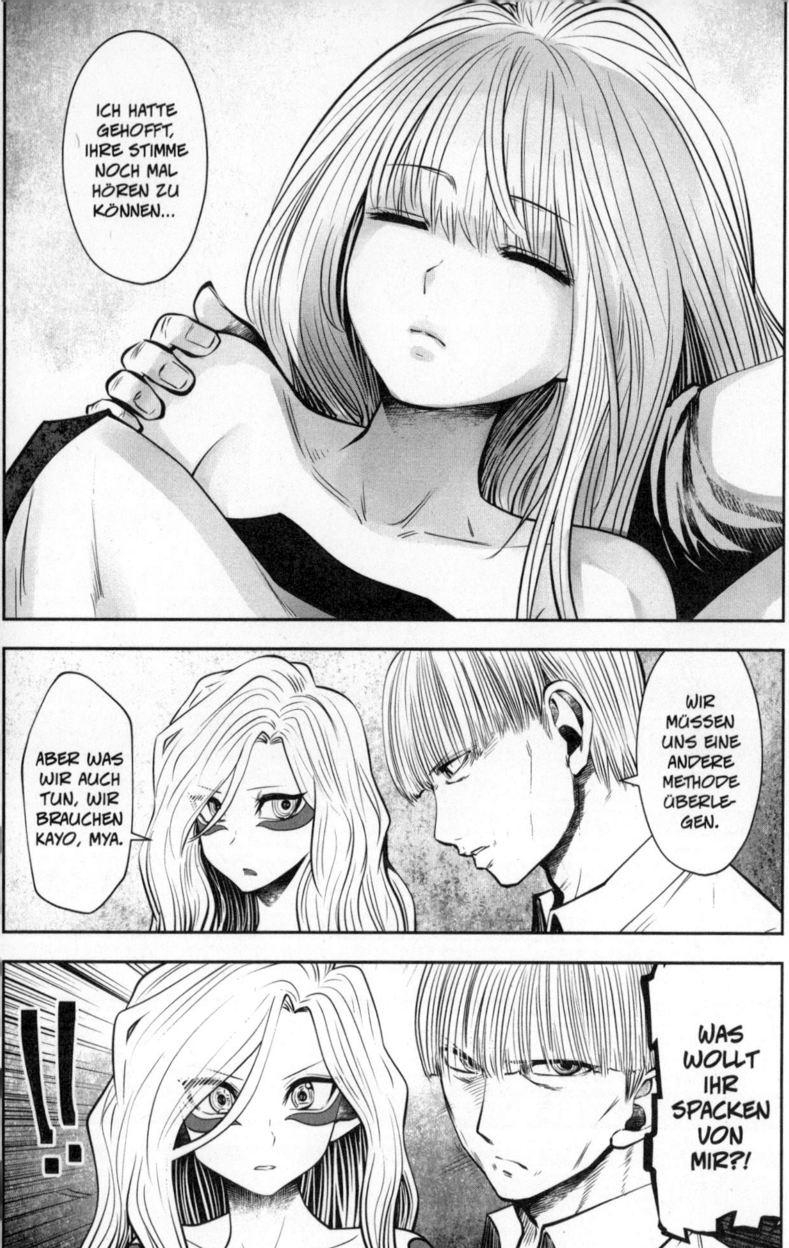
ICH HATTE GEHOFFT, IHRE STIMME NOCH MAL HÖREN ZU KÖNNEN...
WIR MÜSSEN UNS EINE ANDERE METHODE ÜBERLE-GEN.
ABER WAS WIR AUCH TUN, WIR BRAUCHEN KAYO, MYA.
!!
WAS WOLLT IHR SPACKEN VON MIR?!

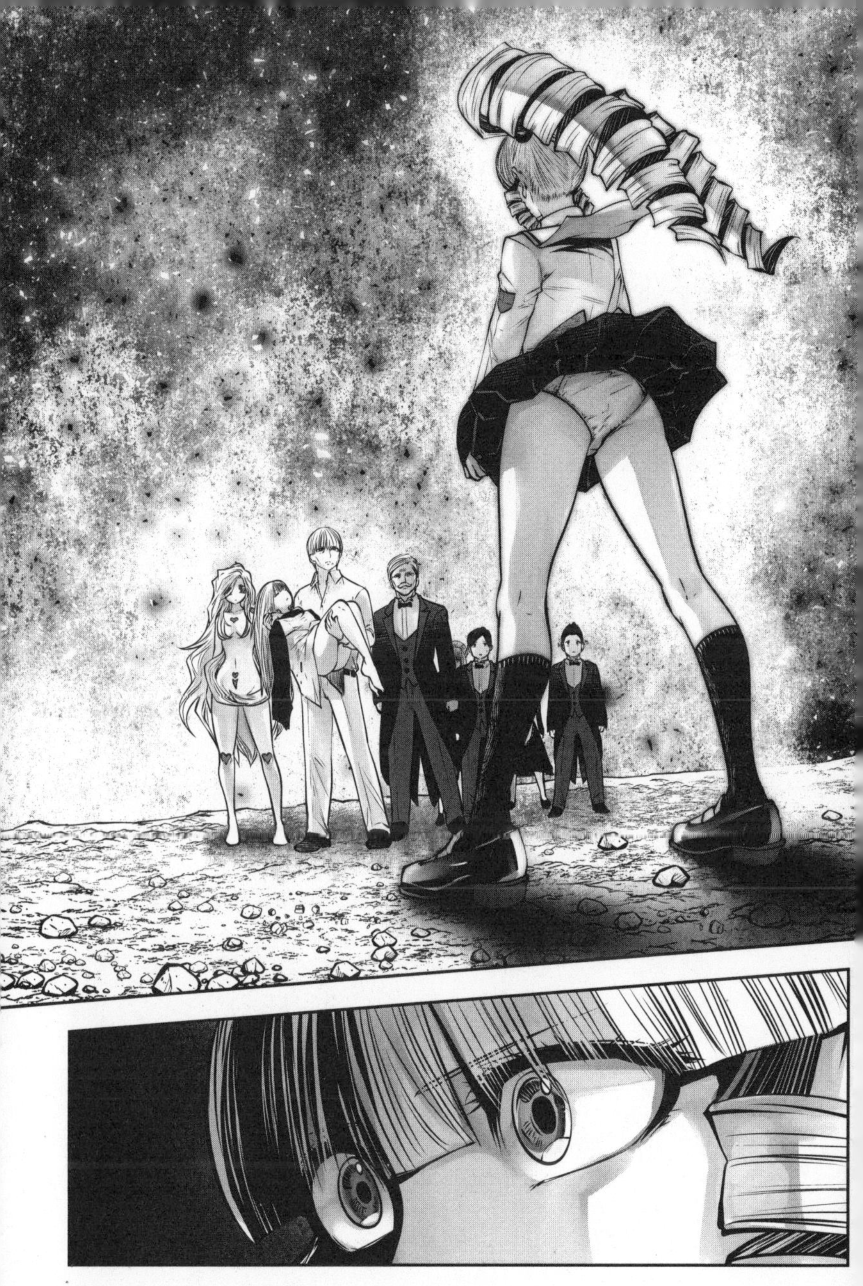

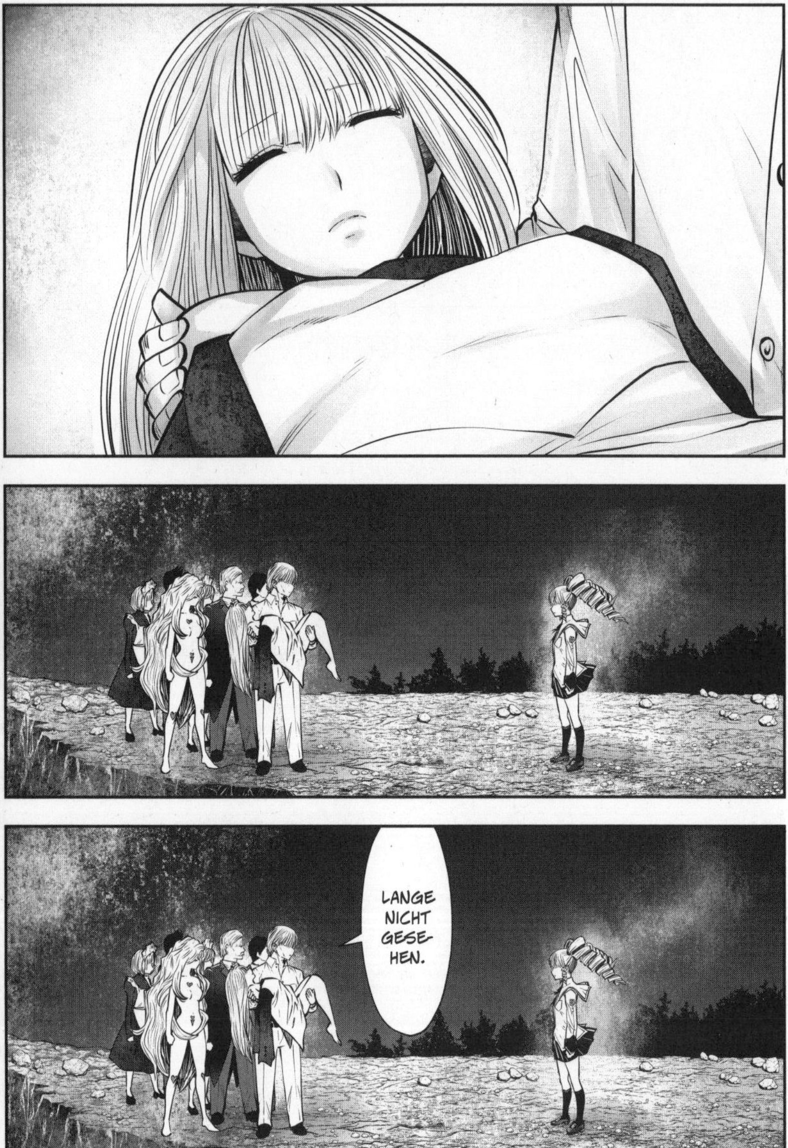
LANGE NICHT GESEHEN.

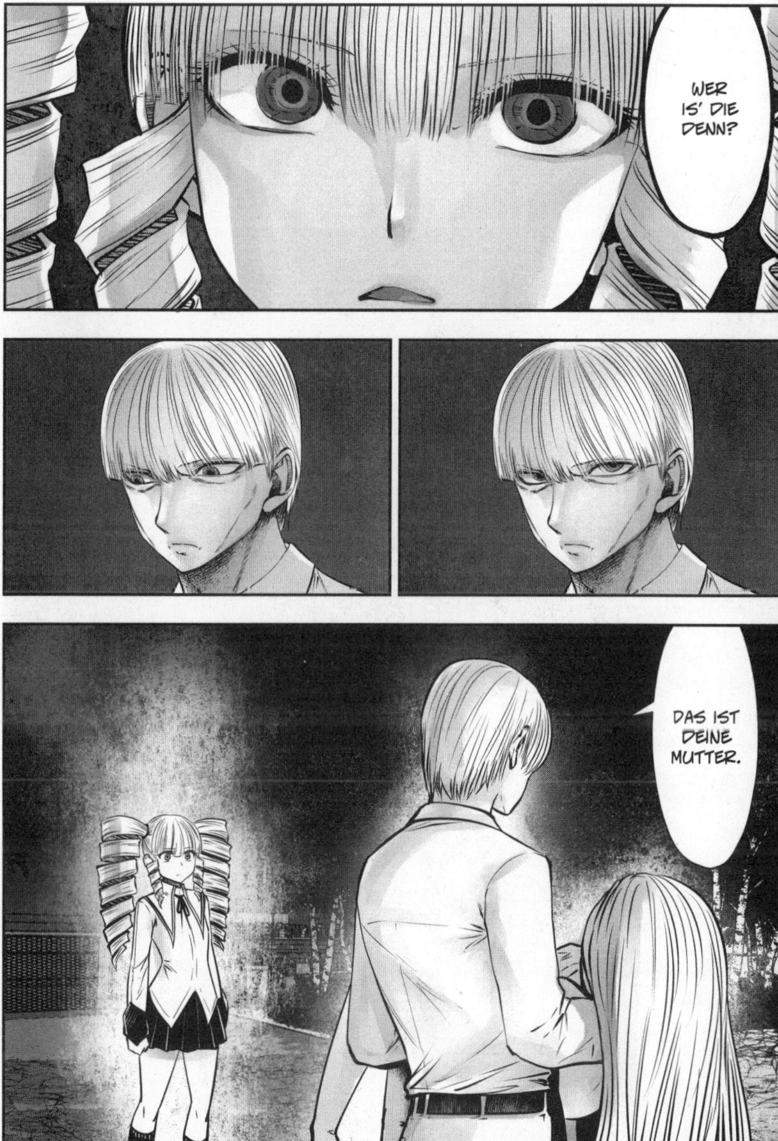
WER IS' DIE DENN?
DAS IST DEINE MUTTER.

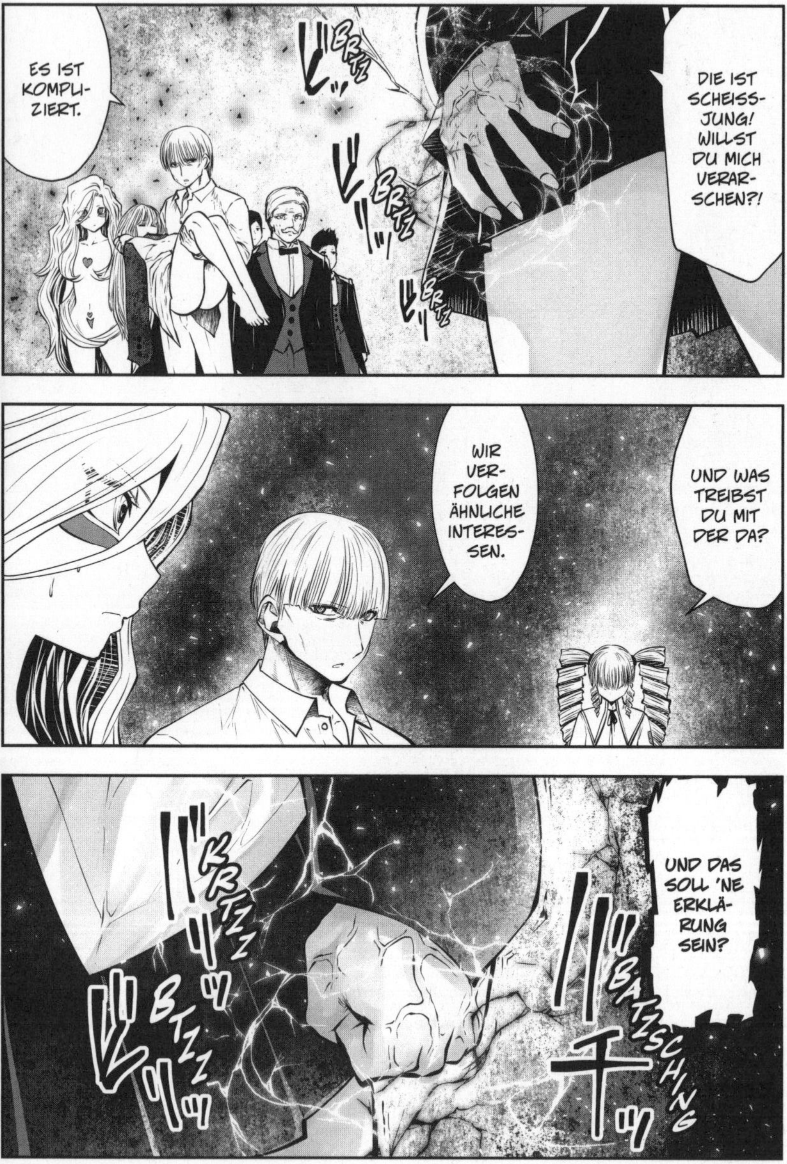
DIE IST SCHEISS-JUNG! WILLST DU MICH VERAR-SCHEN?!
BRTZ
BRTZ
BRTZ
ES IST KOMPLI-ZIERT.
UND WAS TREIBST DU MIT DER DA?
WIR VER-FOLGEN ÄHNLICHE INTERES-SEN.
UND DAS SOLL 'NE ERKLÄ-RUNG SEIN?
BATZSCHING
KRTZZZ
BTZZZ

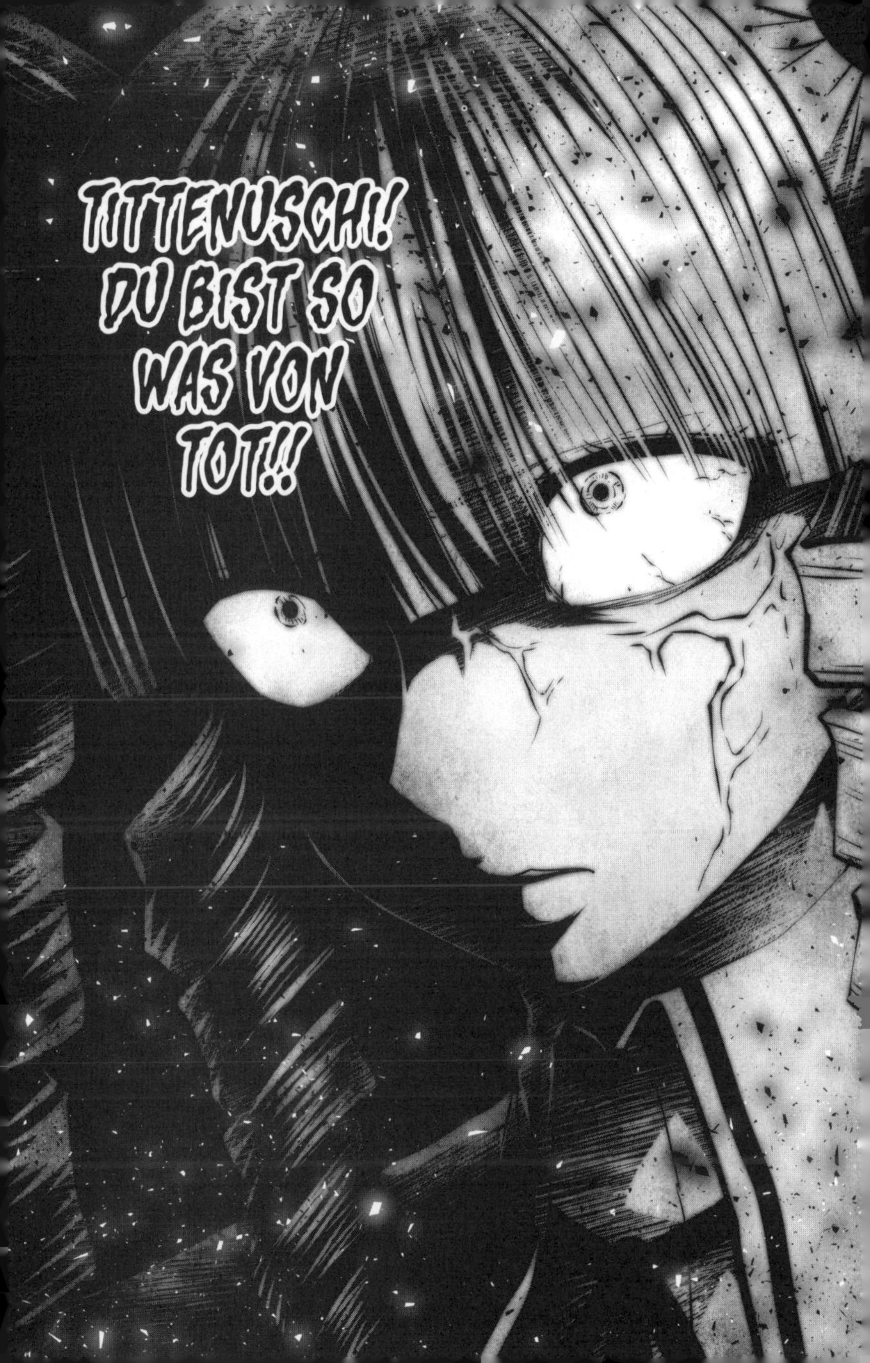
TITTENUSCHI! DU BIST SO WAS VON TOT!!

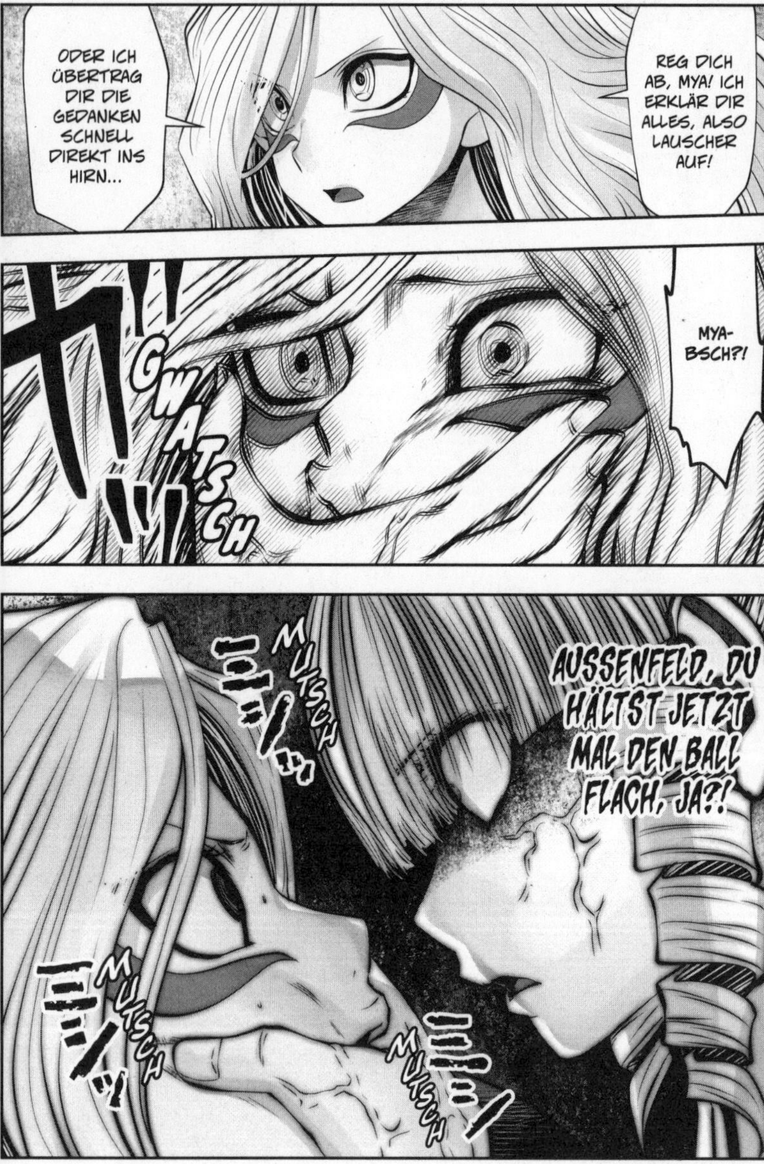
REG DICH AB, MYA! ICH ERKLÄR DIR ALLES, ALSO LAUSCHER AUF!
ODER ICH ÜBERTRAG DIR DIE GEDANKEN SCHNELL DIREKT INS HIRN...
MYA-BSCH?!
GWATSCH
AUSSENFELD, DU HÄLTST JETZT MAL DEN BALL FLACH, JA?!
MUKSCH
MUKSCH
MUKSCH

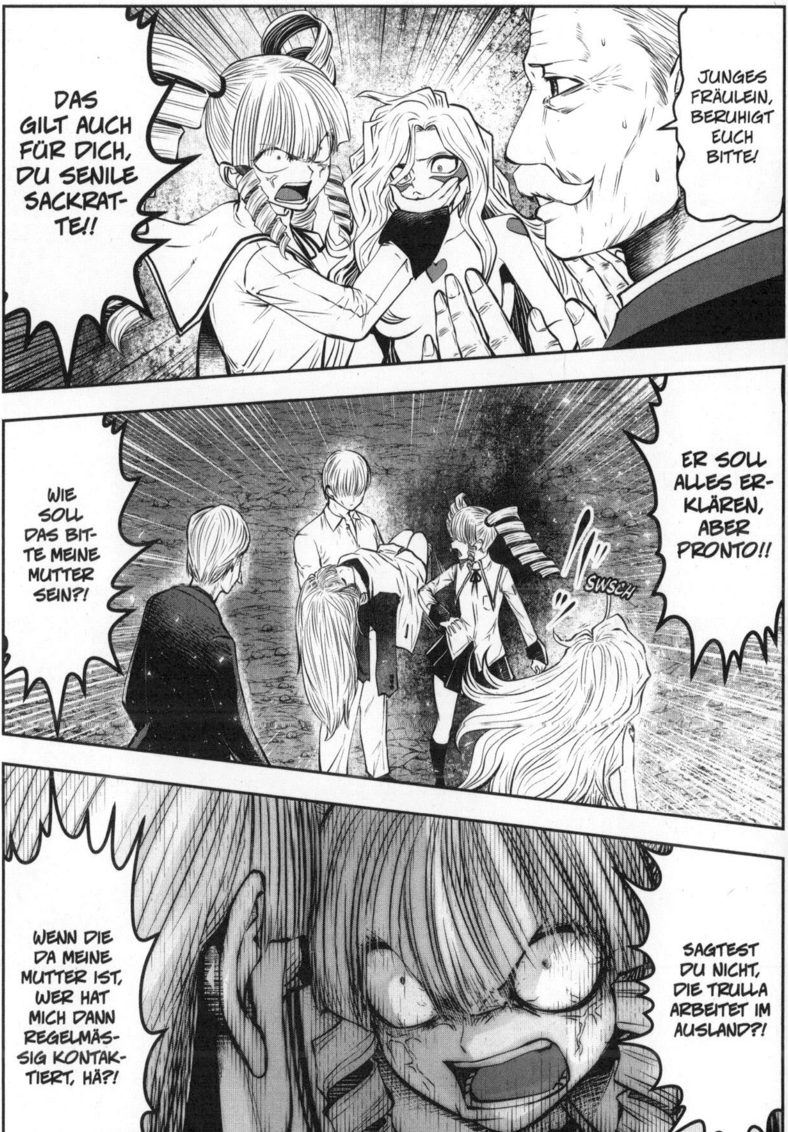
JUNGES FRÄULEIN, BERUHIGT EUCH BITTE!
DAS GILT AUCH FÜR DICH, DU SENILE SACKRATTE!!
ER SOLL ALLES ERKLÄREN, ABER PRONTO!!
SWSCH
WIE SOLL DAS BITTE MEINE MUTTER SEIN?!
SAGTEST DU NICHT, DIE TRULLA ARBEITET IM AUSLAND?!
WENN DIE DA MEINE MUTTER IST, WER HAT MICH DANN REGELMÄSSIG KONTAKTIERT, HÄ?!

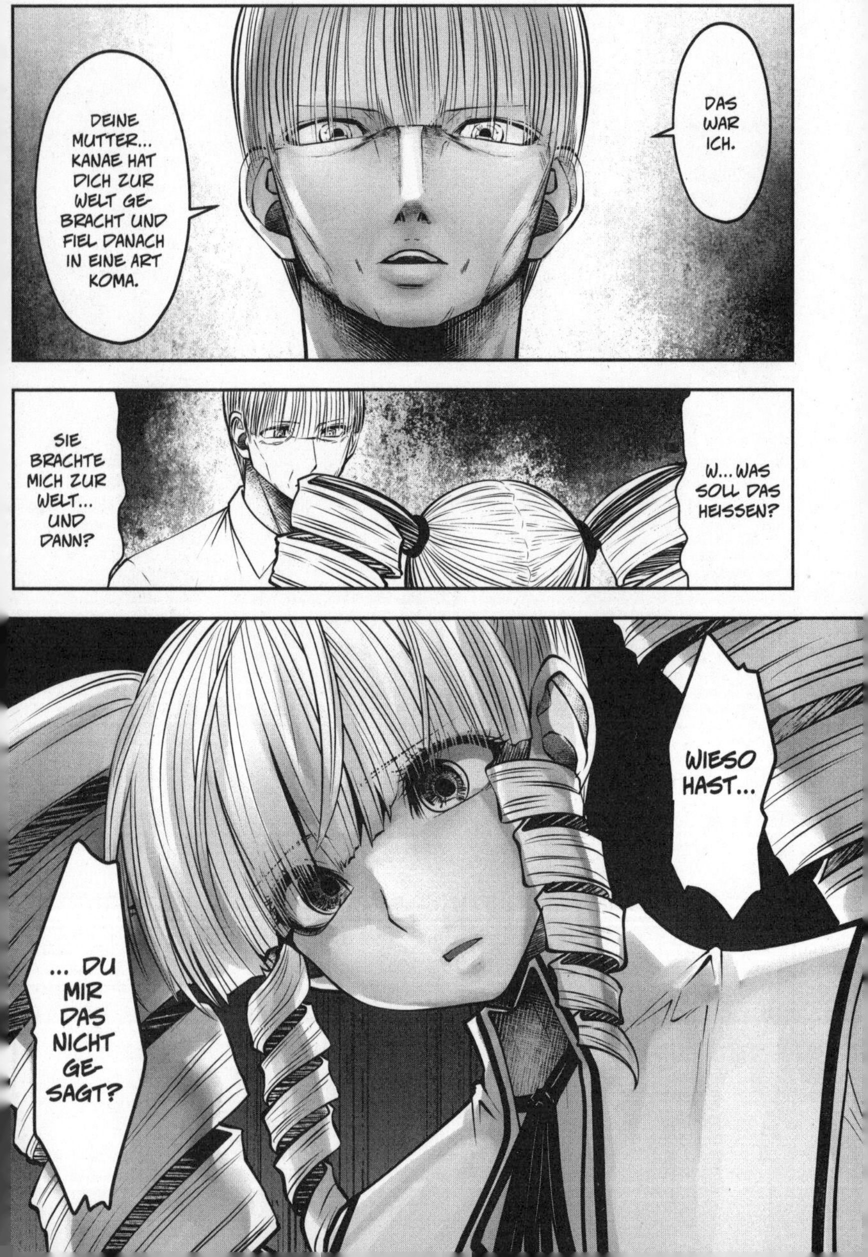
DAS WAR ICH.
DEINE MUTTER... KANAE HAT DICH ZUR WELT GEBRACHT UND FIEL DANACH IN EINE ART KOMA.
W... WAS SOLL DAS HEISSEN?
SIE BRACHTE MICH ZUR WELT... UND DANN?
WIESO HAST...
... DU MIR DAS NICHT GESAGT?

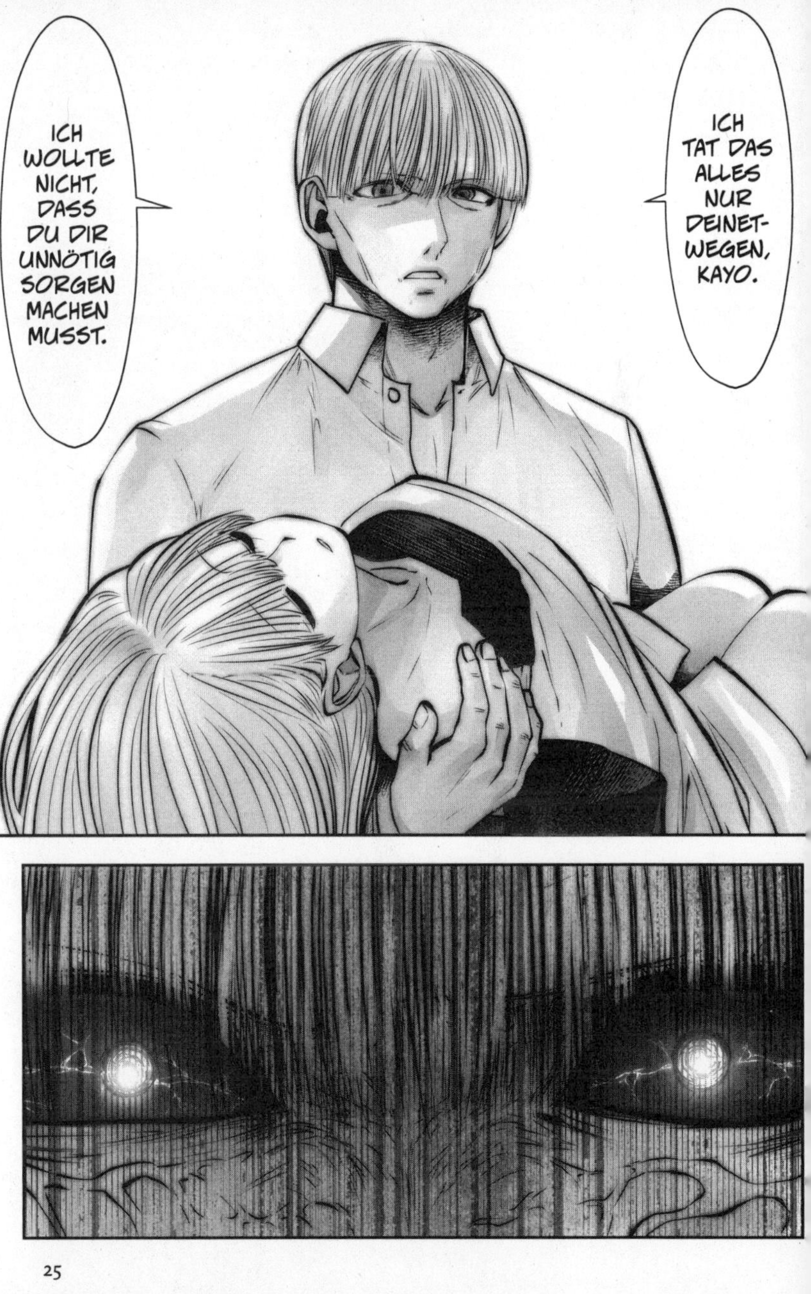
ICH TAT DAS ALLES NUR DEINET-WEGEN, KAYO.
ICH WOLLTE NICHT, DASS DU DIR UNNÖTIG SORGEN MACHEN MUSST.

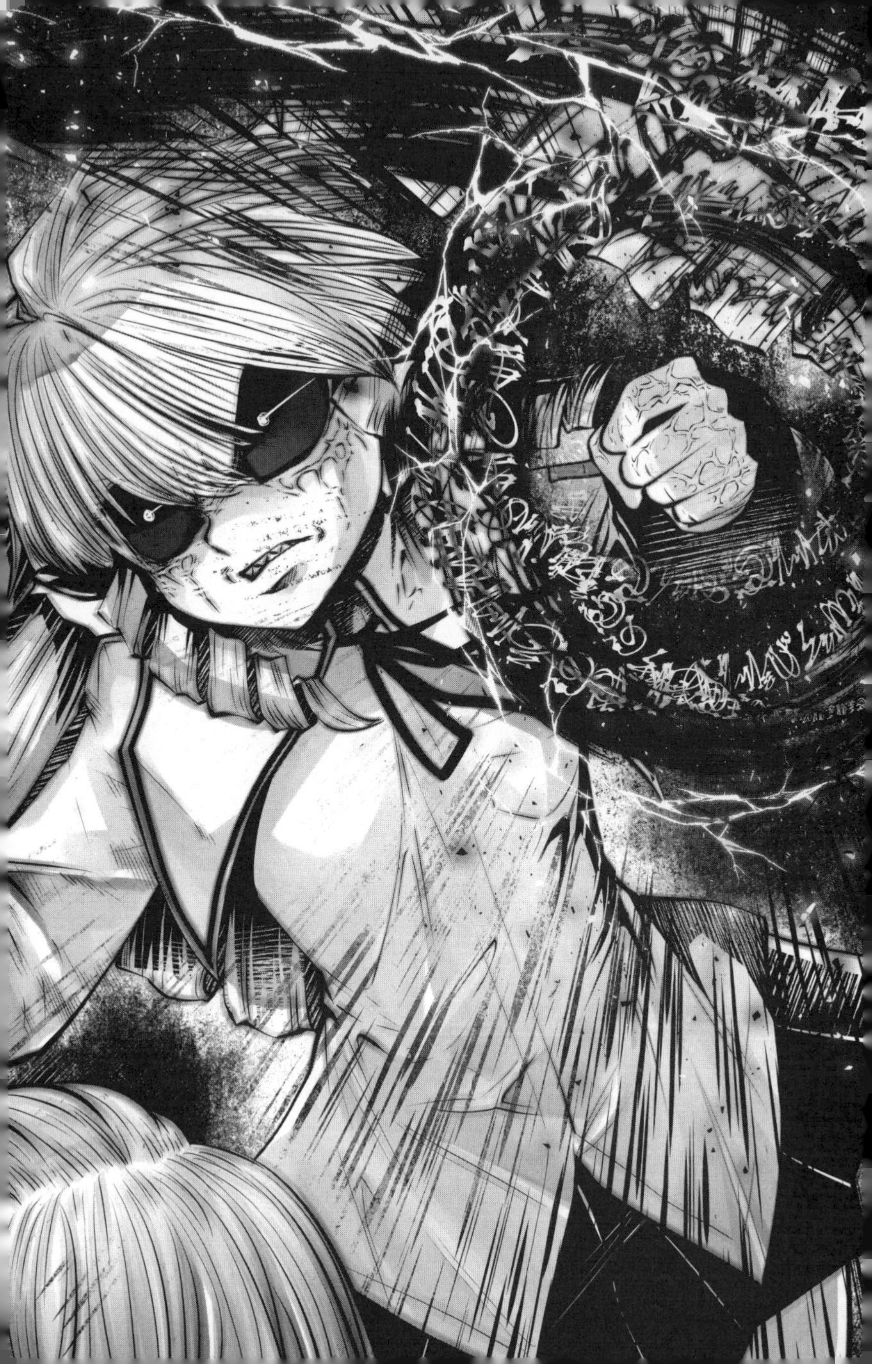

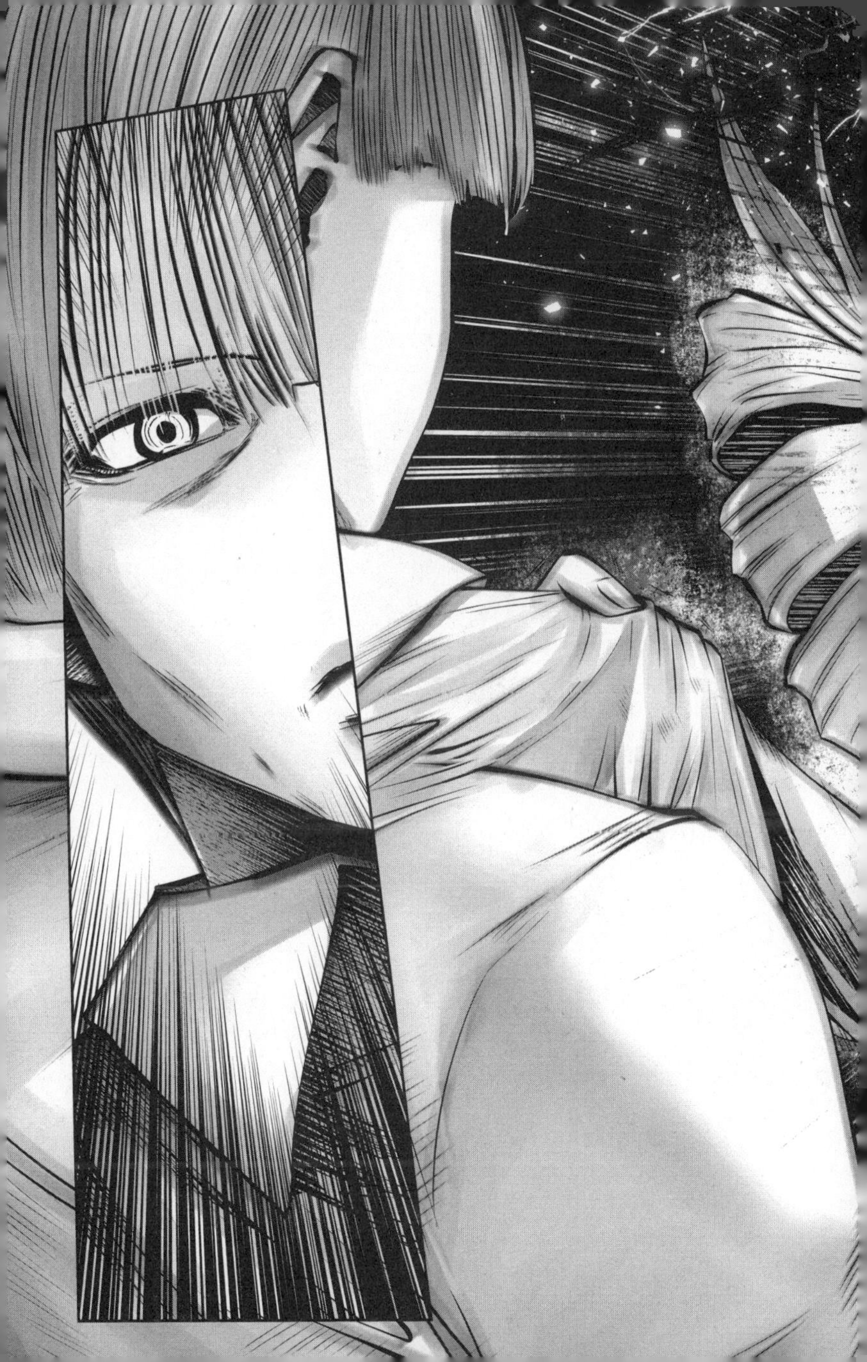

MACHI☆MAHO

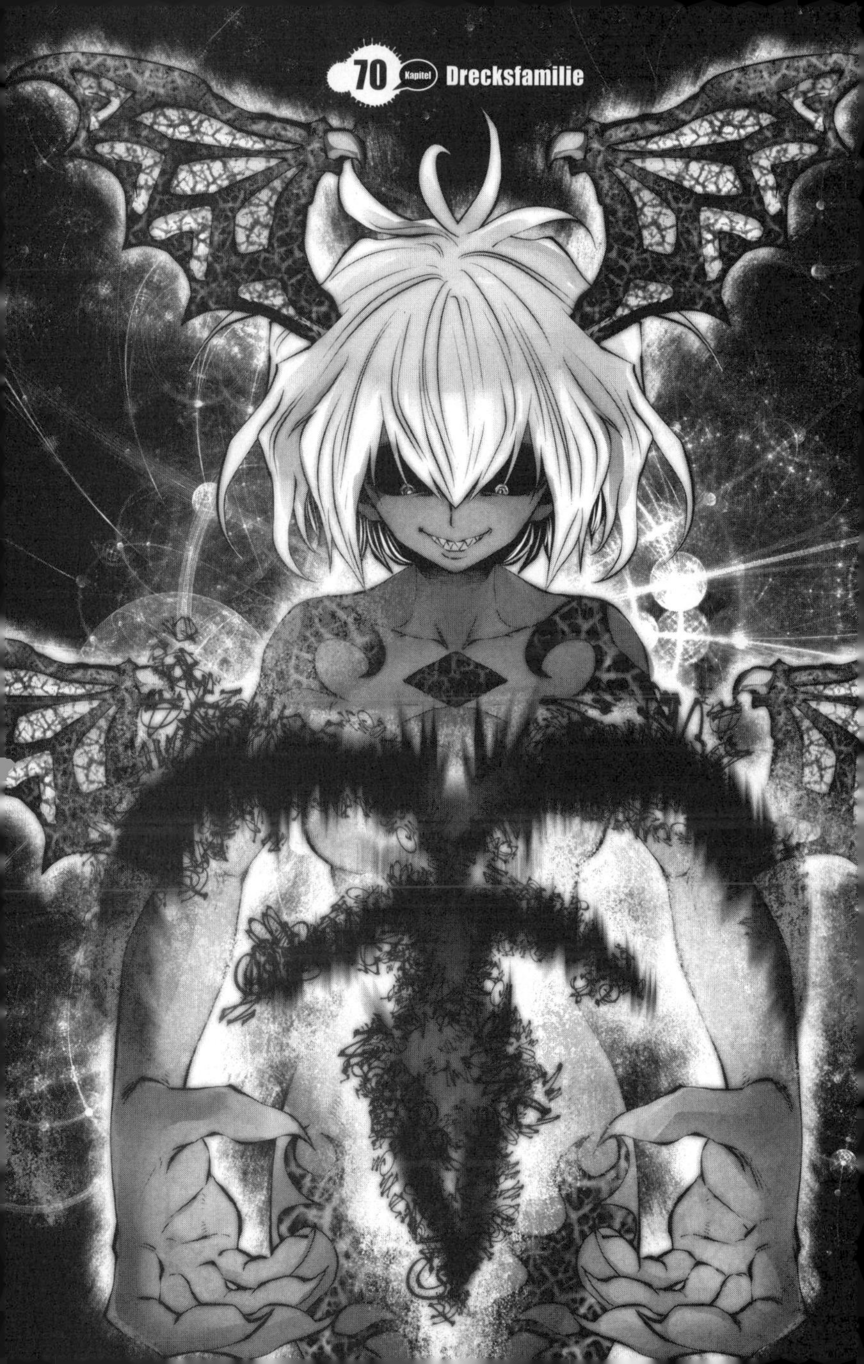
70 Kapitel Dreckfamilie

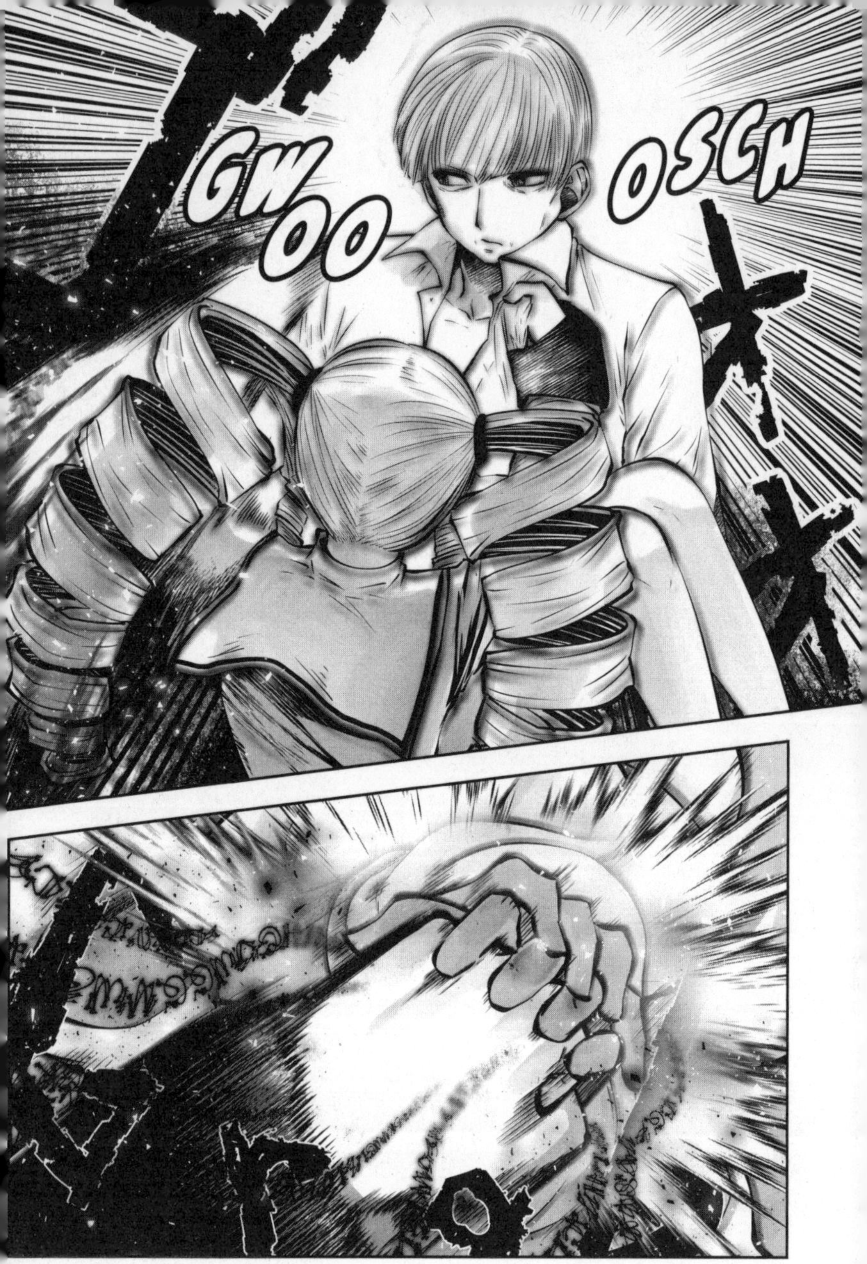
GWOOOSCH

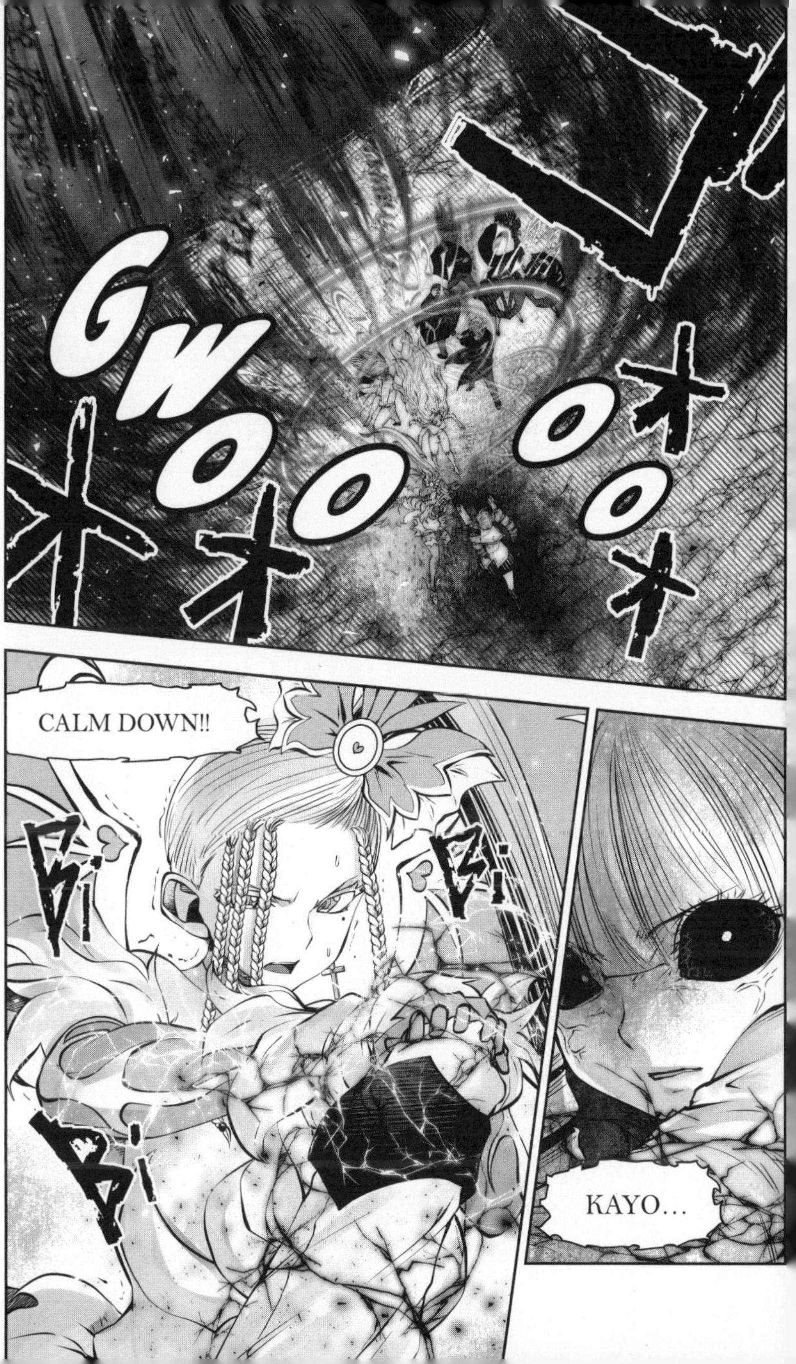

GWOOOOO
KAYO…
CALM DOWN!!
BI BI
BI

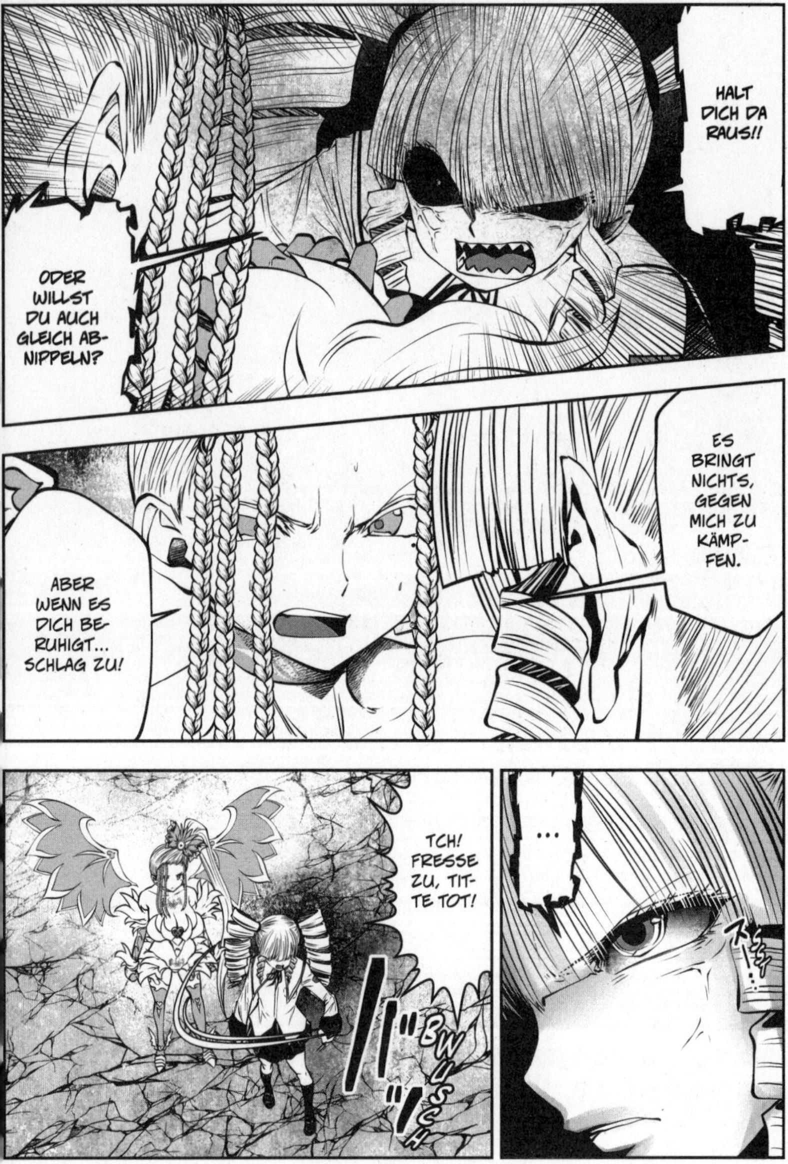
HALT DICH DA RAUS!!
ODER WILLST DU AUCH GLEICH ABNIPPELN?
ES BRINGT NICHTS, GEGEN MICH ZU KÄMPFEN.
ABER WENN ES DICH BERUHIGT... SCHLAG ZU!
...
TCH! FRESSE ZU, TITTE TOT!
BWUSCH

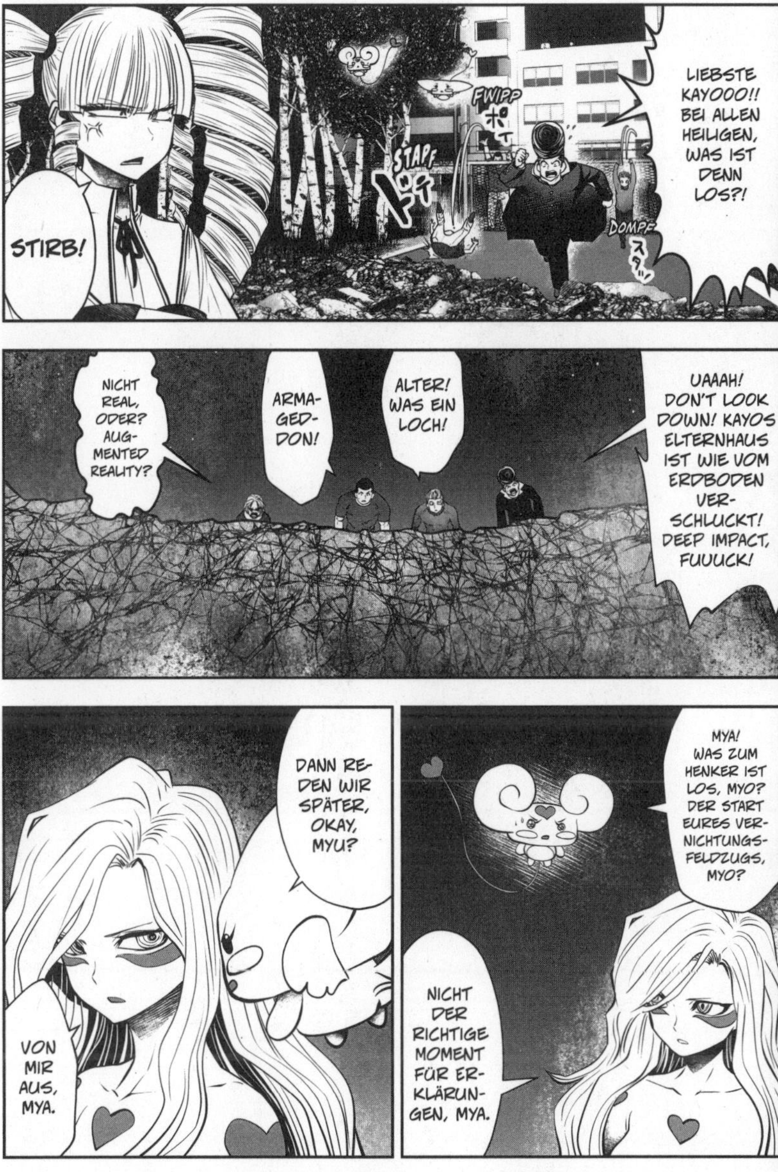
LIEBSTE KAYOOO!! BEI ALLEN HEILIGEN, WAS IST DENN LOS?!
FWIPP
STAPF
DOMPF
STIRB!
UAAAH! DON'T LOOK DOWN! KAYOS ELTERNHAUS IST WIE VOM ERDBODEN VER-SCHLUCKT! DEEP IMPACT, FUUUCK!
ALTER! WAS EIN LOCH!
ARMA-GED-DON!
NICHT REAL, ODER? AUG-MENTED REALITY?
MYA! WAS ZUM HENKER IST LOS, MYO? DER START EURES VER-NICHTUNGS-FELDZUGS, MYO?
NICHT DER RICHTIGE MOMENT FÜR ER-KLÄRUN-GEN, MYA.
DANN RE-DEN WIR SPÄTER, OKAY, MYU?
VON MIR AUS, MYA.

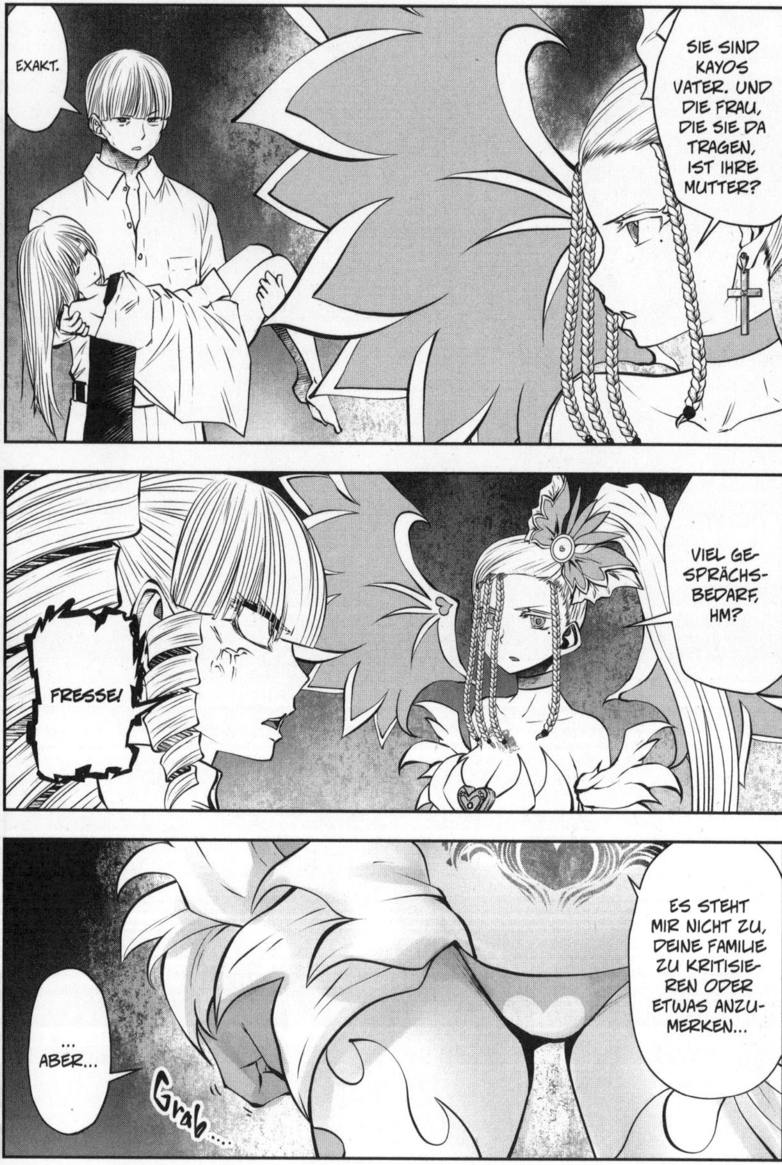
SIE SIND KAYOS VATER. UND DIE FRAU, DIE SIE DA TRAGEN, IST IHRE MUTTER?
EXAKT.
VIEL GESPRÄCHSBEDARF, HM?
FRESSE!
ES STEHT MIR NICHT ZU, DEINE FAMILIE ZU KRITISIEREN ODER ETWAS ANZUMERKEN...
... ABER...
Grab.....

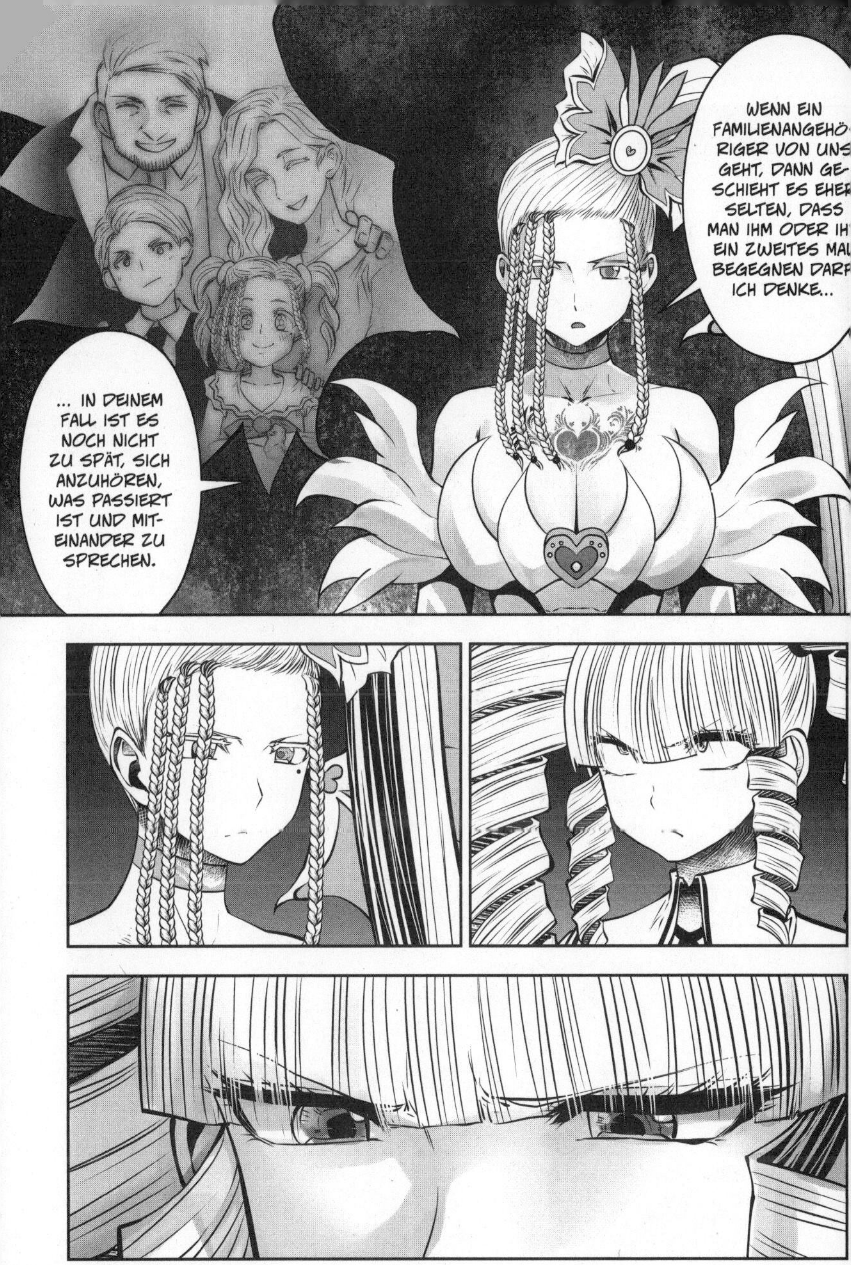
WENN EIN FAMILIENANGEHÖ-RIGER VON UNS GEHT, DANN GE-SCHIEHT ES EHER SELTEN, DASS MAN IHM ODER IHR EIN ZWEITES MAL BEGEGNEN DARF. ICH DENKE...
... IN DEINEM FALL IST ES NOCH NICHT ZU SPÄT, SICH ANZUHÖREN, WAS PASSIERT IST UND MIT-EINANDER ZU SPRECHEN.

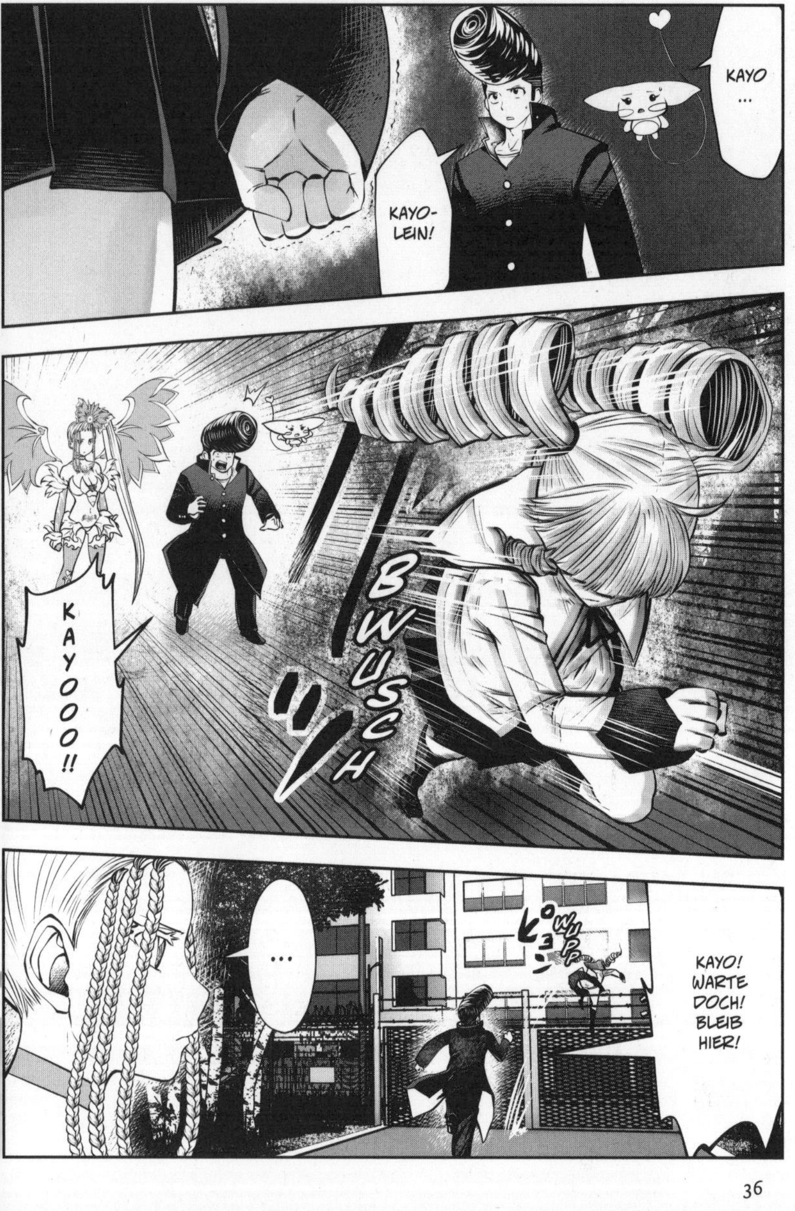

KAYO ...
KAYO-LEIN!
BWUSCH
KAYOOOO!!
...
WUPP
KAYO! WARTE DOCH! BLEIB HIER!

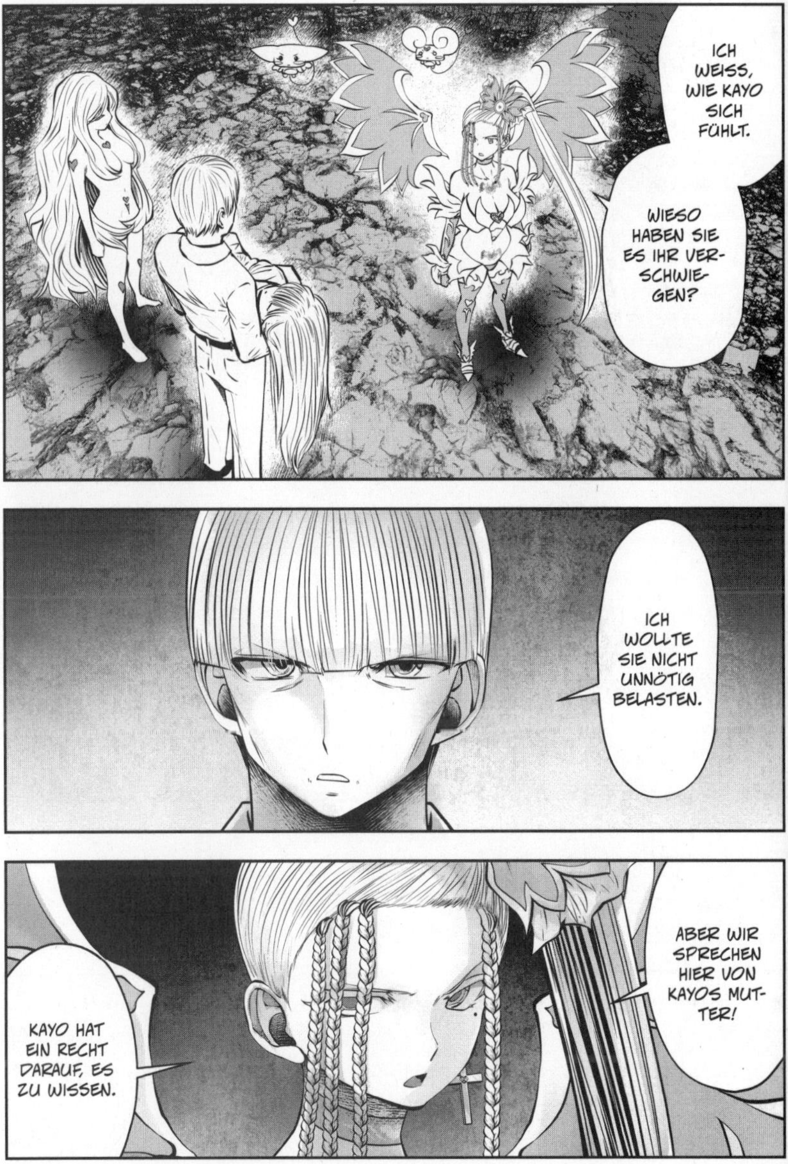
ICH WEISS, WIE KAYO SICH FÜHLT.
WIESO HABEN SIE ES IHR VER-SCHWIE-GEN?
ICH WOLLTE SIE NICHT UNNÖTIG BELASTEN.
ABER WIR SPRECHEN HIER VON KAYOS MUT-TER!
KAYO HAT EIN RECHT DARAUF, ES ZU WISSEN.

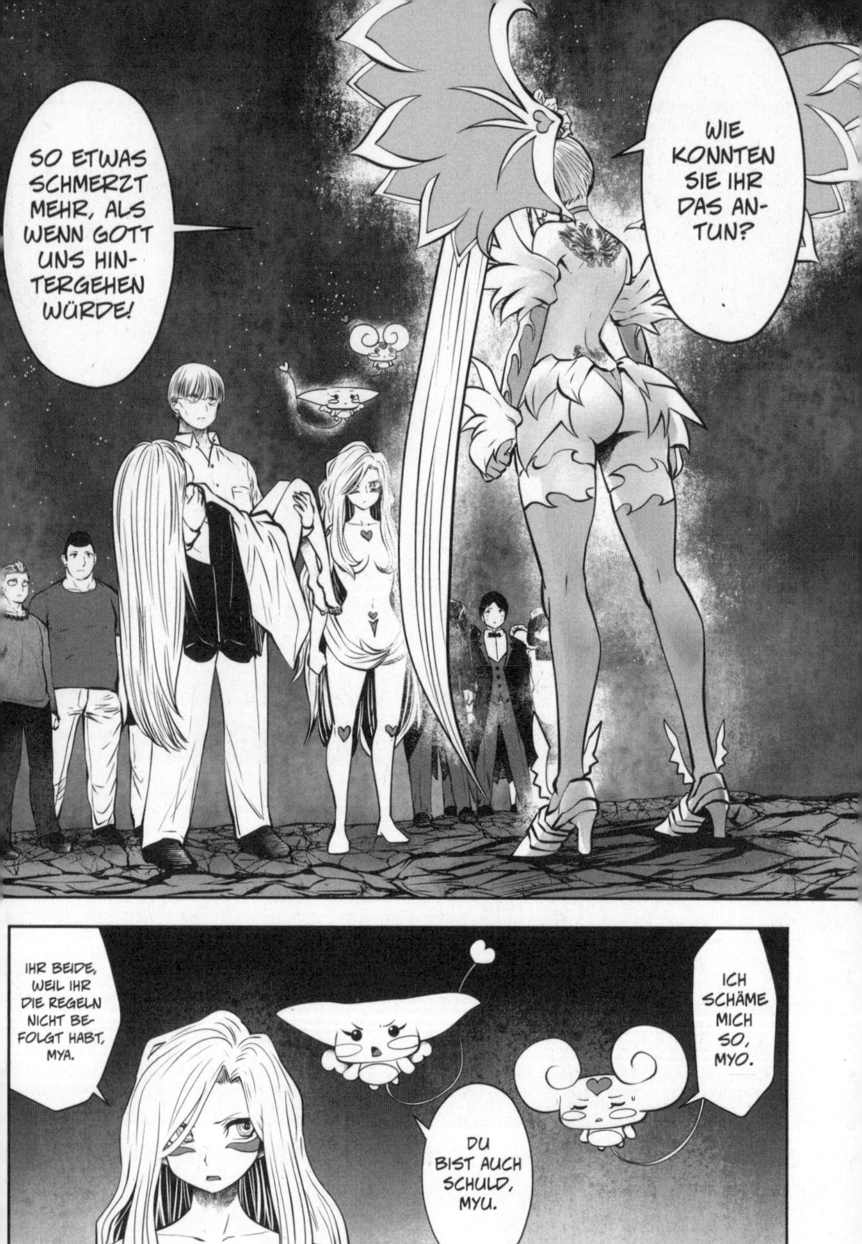
WIE KONNTEN SIE IHR DAS ANTUN?
SO ETWAS SCHMERZT MEHR, ALS WENN GOTT UNS HINTERGEHEN WÜRDE!
ICH SCHÄME MICH SO, MYO.
DU BIST AUCH SCHULD, MYU.
IHR BEIDE, WEIL IHR DIE REGELN NICHT BEFOLGT HABT, MYA.

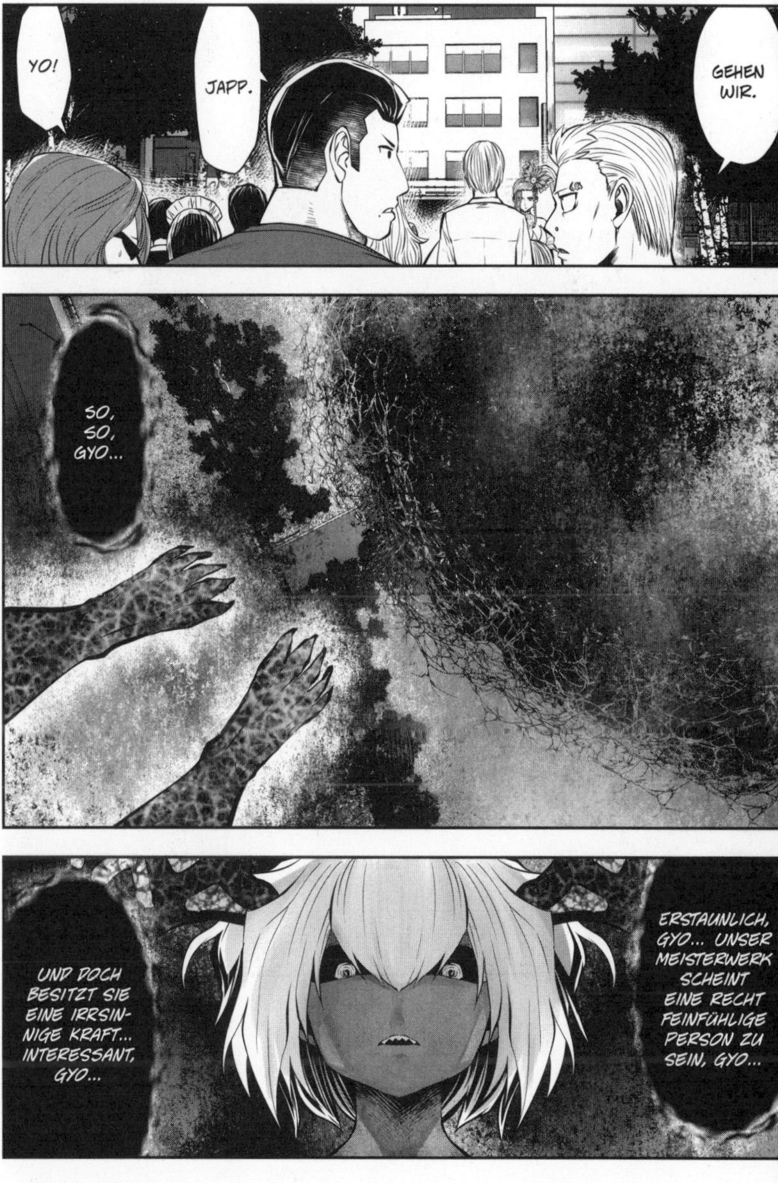
GEHEN WIR.
JAPP.
YO!
SO, SO, GYO...
ERSTAUNLICH, GYO... UNSER MEISTERWERK SCHEINT EINE RECHT FEINFÜHLIGE PERSON ZU SEIN, GYO...
UND DOCH BESITZT SIE EINE IRRSINNIGE KRAFT... INTERESSANT, GYO...

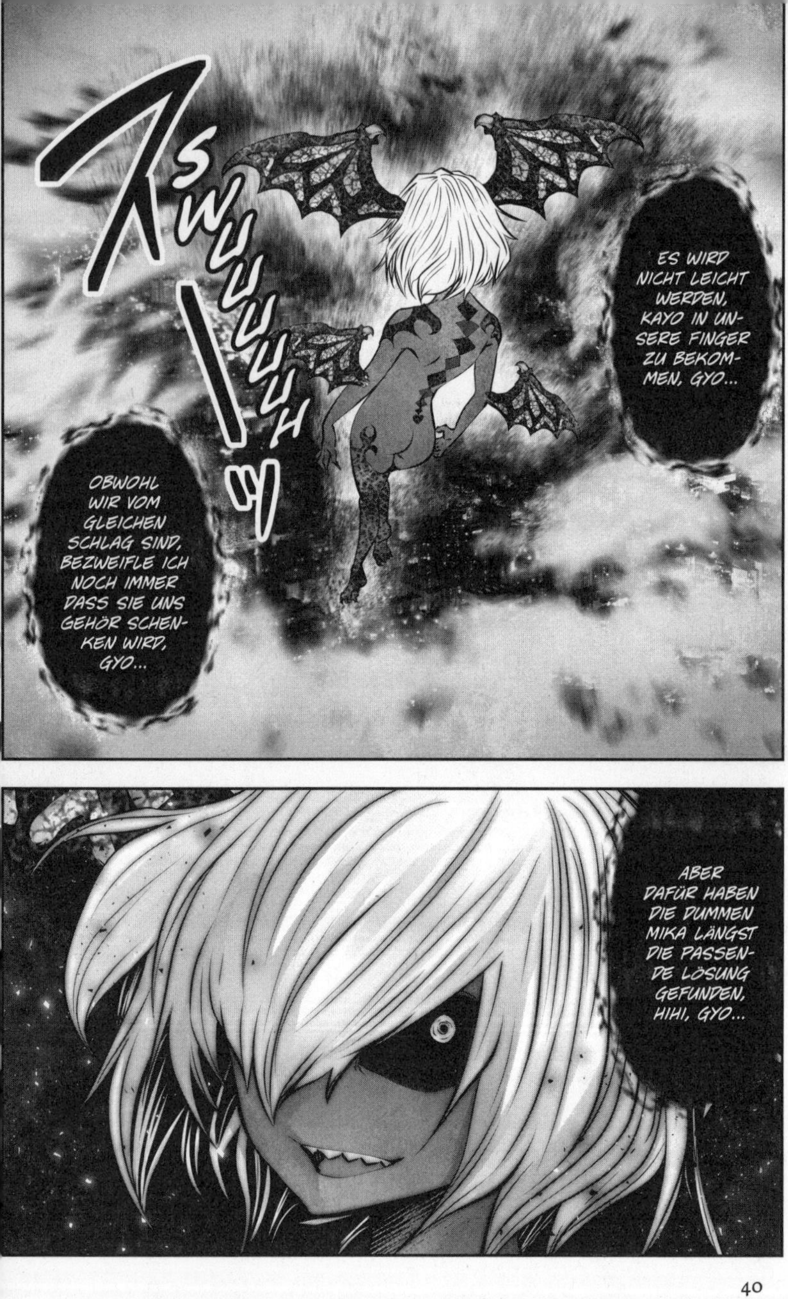
ES WIRD NICHT LEICHT WERDEN, KAYO IN UNSERE FINGER ZU BEKOMMEN, GYO...
SWUUUUUH
OBWOHL WIR VOM GLEICHEN SCHLAG SIND, BEZWEIFLE ICH NOCH IMMER DASS SIE UNS GEHÖR SCHENKEN WIRD, GYO...
ABER DAFÜR HABEN DIE DUMMEN MIKA LÄNGST DIE PASSENDE LÖSUNG GEFUNDEN, HIHI, GYO...

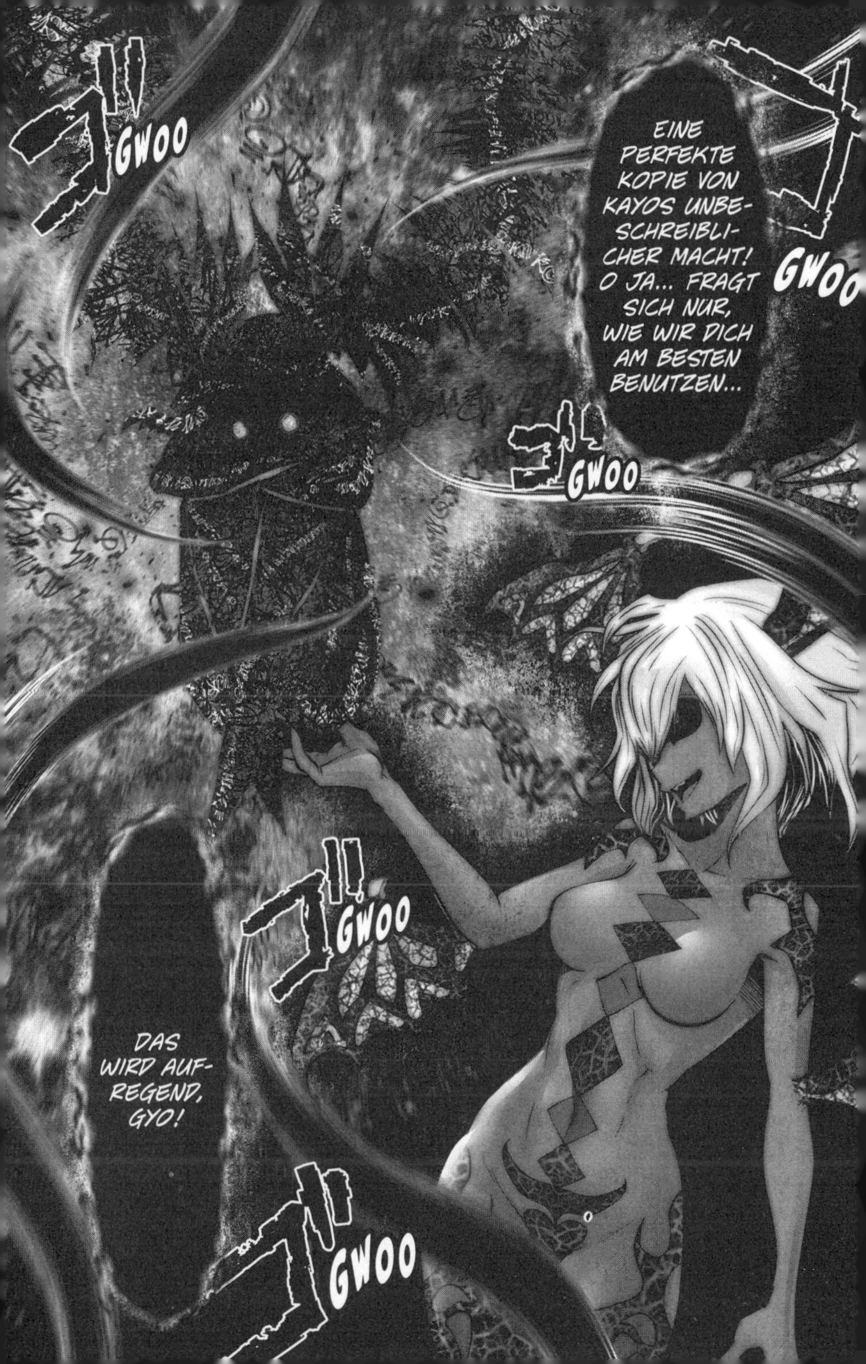
GWOO
EINE PERFEKTE KOPIE VON KAYOS UNBESCHREIBLICHER MACHT! O JA... FRAGT SICH NUR, WIE WIR DICH AM BESTEN BENUTZEN...
GWOO
GWOO
GWOO
DAS WIRD AUFREGEND, GYO!
GWOO

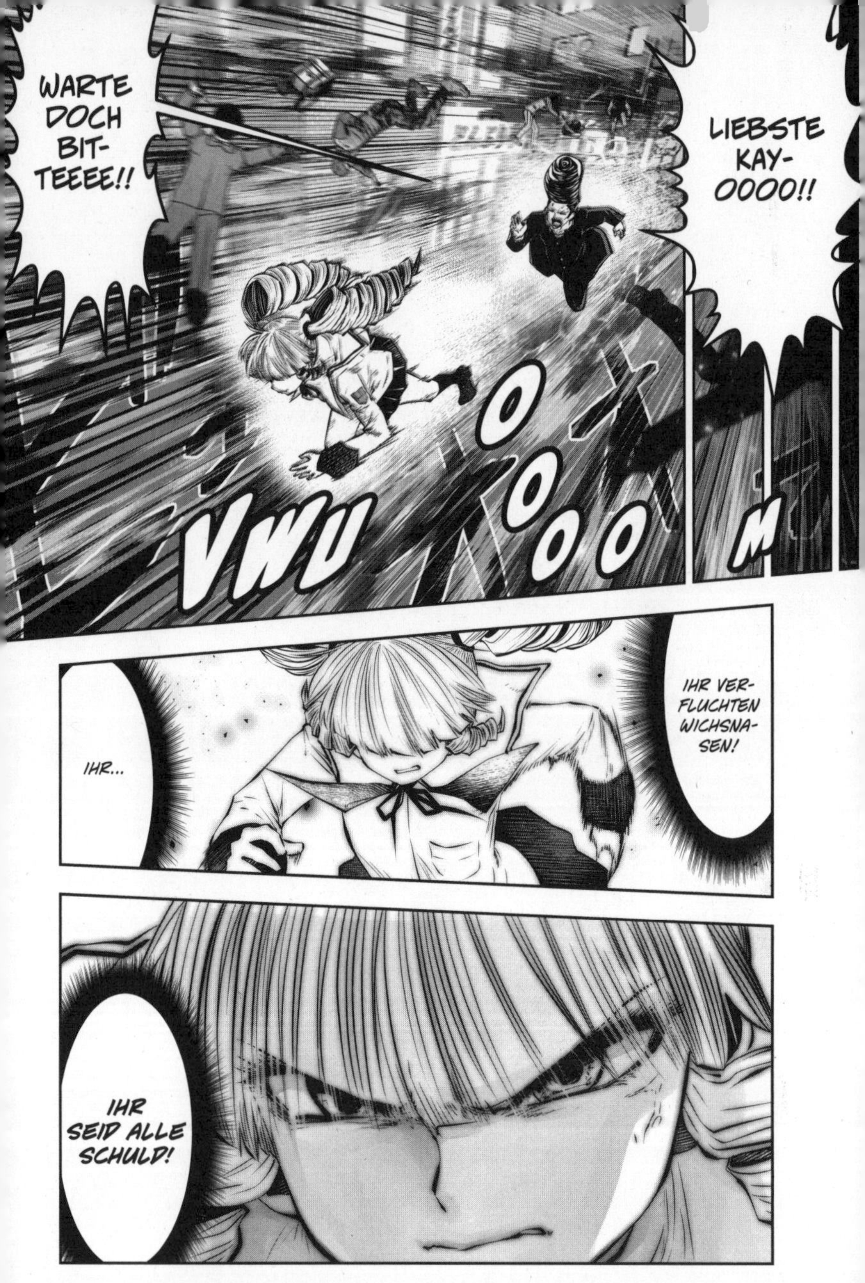
LIEBSTE KAY-OOOO!!
WARTE DOCH BIT-TEEEE!!
VWUOOOOOM
IHR VER-FLUCHTEN WICHSNA-SEN!
IHR...
IHR SEID ALLE SCHULD!

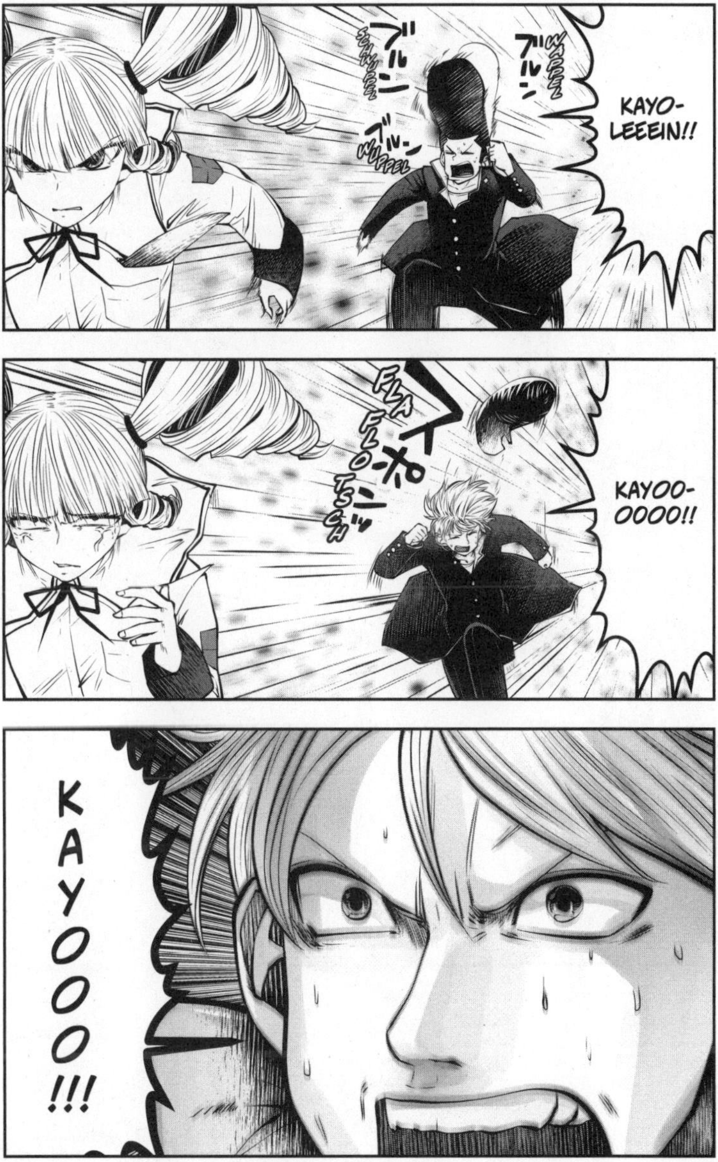
KAYO-LEEEIN!!
WAPPEL
ブルン
SCHWUPPEL
ブルン
WUPPEL
ブルン
KAYOO-OOOO!!
FLA
FLO-TSCH
KAYOOOOO!!!

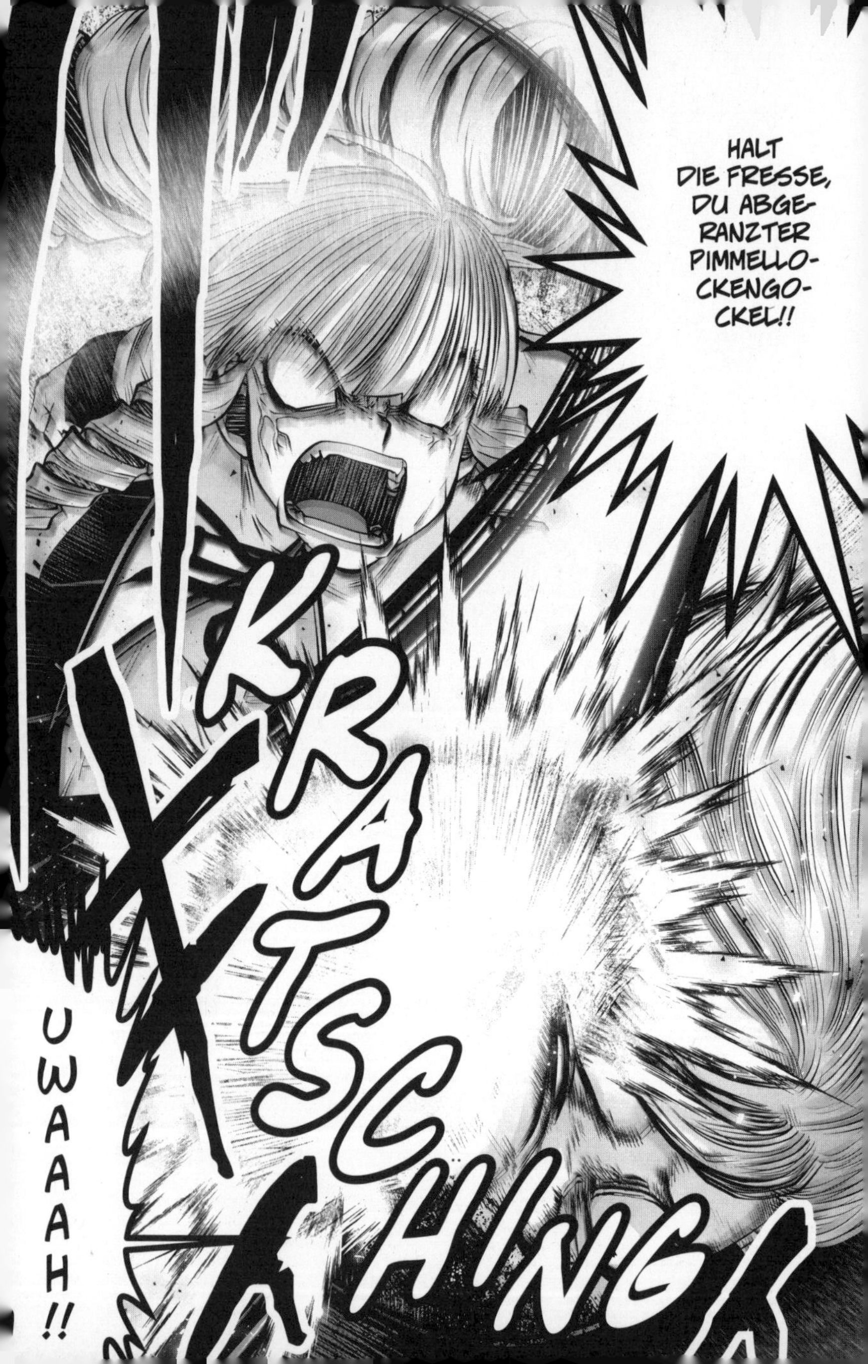
HALT DIE FRESSE, DU ABGE-RANZTER PIMMELLO-CKENGO-CKEL!!
KRATSCHING!
UWAAAAH!!

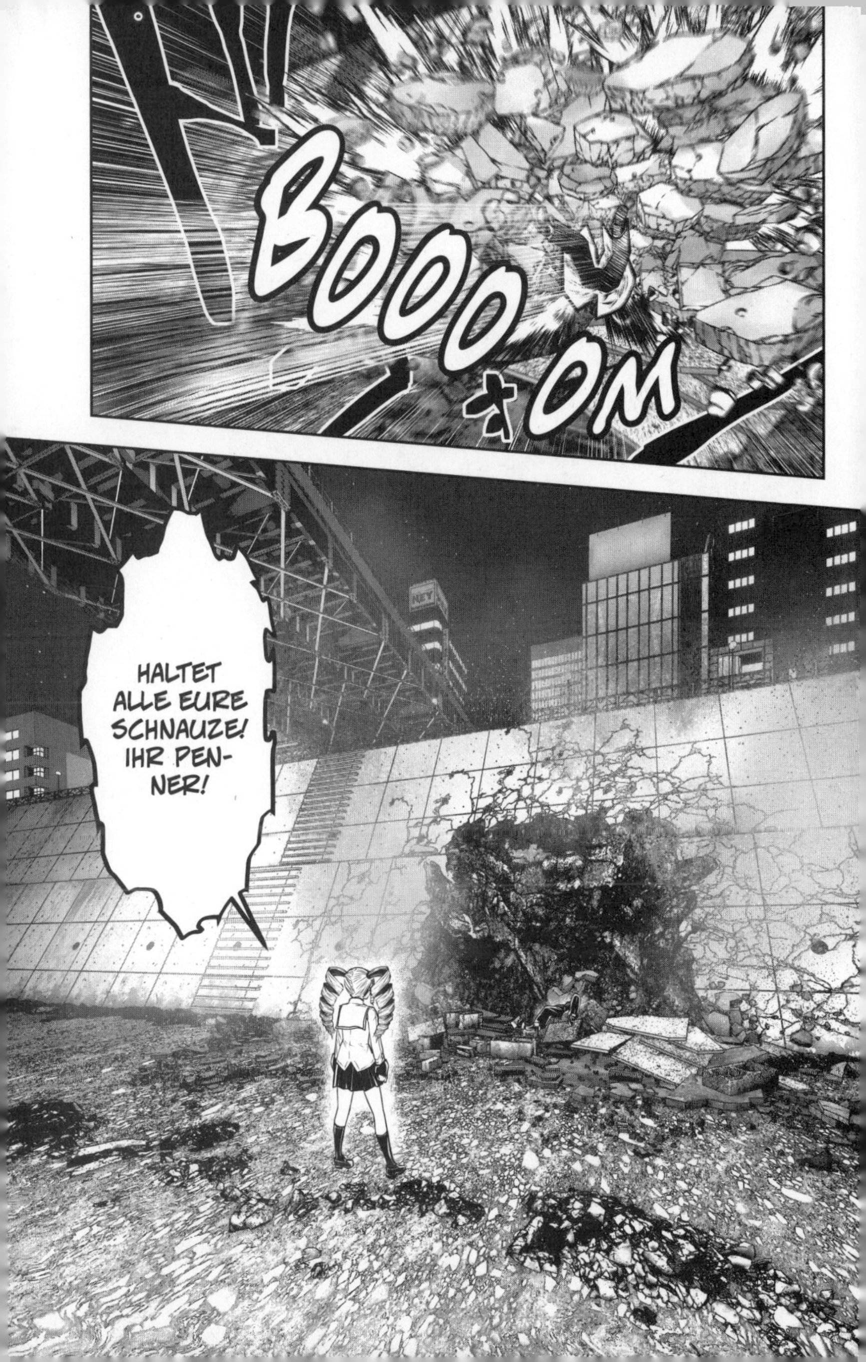
BOOOOOM
HALTET ALLE EURE SCHNAUZE! IHR PENNER!

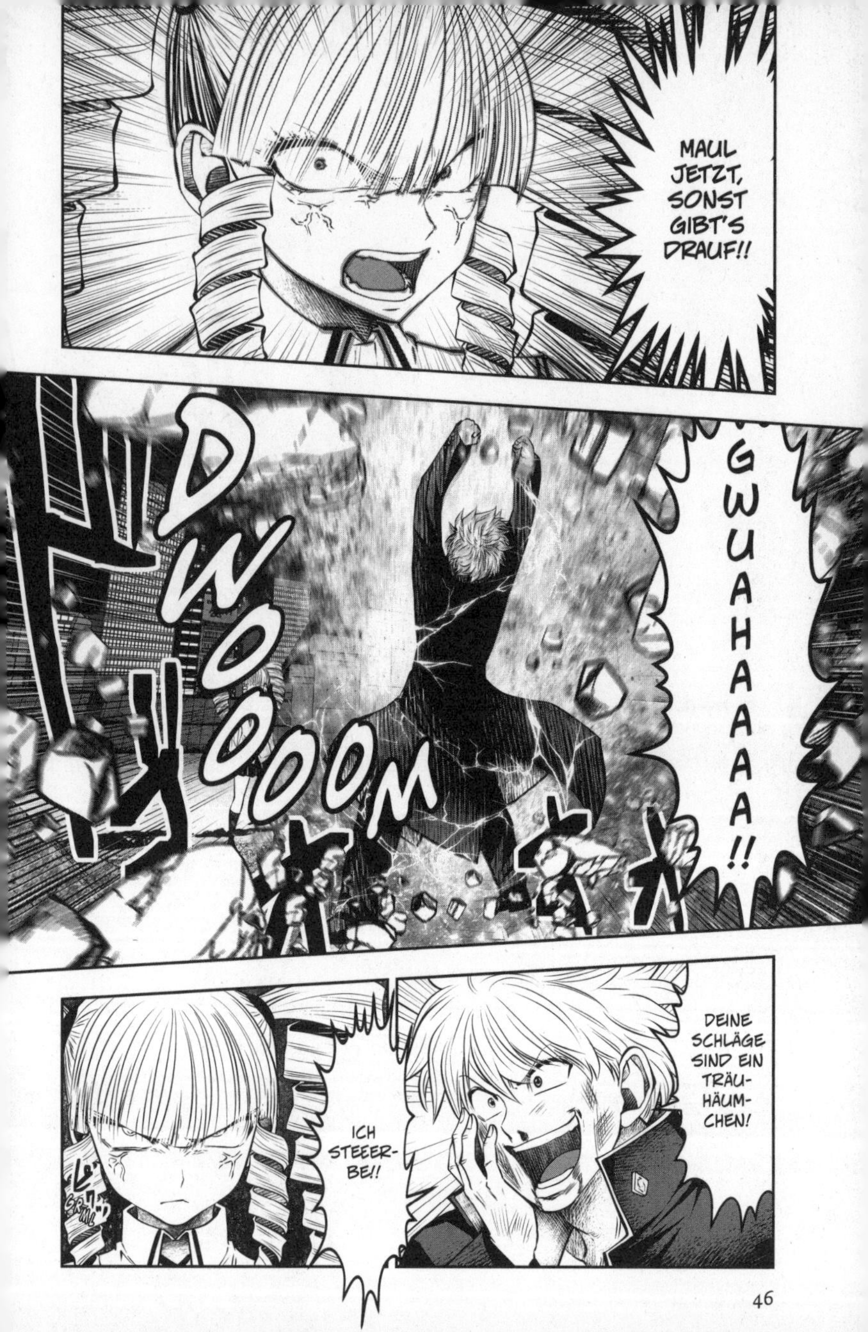
MAUL JETZT, SONST GIBT'S DRAUF!!
DWOOOOM
GWUAHAAAAA!!
DEINE SCHLÄGE SIND EIN TRÄU-HÄUM-CHEN!
ICH STEEER-BE!!
GRML

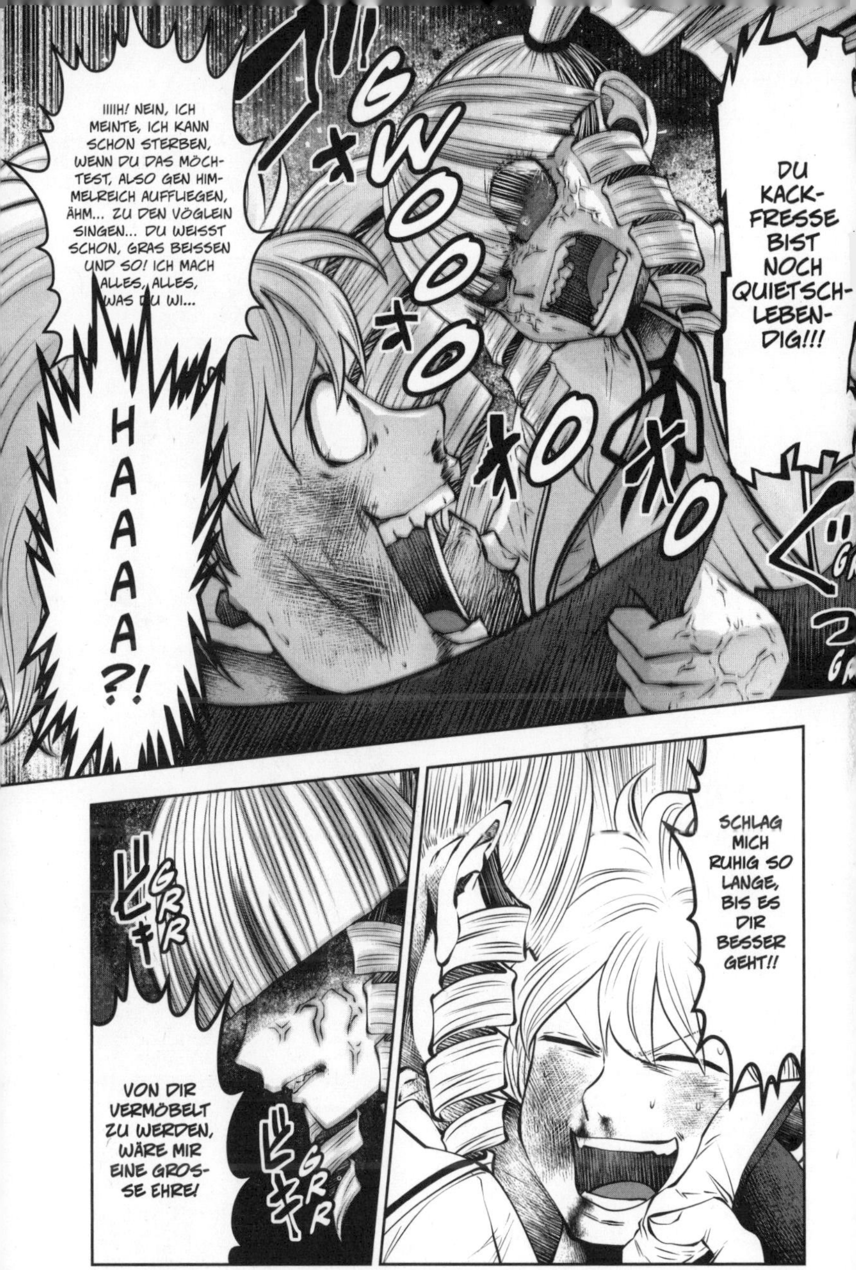

DU KACK-FRESSE BIST NOCH QUIETSCH-LEBEN-DIG!!!
GWOOOOOO
IIIIH! NEIN, ICH MEINTE, ICH KANN SCHON STERBEN, WENN DU DAS MÖCH-TEST, ALSO GEN HIM-MELREICH AUFFLIEGEN, ÄHM... ZU DEN VÖGLEIN SINGEN... DU WEISST SCHON, GRAS BEISSEN UND SO! ICH MACH ALLES, ALLES, WAS DU WI...
HAAAAA?!
SCHLAG MICH RUHIG SO LANGE, BIS ES DIR BESSER GEHT!!
GRR
GRR
VON DIR VERMÖBELT ZU WERDEN, WÄRE MIR EINE GROS-SE EHRE!
GRR

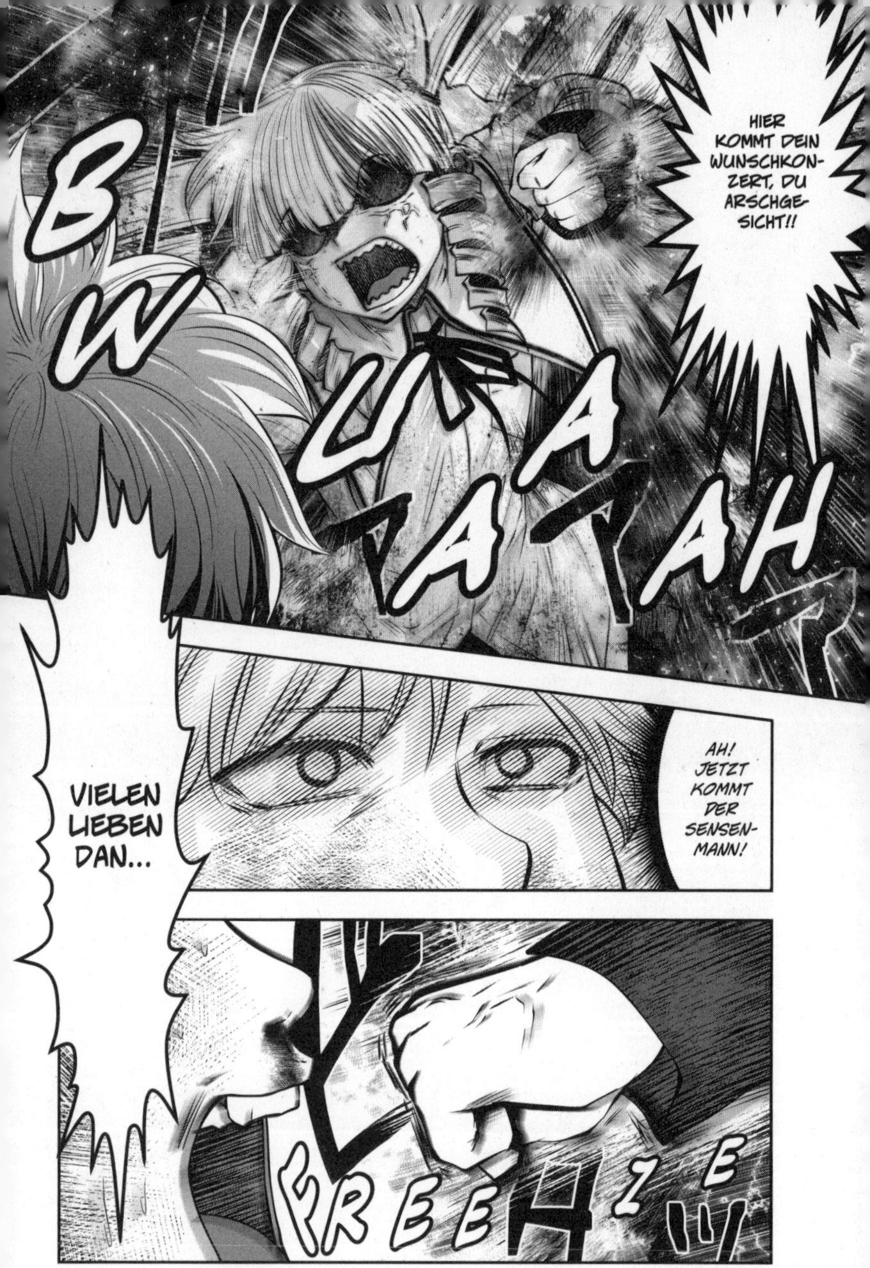
HIER KOMMT DEIN WUNSCHKONZERT, DU ARSCHGESICHT!!
BWUAAAAH
AH! JETZT KOMMT DER SENSENMANN!
VIELEN LIEBEN DAN...
FREEHZE

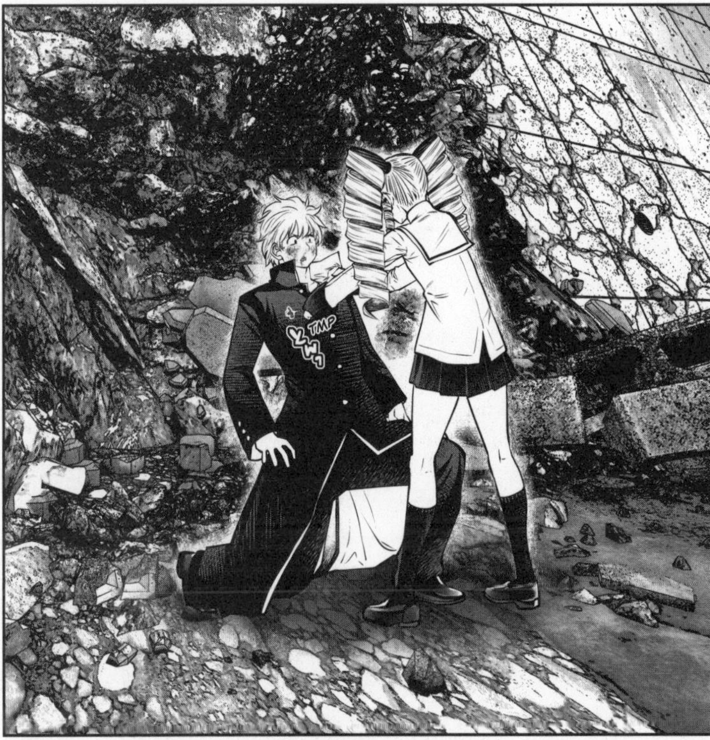
TMP

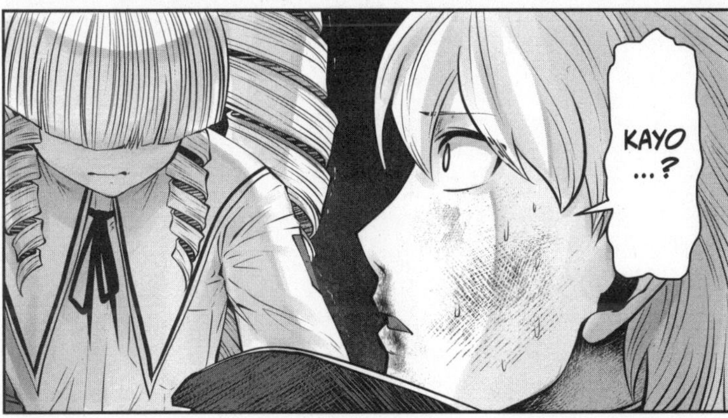
KAYO ...?

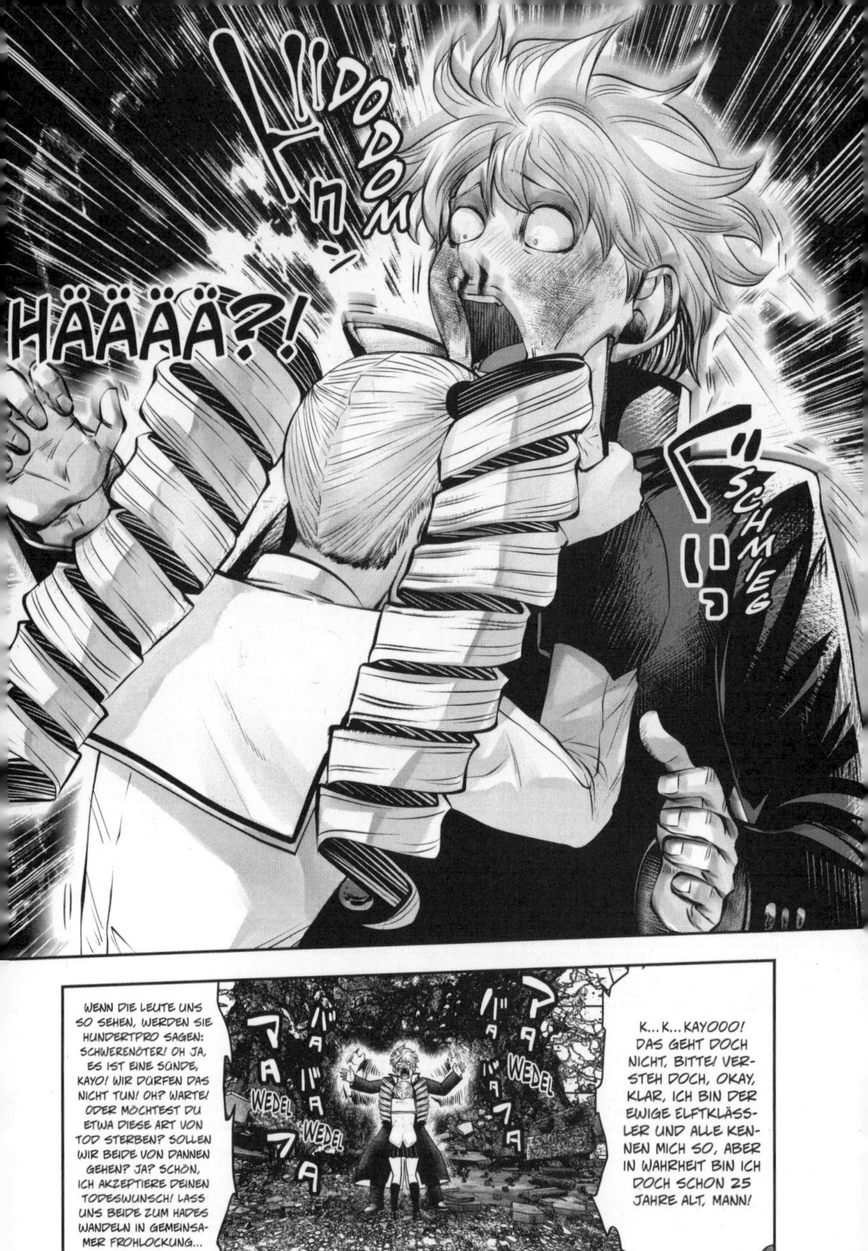
DODOM
HÄÄÄÄ?!
SCHMIEG
K... K... KAYOOO! DAS GEHT DOCH NICHT, BITTE! VERSTEH DOCH, OKAY, KLAR, ICH BIN DER EWIGE ELFTKLÄSSLER UND ALLE KENNEN MICH SO, ABER IN WAHRHEIT BIN ICH DOCH SCHON 25 JAHRE ALT, MANN!
WEDEL
WEDEL
WEDEL
WENN DIE LEUTE UNS SO SEHEN, WERDEN SIE HUNDERTPRO SAGEN: SCHWERENÖTER! OH JA, ES IST EINE SÜNDE, KAYO! WIR DÜRFEN DAS NICHT TUN! OH? WARTE! ODER MÖCHTEST DU ETWA DIESE ART VON TOD STERBEN? SOLLEN WIR BEIDE VON DANNEN GEHEN? JA? SCHÖN, ICH AKZEPTIERE DEINEN TODESWUNSCH! LASS UNS BEIDE ZUM HADES WANDELN IN GEMEINSAMER FROHLOCKUNG...

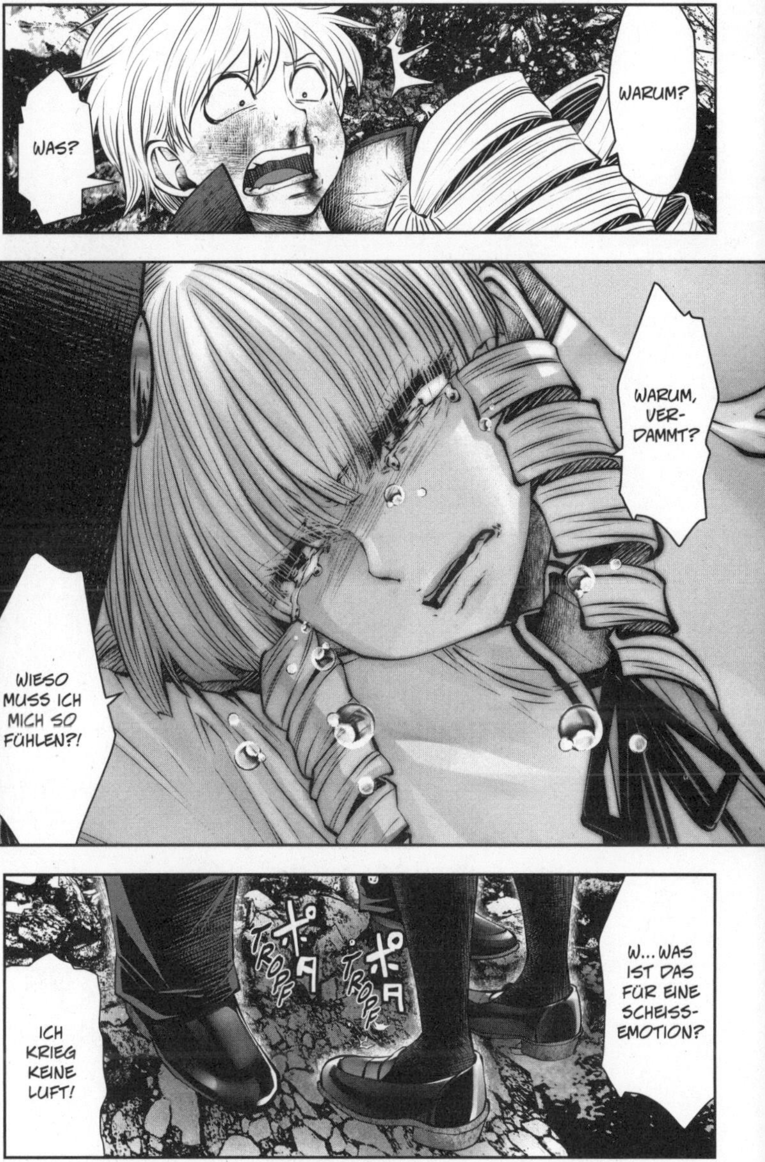
WARUM?
WAS?
WARUM, VER-DAMMT?
WIESO MUSS ICH MICH SO FÜHLEN?!
TROPF
TROPF
W... WAS IST DAS FÜR EINE SCHEISS-EMOTION?
ICH KRIEG KEINE LUFT!

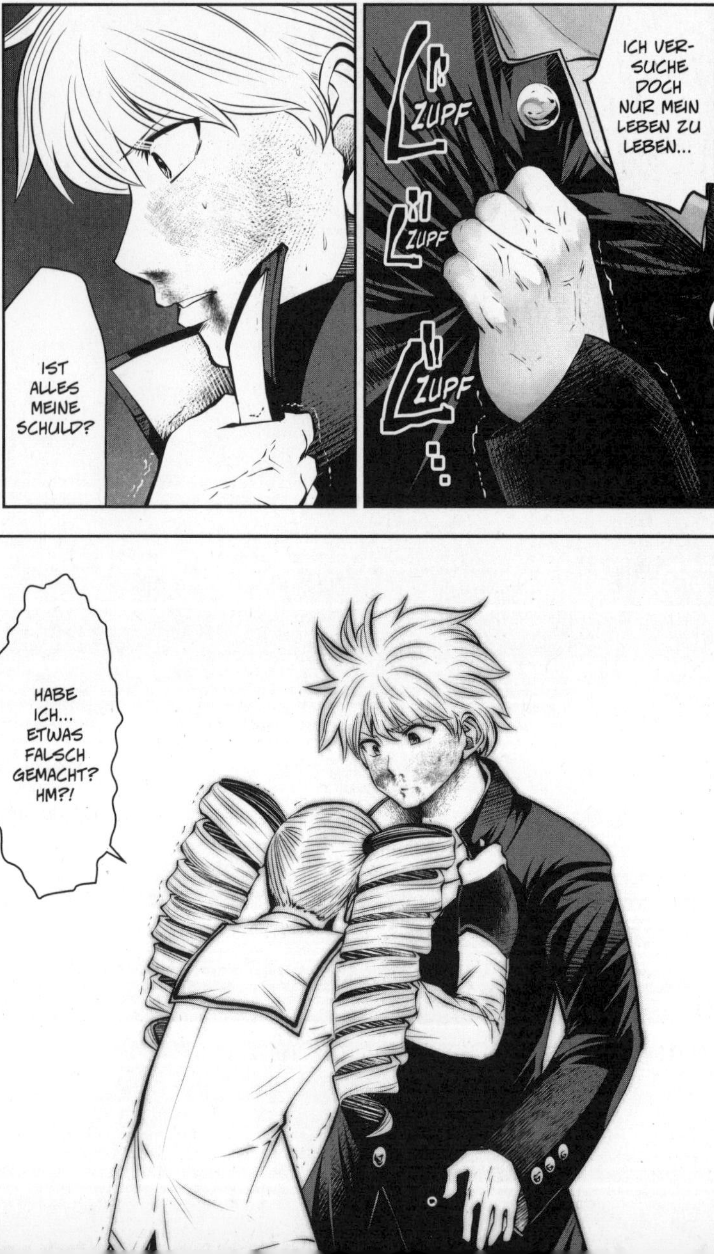
ICH VER-SUCHE DOCH NUR MEIN LEBEN ZU LEBEN...
ZUPF
ZUPF
ZUPF
IST ALLES MEINE SCHULD?
HABE ICH... ETWAS FALSCH GEMACHT? HM?!

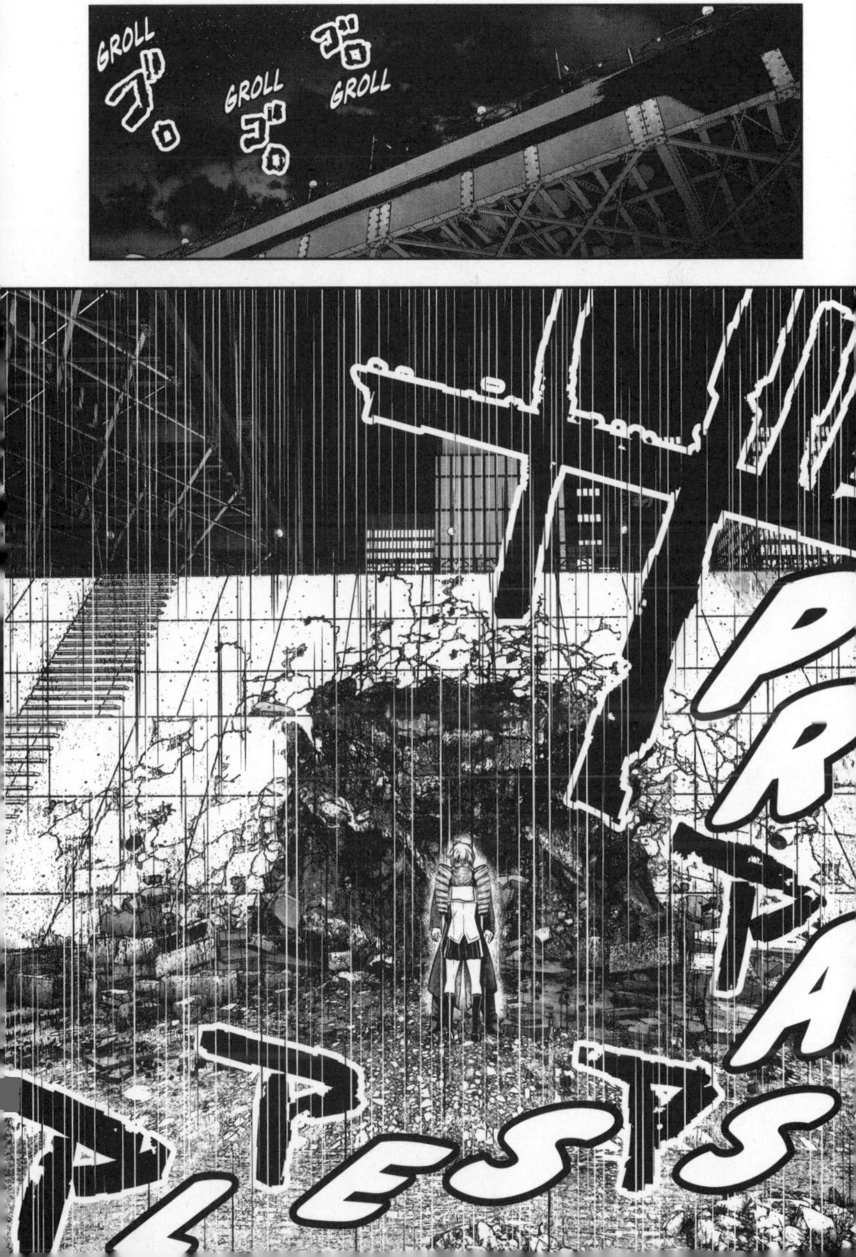
GROLL
ゴロ
GROLL
ゴロ
ゴロ
GROLL

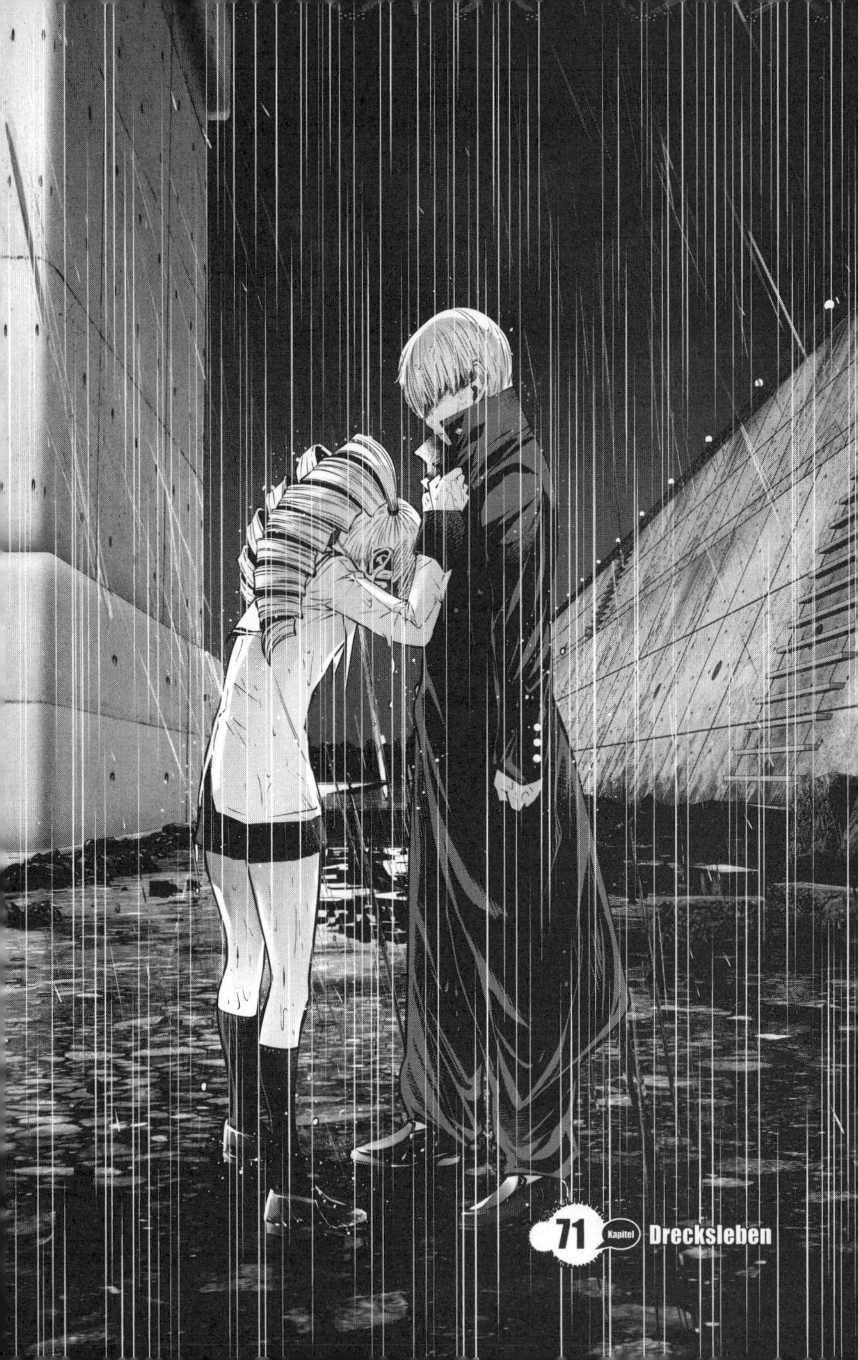
71 Kapitel Drecksleben

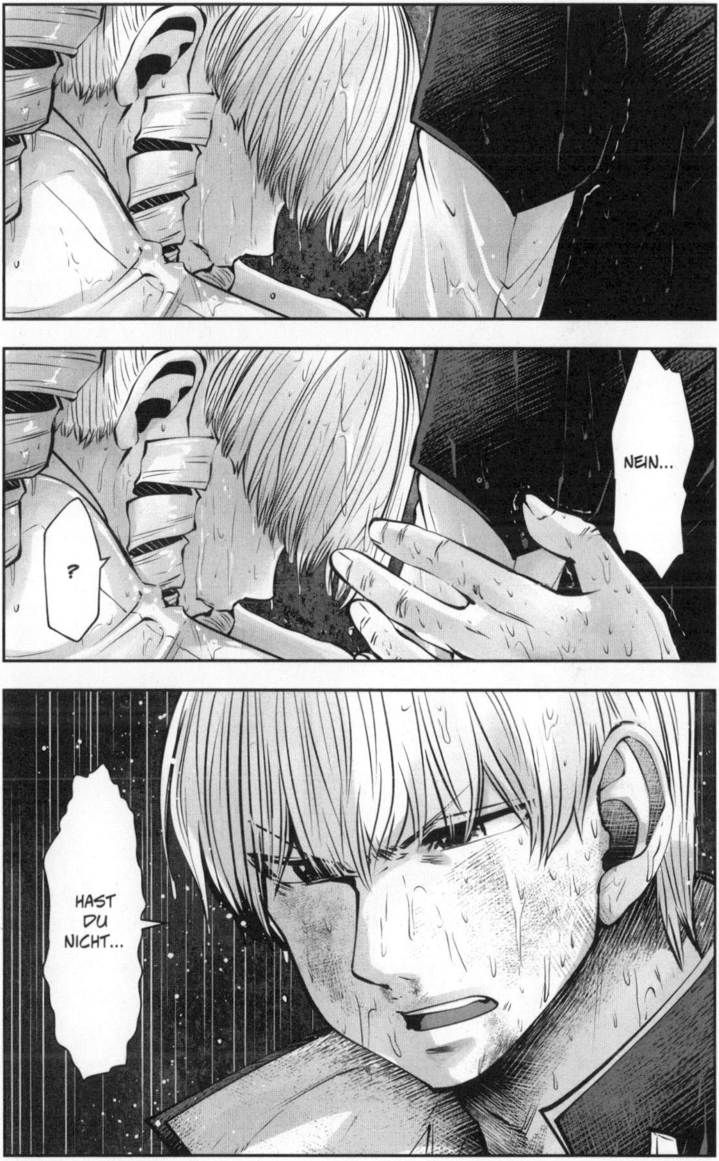
NEIN...
?
HAST DU NICHT...

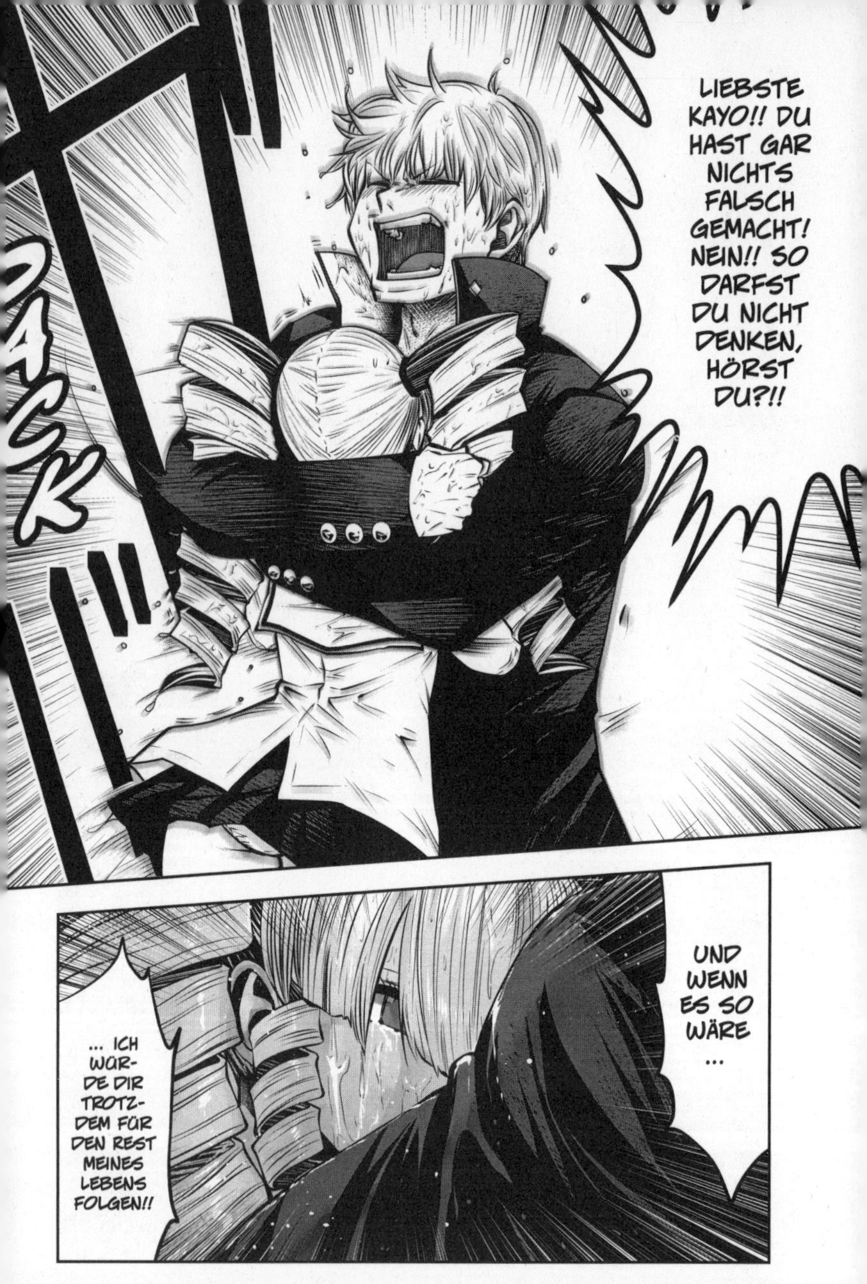
LIEBSTE KAYO!! DU HAST GAR NICHTS FALSCH GEMACHT! NEIN!! SO DARFST DU NICHT DENKEN, HÖRST DU?!!
DACK!!
UND WENN ES SO WÄRE ...
... ICH WÜR-DE DIR TROTZ-DEM FÜR DEN REST MEINES LEBENS FOLGEN!!

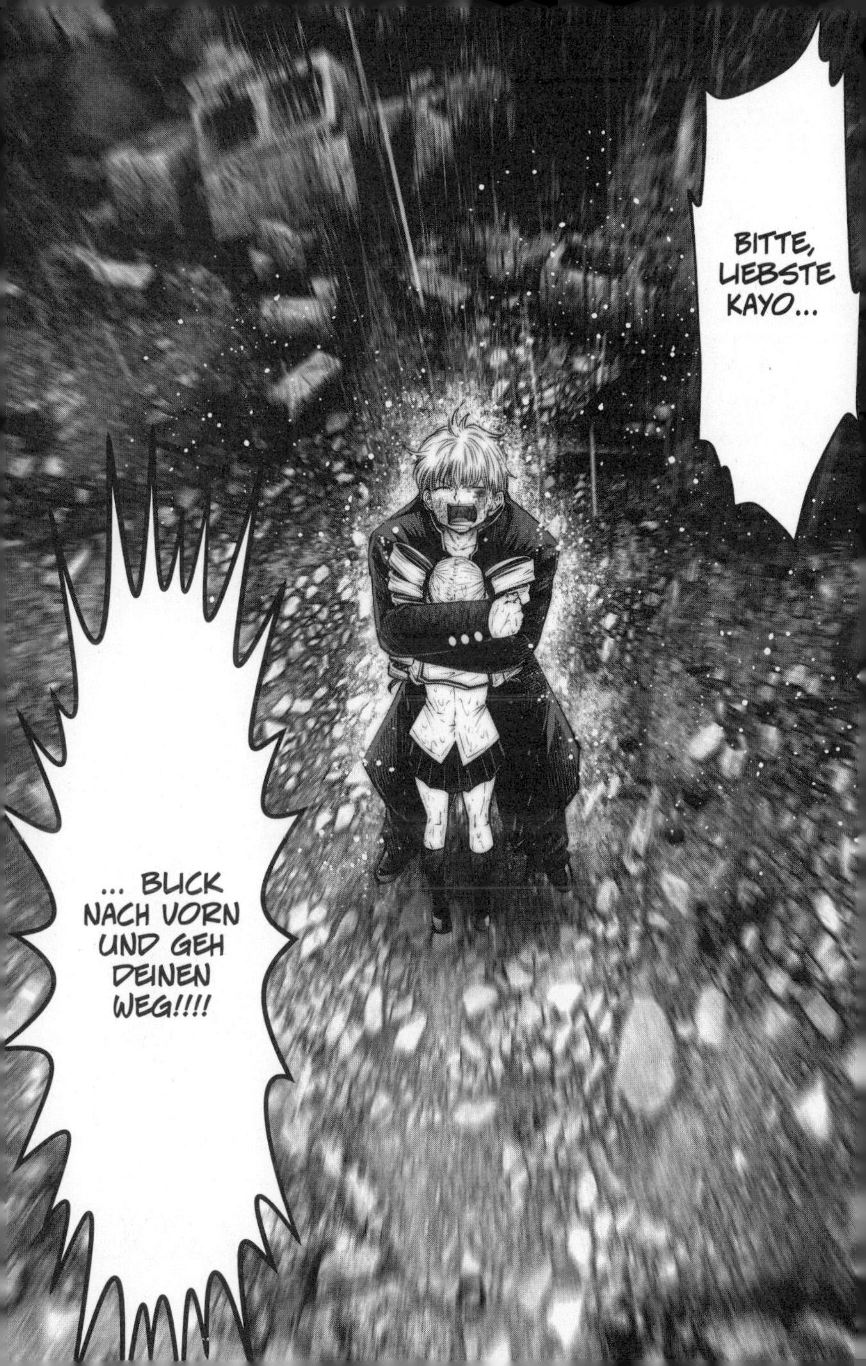
BITTE, LIEBSTE KAYO...
... BLICK NACH VORN UND GEH DEINEN WEG!!!!

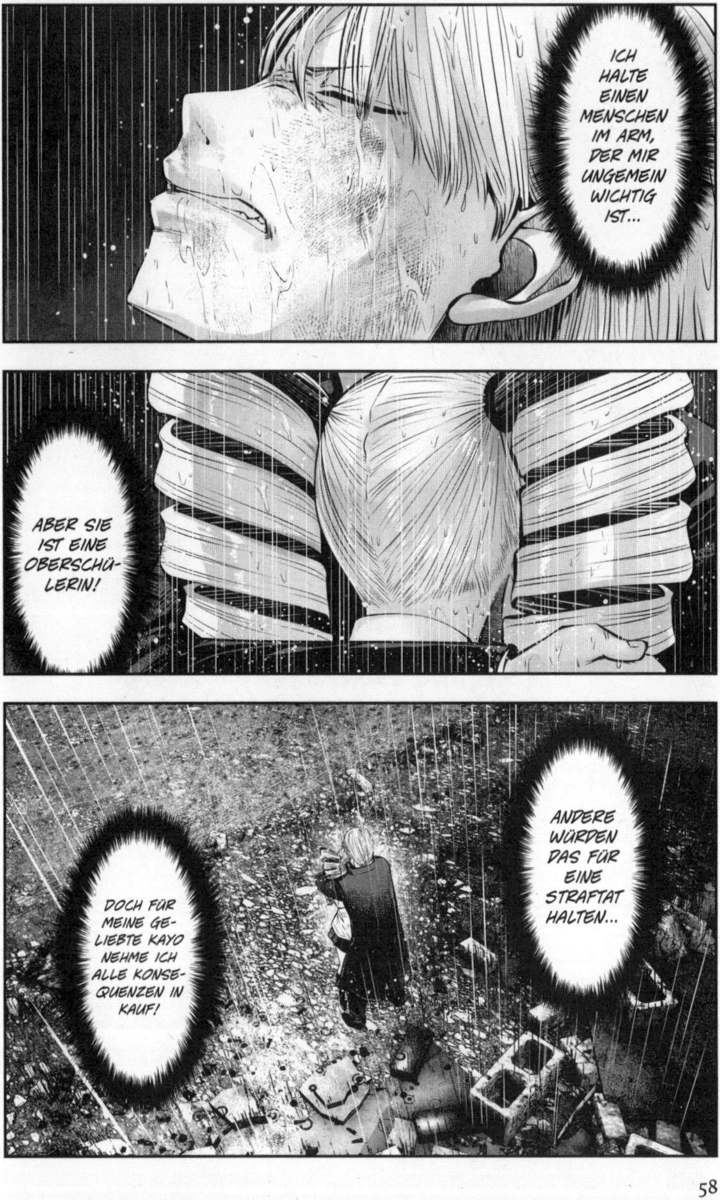
ICH HALTE EINEN MENSCHEN IM ARM, DER MIR UNGEMEIN WICHTIG IST...
ABER SIE IST EINE OBERSCHÜ-LERIN!
ANDERE WÜRDEN DAS FÜR EINE STRAFTAT HALTEN...
DOCH FÜR MEINE GE-LIEBTE KAYO NEHME ICH ALLE KONSE-QUENZEN IN KAUF!

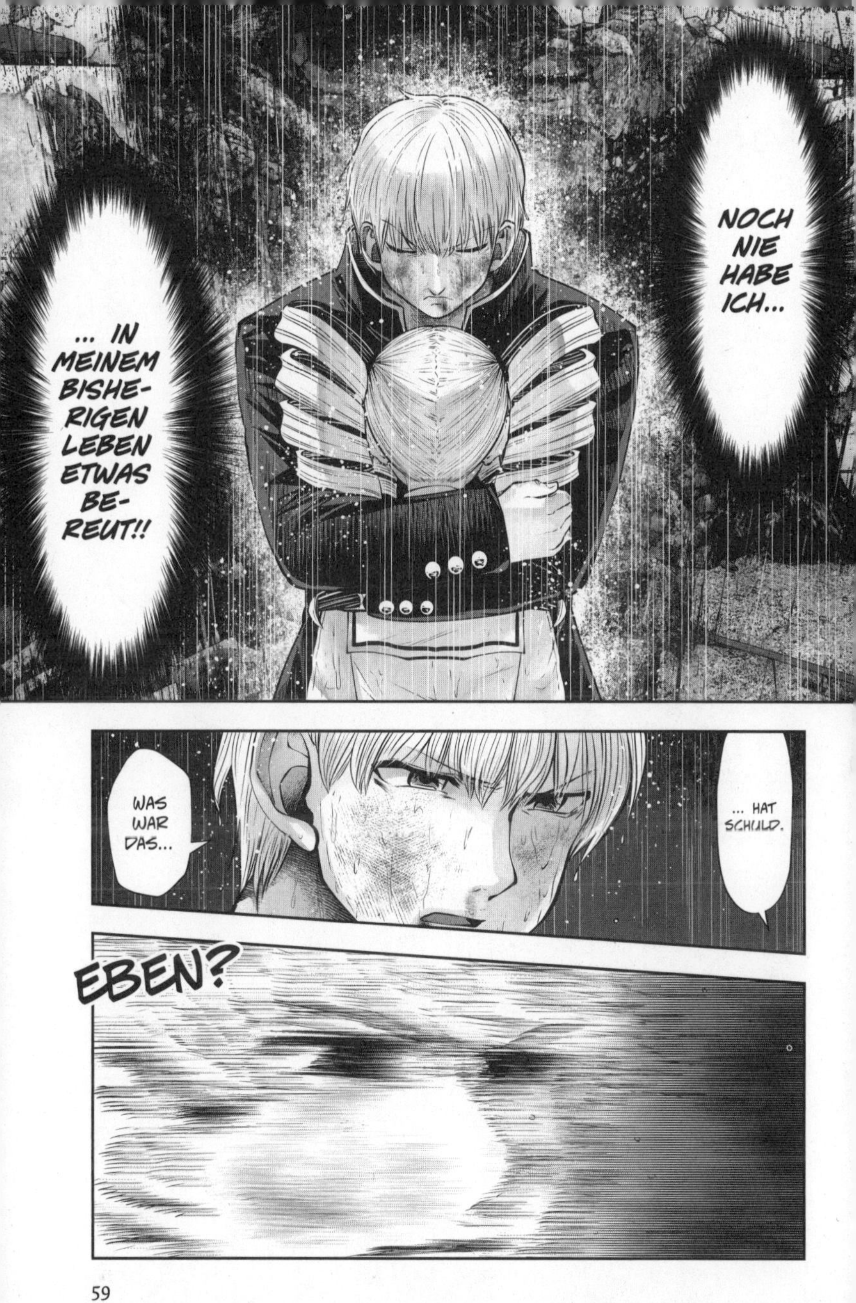
NOCH NIE HABE ICH...
... IN MEINEM BISHE-RIGEN LEBEN ETWAS BE-REUT!!
... HAT SCHULD.
WAS WAR DAS...
EBEN?

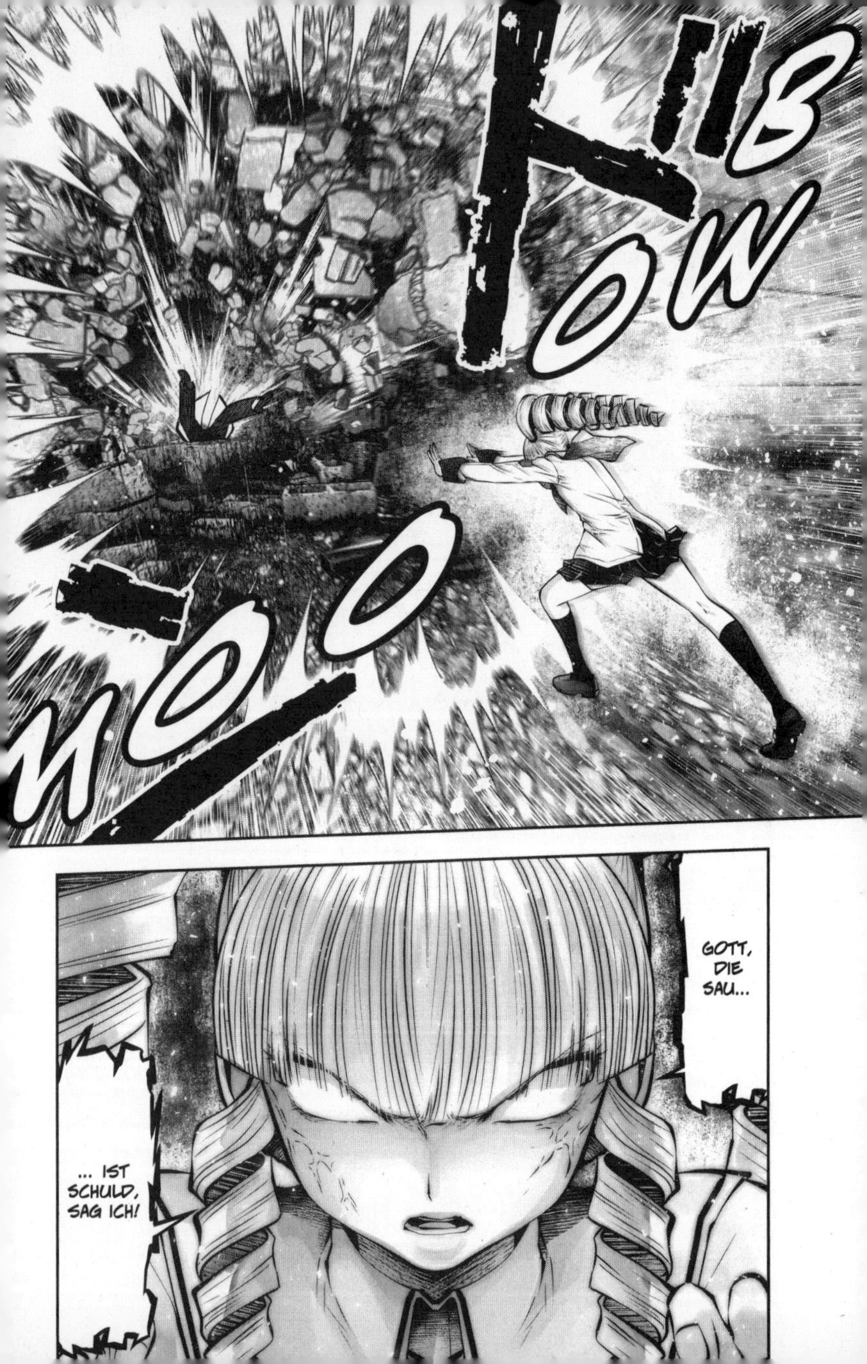
GOTT, DIE SAU...
... IST SCHULD, SAG ICH!

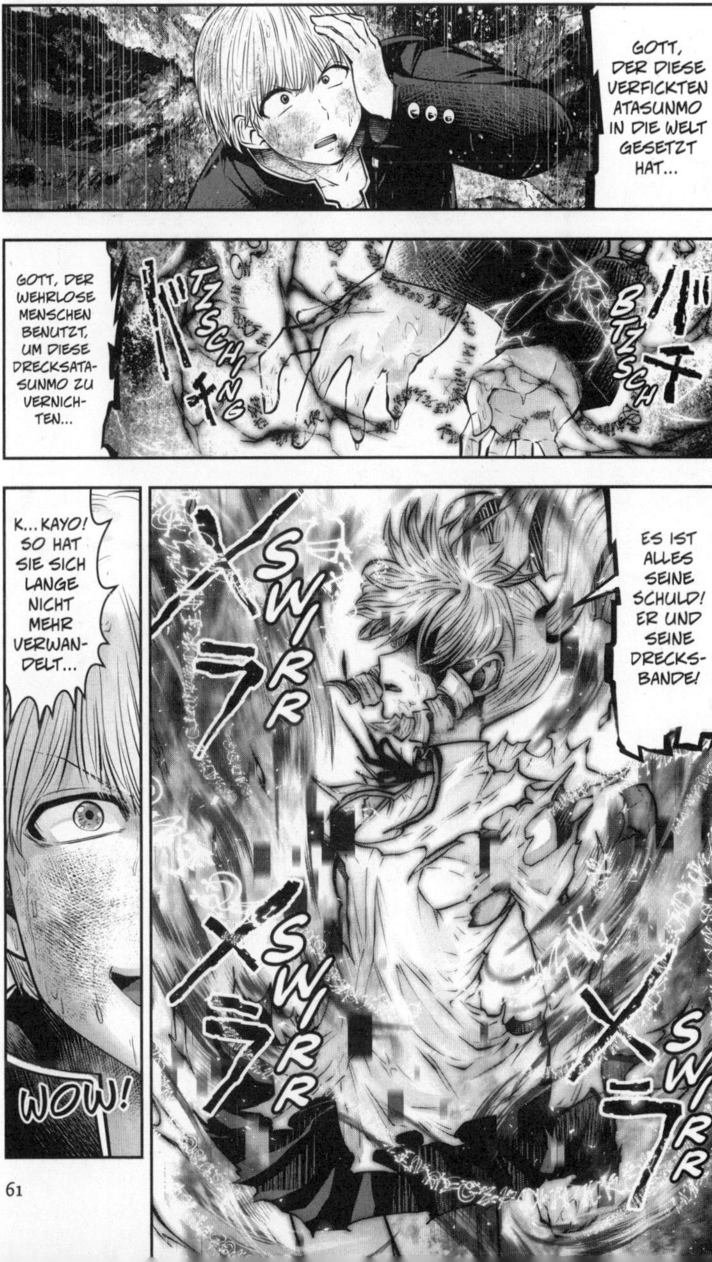
GOTT, DER DIESE VERFICKTEN ATASUNMO IN DIE WELT GESETZT HAT...
BTZSCH
GOTT, DER WEHRLOSE MENSCHEN BENUTZT, UM DIESE DRECKSATA-SUNMO ZU VERNICH-TEN...
TZSCHING
ES IST ALLES SEINE SCHULD! ER UND SEINE DRECKS-BANDE!
SWIRR
SWIRR
SWIRR
K... KAYO! SO HAT SIE SICH LANGE NICHT MEHR VERWAN-DELT...
WOW!

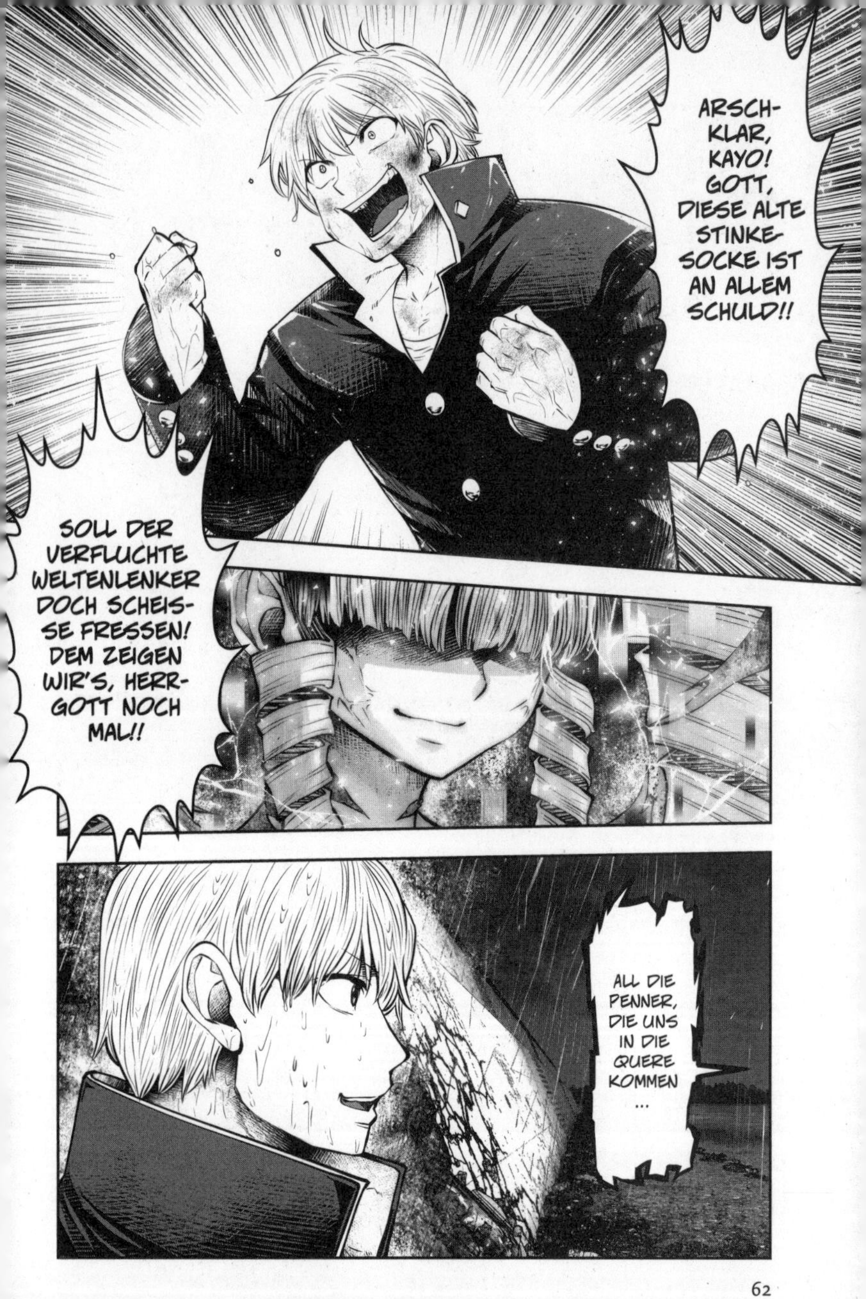
ARSCH-KLAR, KAYO! GOTT, DIESE ALTE STINKE-SOCKE IST AN ALLEM SCHULD!!
SOLL DER VERFLUCHTE WELTENLENKER DOCH SCHEIS-SE FRESSEN! DEM ZEIGEN WIR'S, HERR-GOTT NOCH MAL!!
ALL DIE PENNER, DIE UNS IN DIE QUERE KOMMEN ...

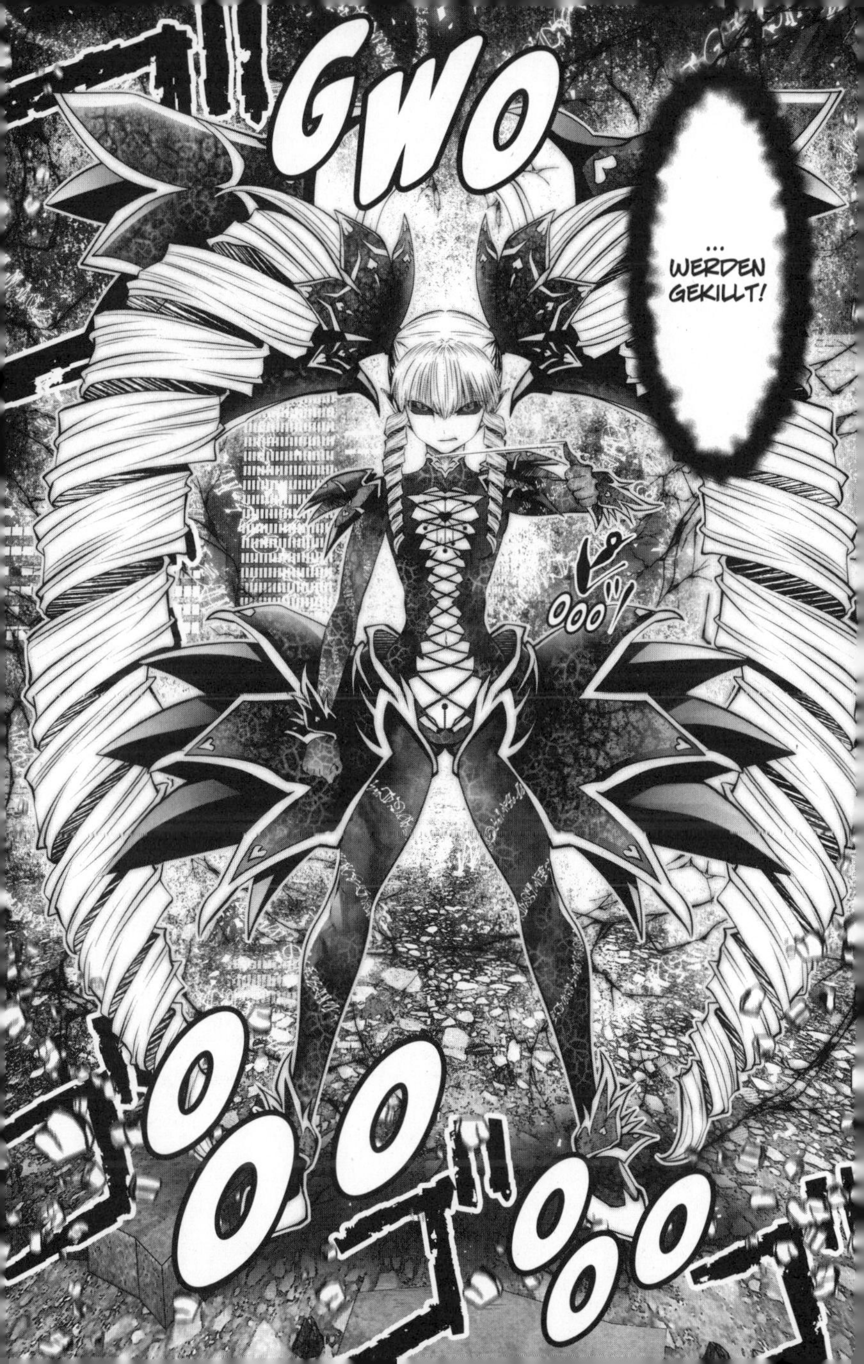
GWO
... WERDEN GEKILLT!
OOOOOO

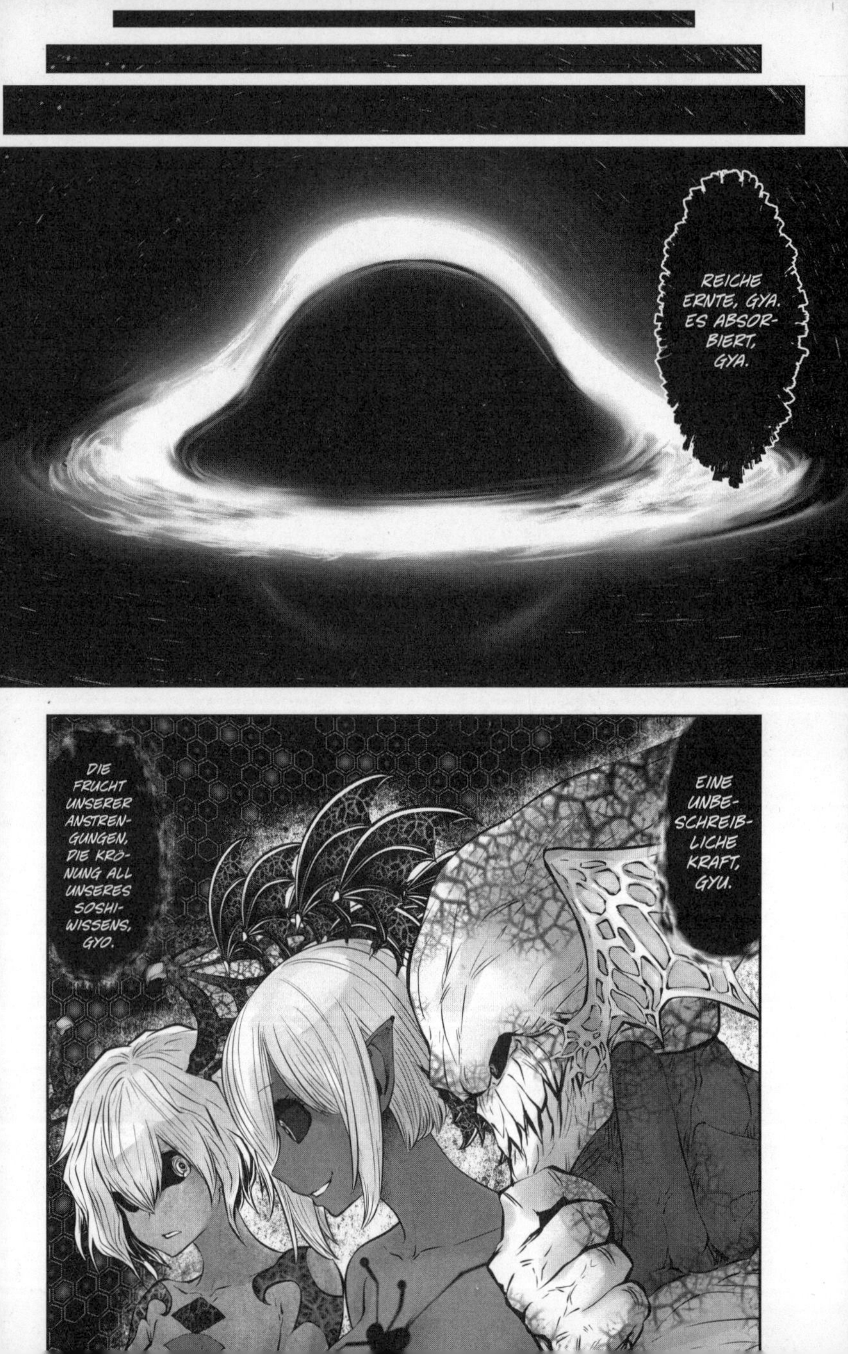
REICHE ERNTE, GYA. ES ABSORBIERT, GYA.
EINE UNBESCHREIBLICHE KRAFT, GYU.
DIE FRUCHT UNSERER ANSTRENGUNGEN, DIE KRÖNUNG ALL UNSERES SOSHIWISSENS, GYO.

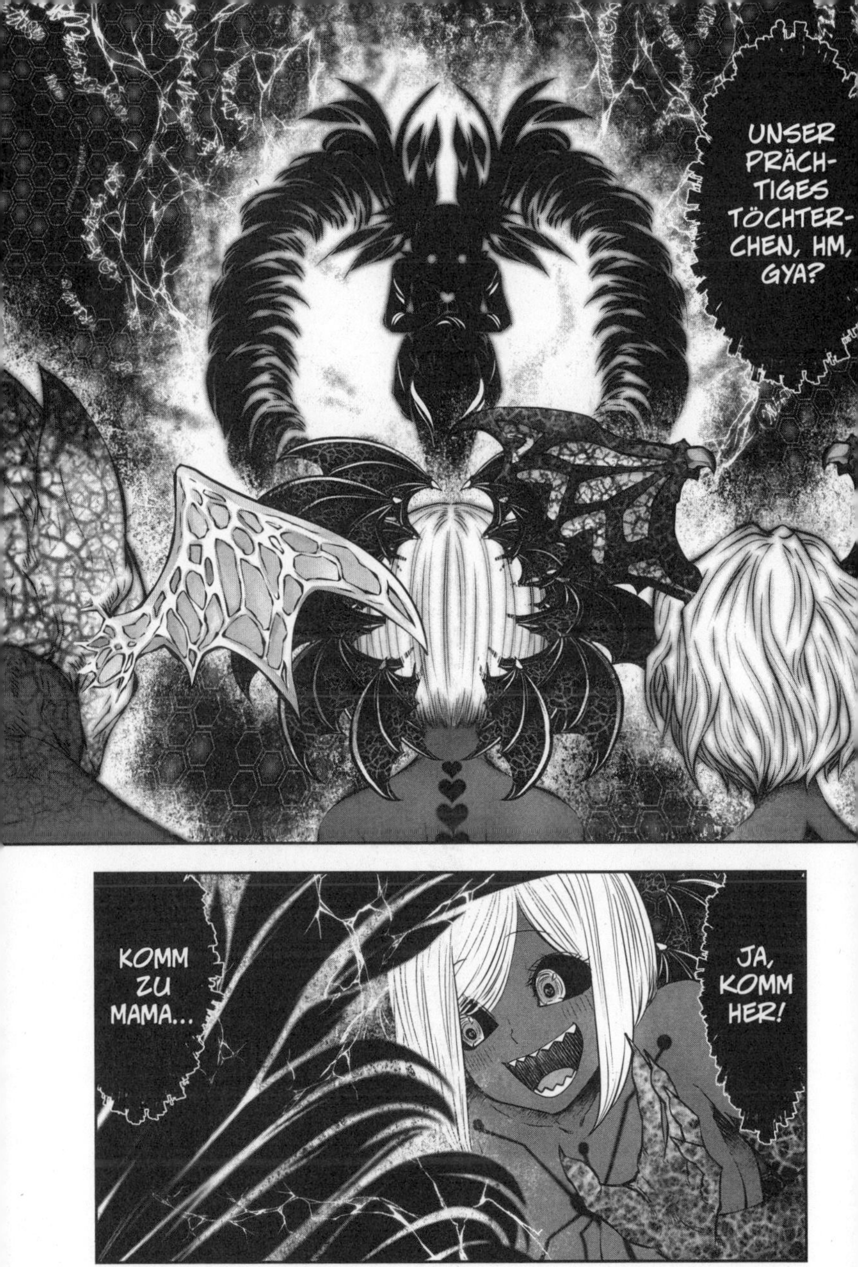
UNSER PRÄCHTIGES TÖCHTERCHEN, HM, GYA?
JA, KOMM HER!
KOMM ZU MAMA…

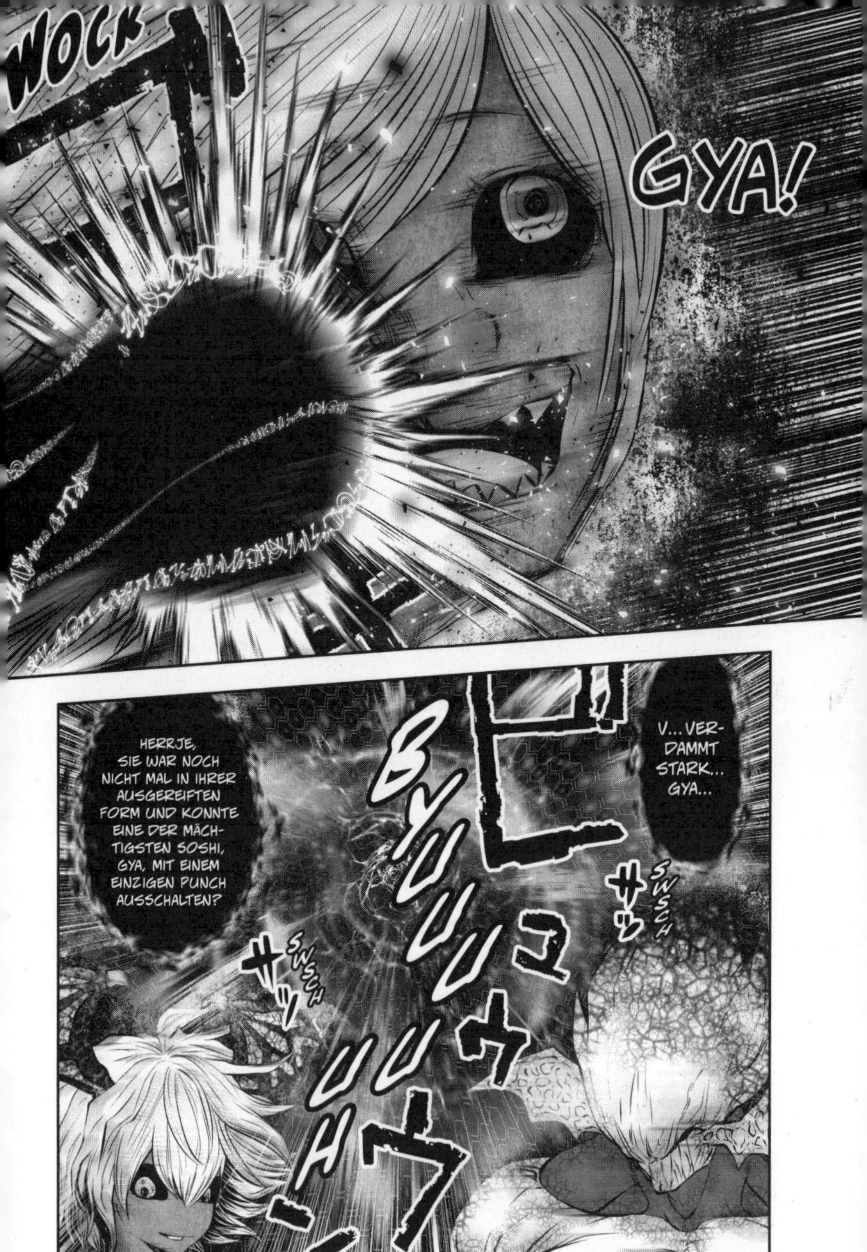
WOCK
GYA!
V... VER-DAMMT STARK... GYA...
HERRJE, SIE WAR NOCH NICHT MAL IN IHRER AUSGEREIFTEN FORM UND KONNTE EINE DER MÄCHTIGSTEN SOSHI, GYA, MIT EINEM EINZIGEN PUNCH AUSSCHALTEN?
BYUUUUUUUH
SWSCH
SWSCH

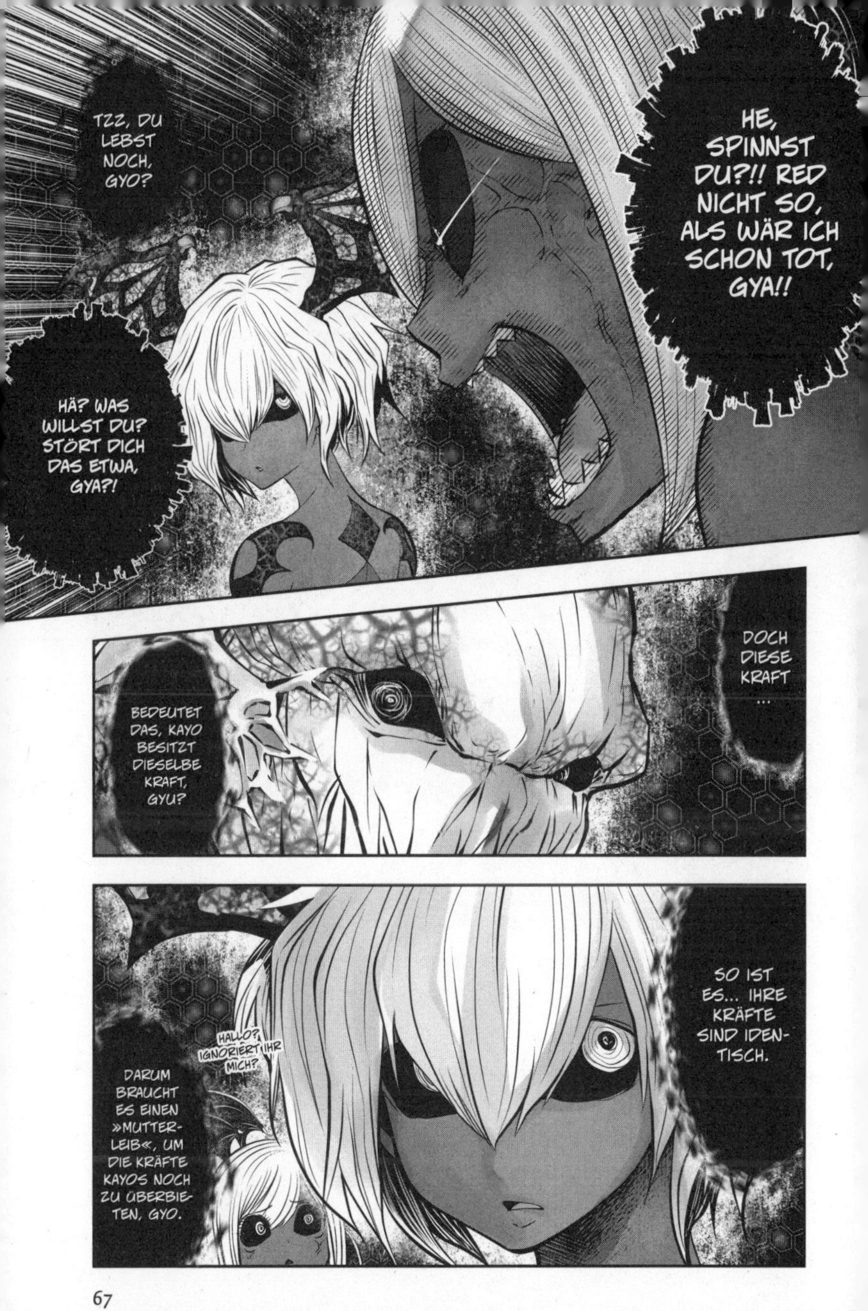
TZZ, DU LEBST NOCH, GYO?
HE, SPINNST DU?!! RED NICHT SO, ALS WÄR ICH SCHON TOT, GYA!!
HÄ? WAS WILLST DU? STÖRT DICH DAS ETWA, GYA?!
DOCH DIESE KRAFT ...
BEDEUTET DAS, KAYO BESITZT DIESELBE KRAFT, GYU?
SO IST ES... IHRE KRÄFTE SIND IDEN-TISCH.
HALLO? IGNORIERT IHR MICH?
DARUM BRAUCHT ES EINEN »MUTTER-LEIB«, UM DIE KRÄFTE KAYOS NOCH ZU ÜBERBIE-TEN, GYO.

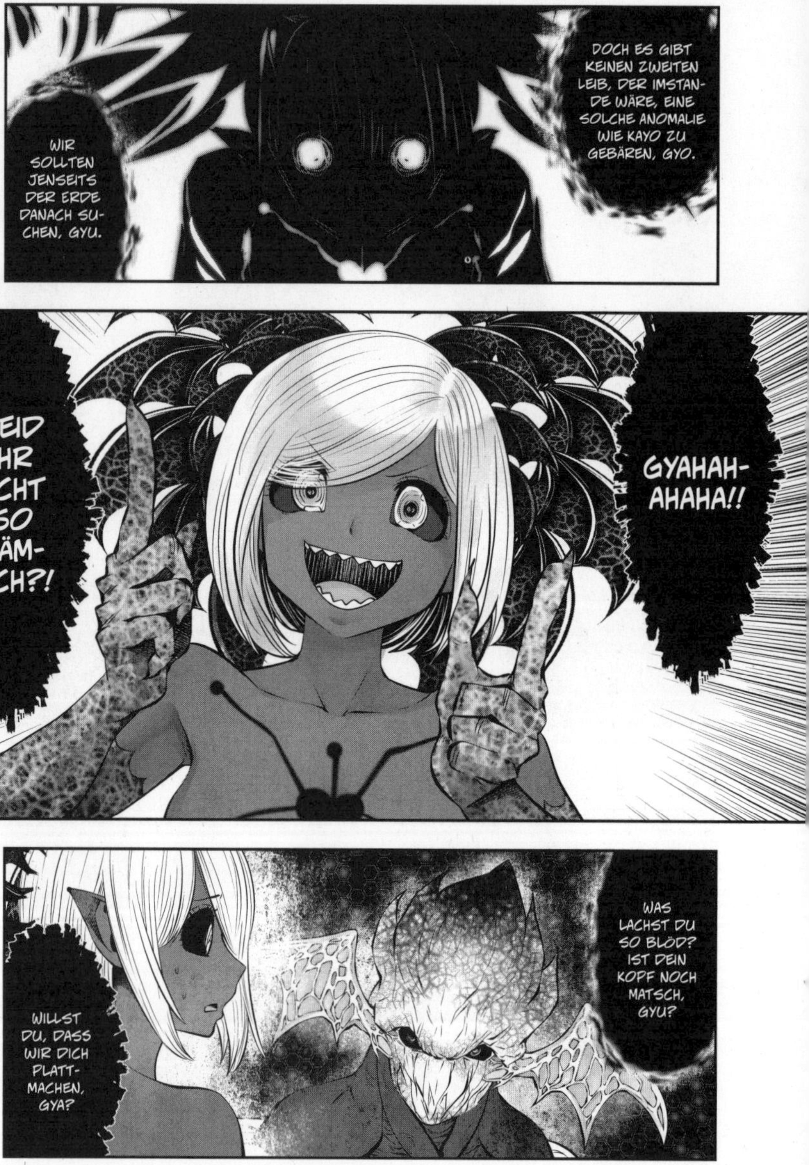
DOCH ES GIBT KEINEN ZWEITEN LEIB, DER IMSTANDE WÄRE, EINE SOLCHE ANOMALIE WIE KAYO ZU GEBÄREN, GYO.
WIR SOLLTEN JENSEITS DER ERDE DANACH SUCHEN, GYU.
GYAHAHAHAHA!!
SEID IHR ECHT SO DÄMLICH?!
WAS LACHST DU SO BLÖD? IST DEIN KOPF NOCH MATSCH, GYU?
WILLST DU, DASS WIR DICH PLATTMACHEN, GYA?

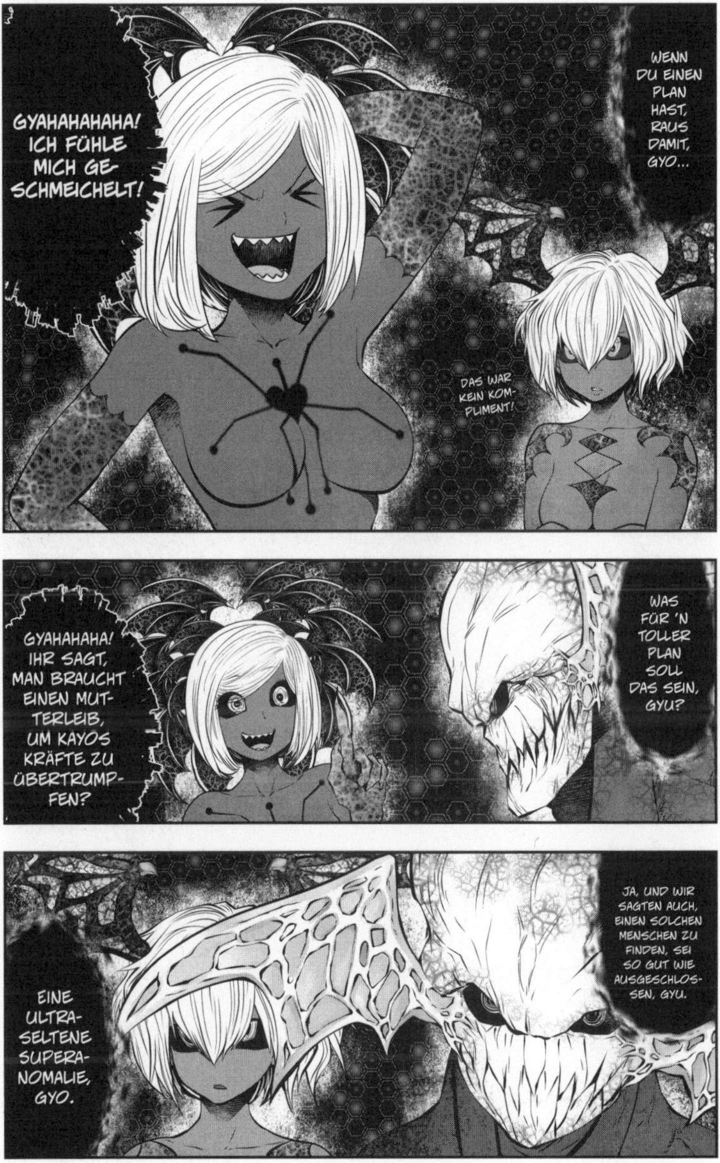
WENN DU EINEN PLAN HAST, RAUS DAMIT, GYO...
GYAHAHAHAHA! ICH FÜHLE MICH GESCHMEICHELT!
DAS WAR KEIN KOMPLIMENT!
WAS FÜR 'N TOLLER PLAN SOLL DAS SEIN, GYU?
GYAHAHAHA! IHR SAGT, MAN BRAUCHT EINEN MUTTERLEIB, UM KAYOS KRÄFTE ZU ÜBERTRUMPFEN?
JA, UND WIR SAGTEN AUCH, EINEN SOLCHEN MENSCHEN ZU FINDEN, SEI SO GUT WIE AUSGESCHLOSSEN, GYU.
EINE ULTRASELTENE SUPERANOMALIE, GYO.

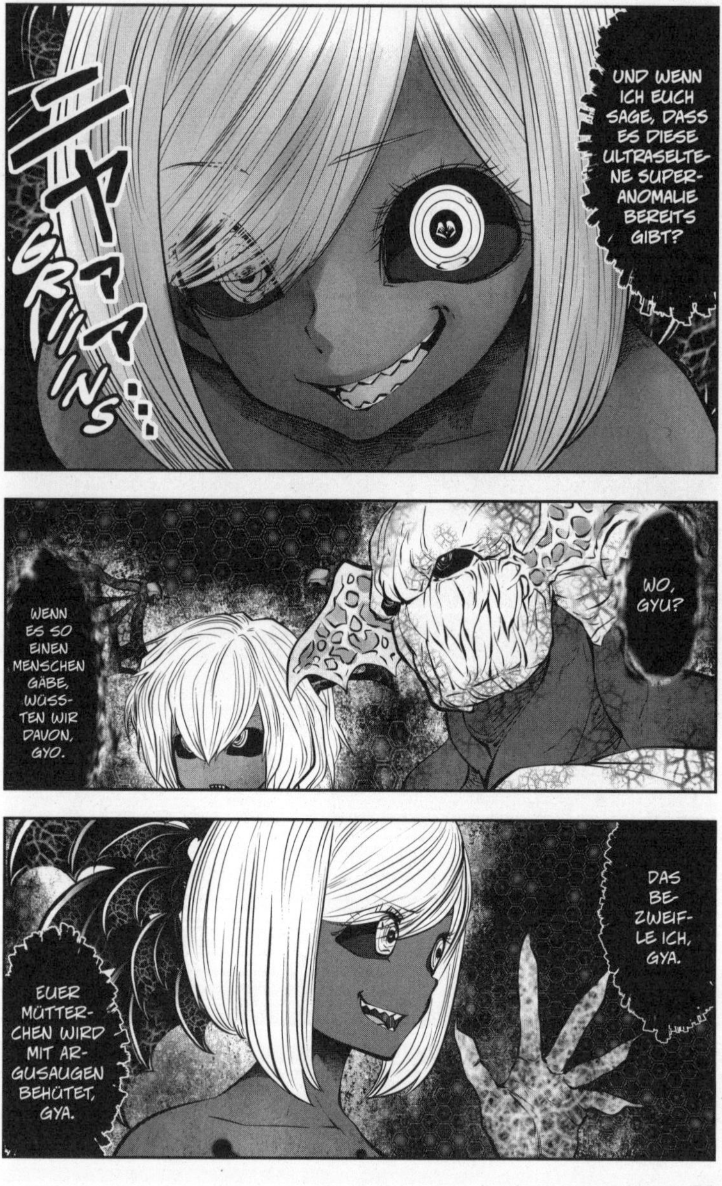
UND WENN ICH EUCH SAGE, DASS ES DIESE ULTRASELTENE SUPER-ANOMALIE BEREITS GIBT?
ニヤァ… GRIIIINS
WO, GYU?
WENN ES SO EINEN MENSCHEN GÄBE, WÜSSTEN WIR DAVON, GYO.
DAS BEZWEIFLE ICH, GYA.
EUER MÜTTERCHEN WIRD MIT ARGUSAUGEN BEHÜTET, GYA.

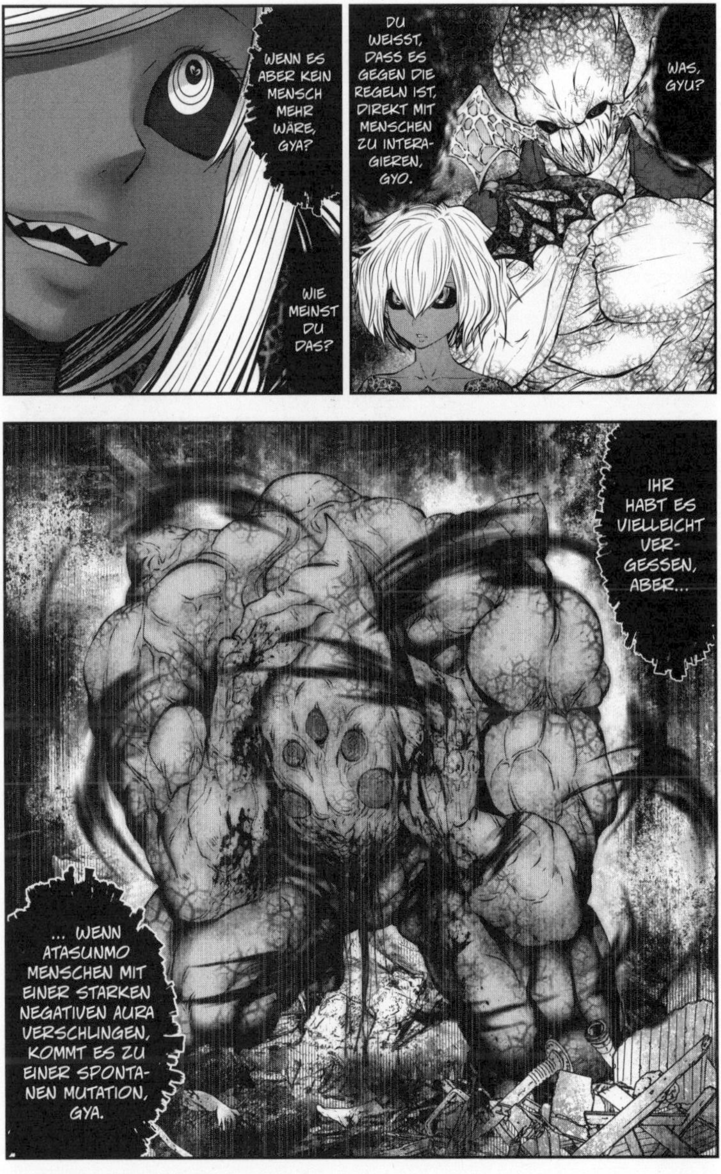
Was, Gyu?
Du weisst, dass es gegen die Regeln ist, direkt mit Menschen zu interagieren, Gyo.
Wenn es aber kein Mensch mehr wäre, Gya?
Wie meinst du das?
Ihr habt es vielleicht vergessen, aber...
... wenn Atasunmo Menschen mit einer starken negativen Aura verschlingen, kommt es zu einer spontanen Mutation, Gya.

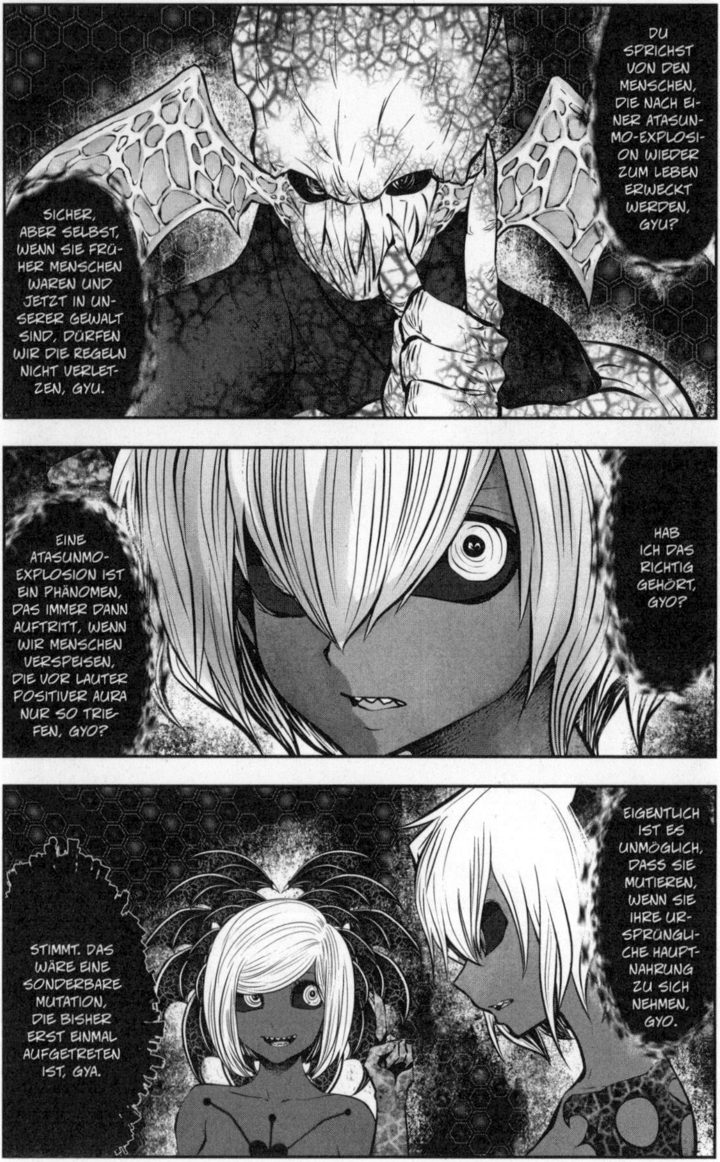
DU SPRICHST VON DEN MENSCHEN, DIE NACH EINER ATASUNMO-EXPLOSION WIEDER ZUM LEBEN ERWECKT WERDEN, GYU?
SICHER, ABER SELBST, WENN SIE FRÜHER MENSCHEN WAREN UND JETZT IN UNSERER GEWALT SIND, DÜRFEN WIR DIE REGELN NICHT VERLETZEN, GYU.
HAB ICH DAS RICHTIG GEHÖRT, GYO?
EINE ATASUNMO-EXPLOSION IST EIN PHÄNOMEN, DAS IMMER DANN AUFTRITT, WENN WIR MENSCHEN VERSPEISEN, DIE VOR LAUTER POSITIVER AURA NUR SO TRIEFEN, GYO?
EIGENTLICH IST ES UNMÖGLICH, DASS SIE MUTIEREN, WENN SIE IHRE URSPRÜNGLICHE HAUPTNAHRUNG ZU SICH NEHMEN, GYO.
STIMMT. DAS WÄRE EINE SONDERBARE MUTATION, DIE BISHER ERST EINMAL AUFGETRETEN IST, GYA.

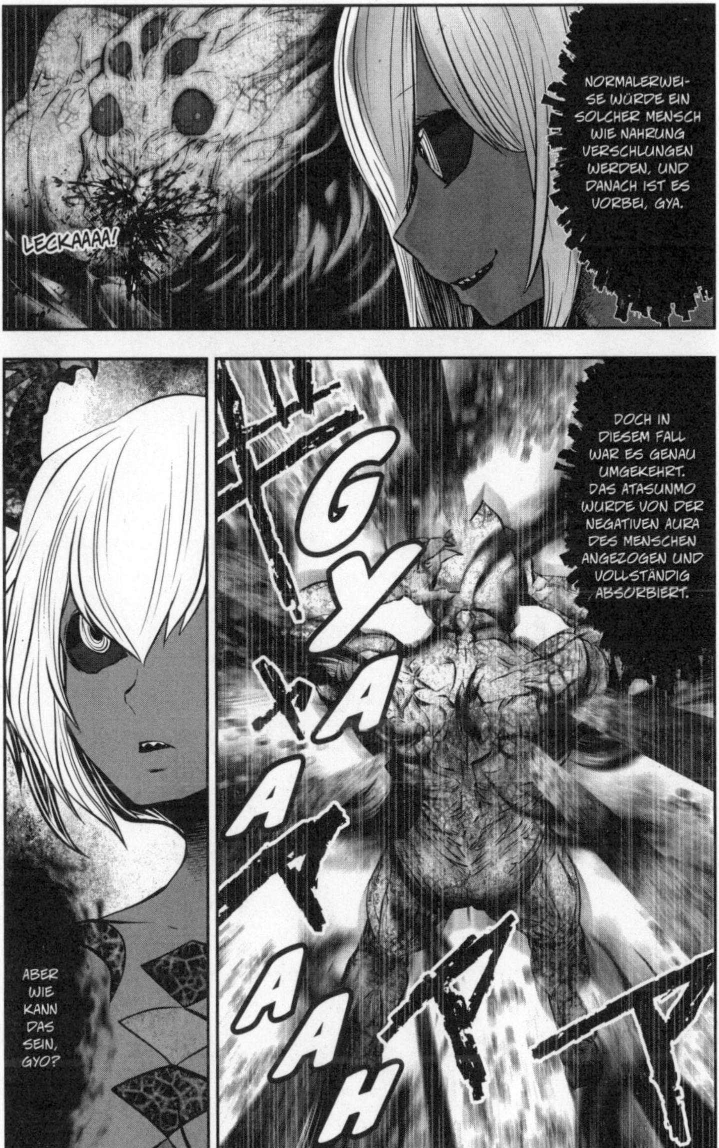
NORMALERWEISE WÜRDE EIN SOLCHER MENSCH WIE NAHRUNG VERSCHLUNGEN WERDEN, UND DANACH IST ES VORBEI, GYA.
LECKAAAA!
DOCH IN DIESEM FALL WAR ES GENAU UMGEKEHRT. DAS ATASUNMO WURDE VON DER NEGATIVEN AURA DES MENSCHEN ANGEZOGEN UND VOLLSTÄNDIG ABSORBIERT.
GYAAAAAH
ABER WIE KANN DAS SEIN, GYO?

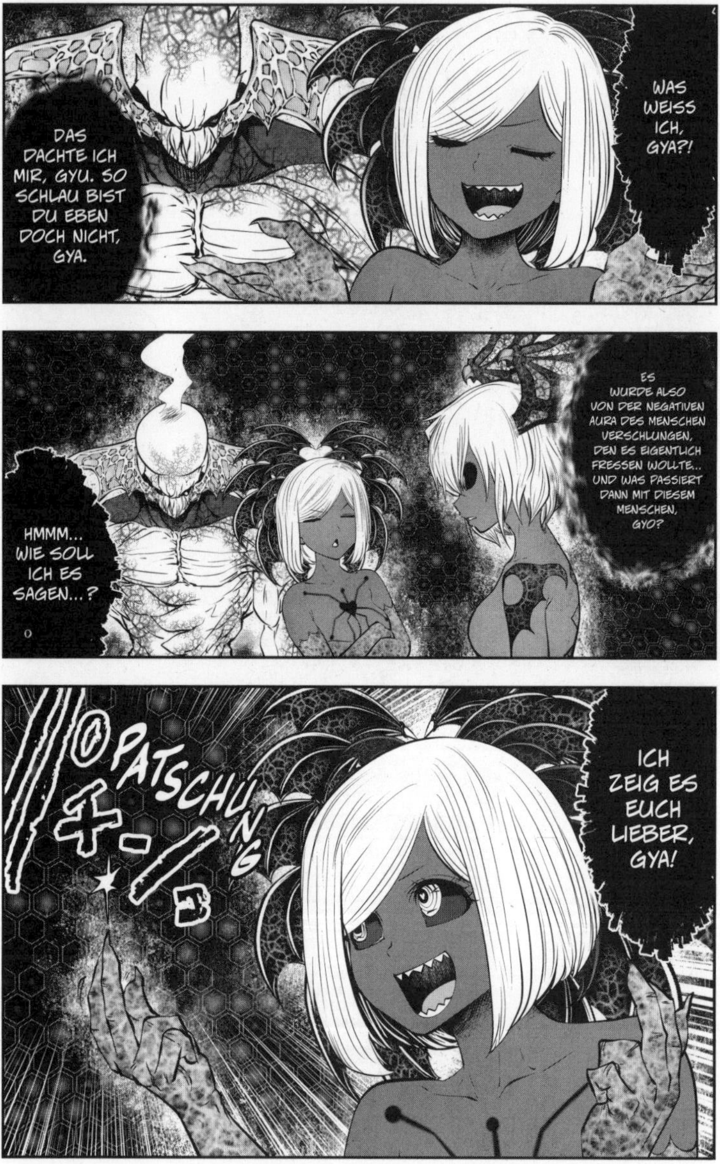
WAS WEISS ICH, GYA?!
DAS DACHTE ICH MIR, GYU. SO SCHLAU BIST DU EBEN DOCH NICHT, GYA.
ES WURDE ALSO VON DER NEGATIVEN AURA DES MENSCHEN VERSCHLUNGEN, DEN ES EIGENTLICH FRESSEN WOLLTE... UND WAS PASSIERT DANN MIT DIESEM MENSCHEN, GYO?
HMMM... WIE SOLL ICH ES SAGEN...?
ICH ZEIG ES EUCH LIEBER, GYA!
PATSCHUNG

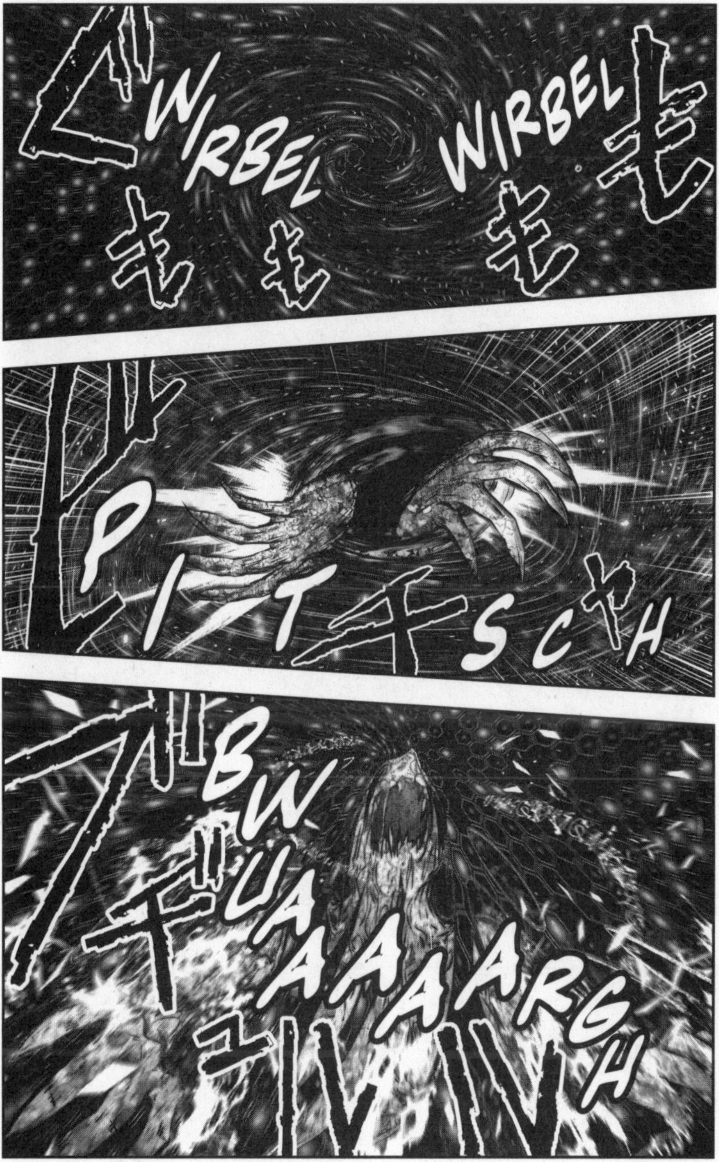
WIRBEL
WIRBEL
PLITSCH
BWUAAAAARGH

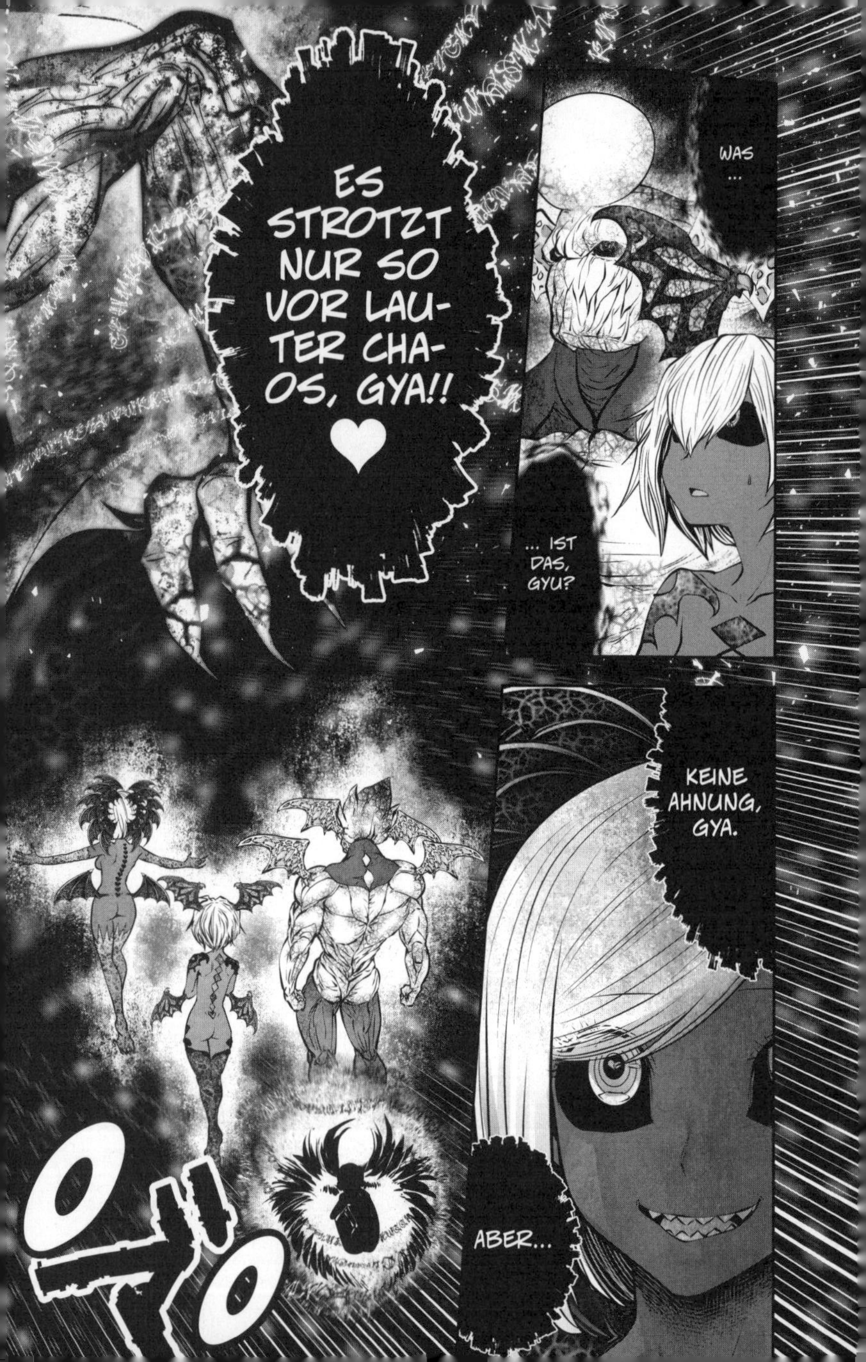
WAS ...
... IST DAS, GYU?
ES STROTZT NUR SO VOR LAUTER CHAOS, GYA!! ♥
KEINE AHNUNG, GYA.
ABER...

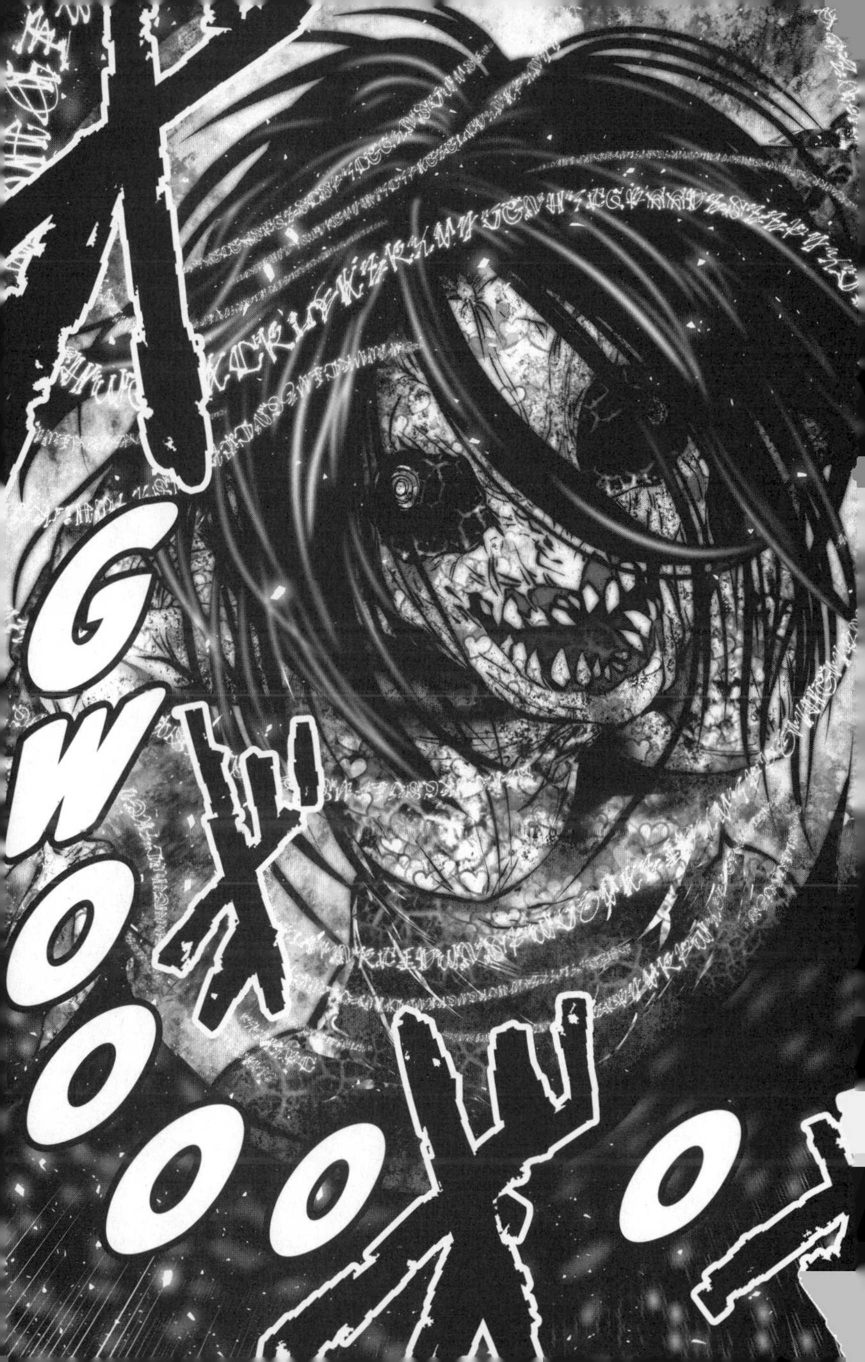

MACHI☆MAHO

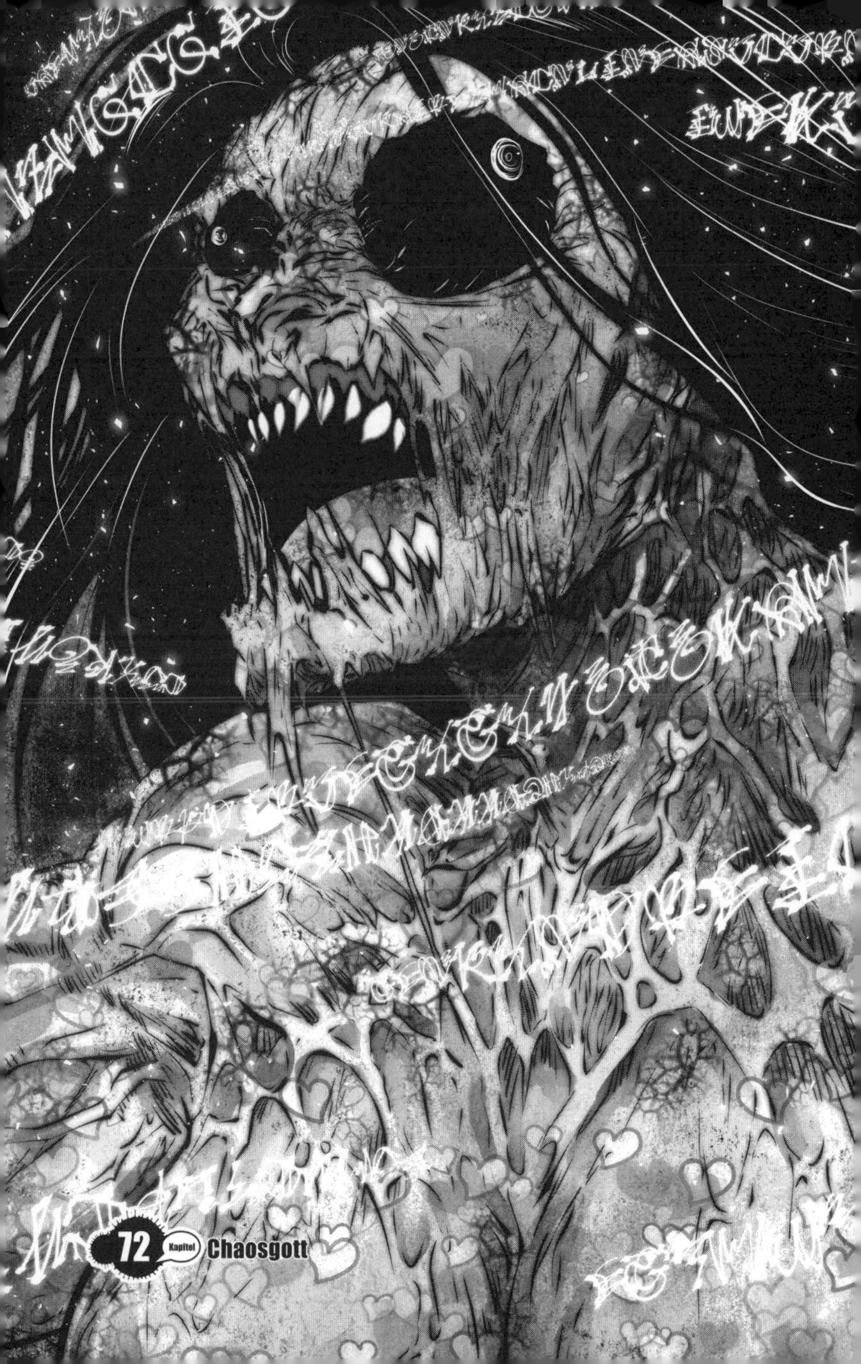
72 Kapitel Chaosgott

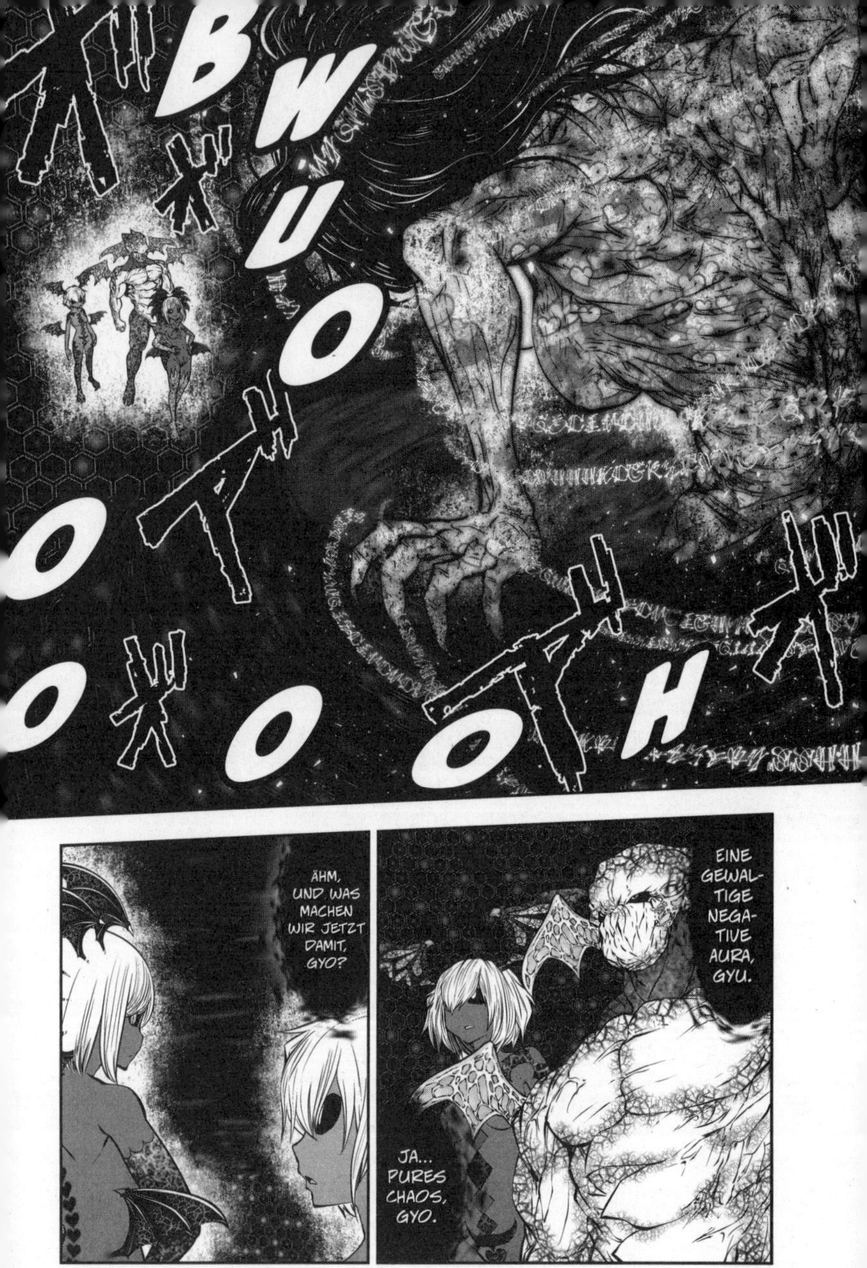
BWUOOOOOH
EINE GEWALTIGE NEGATIVE AURA, GYU.
JA... PURES CHAOS, GYO.
ÄHM, UND WAS MACHEN WIR JETZT DAMIT, GYO?

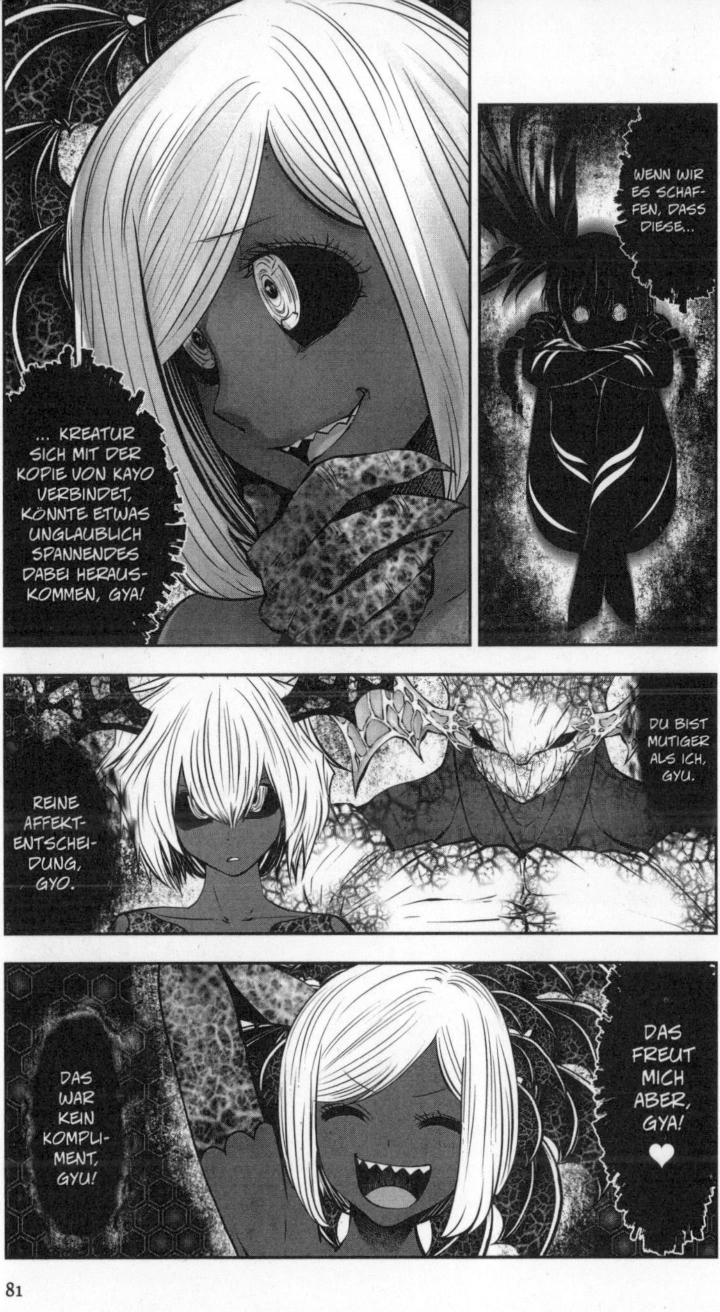
WENN WIR ES SCHAFFEN, DASS DIESE...
... KREATUR SICH MIT DER KOPIE VON KAYO VERBINDET, KÖNNTE ETWAS UNGLAUBLICH SPANNENDES DABEI HERAUSKOMMEN, GYA!
DU BIST MUTIGER ALS ICH, GYU.
REINE AFFEKTENTSCHEIDUNG, GYO.
DAS FREUT MICH ABER, GYA! ♥
DAS WAR KEIN KOMPLIMENT, GYU!

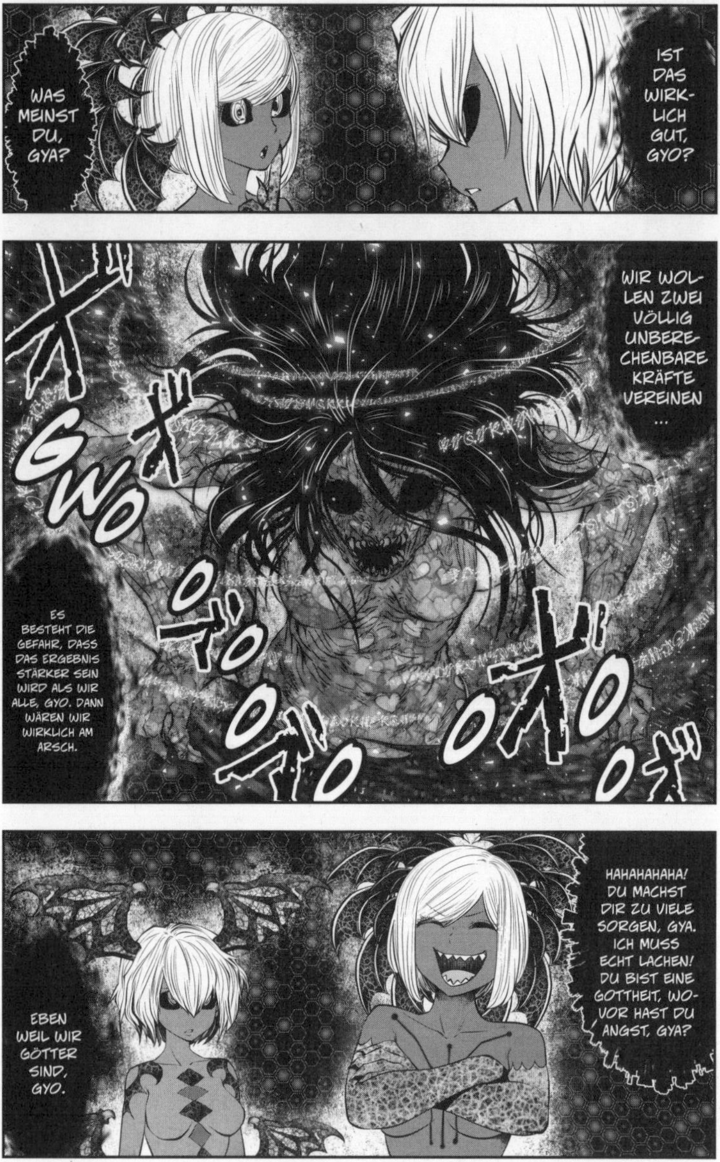
IST DAS WIRKLICH GUT, GYO?
WAS MEINST DU, GYA?
WIR WOLLEN ZWEI VÖLLIG UNBERECHENBARE KRÄFTE VEREINEN ...
ES BESTEHT DIE GEFAHR, DASS DAS ERGEBNIS STÄRKER SEIN WIRD ALS WIR ALLE, GYO. DANN WÄREN WIR WIRKLICH AM ARSCH.
HAHAHAHAHA! DU MACHST DIR ZU VIELE SORGEN, GYA. ICH MUSS ECHT LACHEN! DU BIST EINE GOTTHEIT, WOVOR HAST DU ANGST, GYA?
EBEN WEIL WIR GÖTTER SIND, GYO.

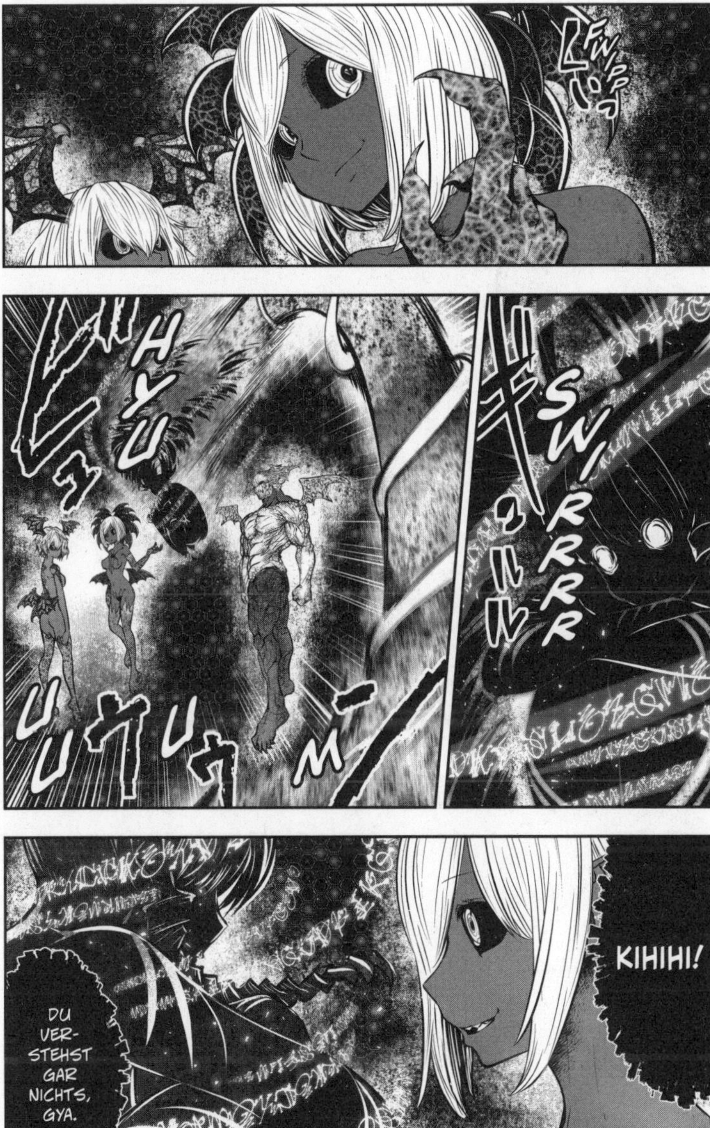
FWIPP
HYU
UUUM
SWIRRRR
KIHIHI!
DU VER-STEHST GAR NICHTS, GYA.

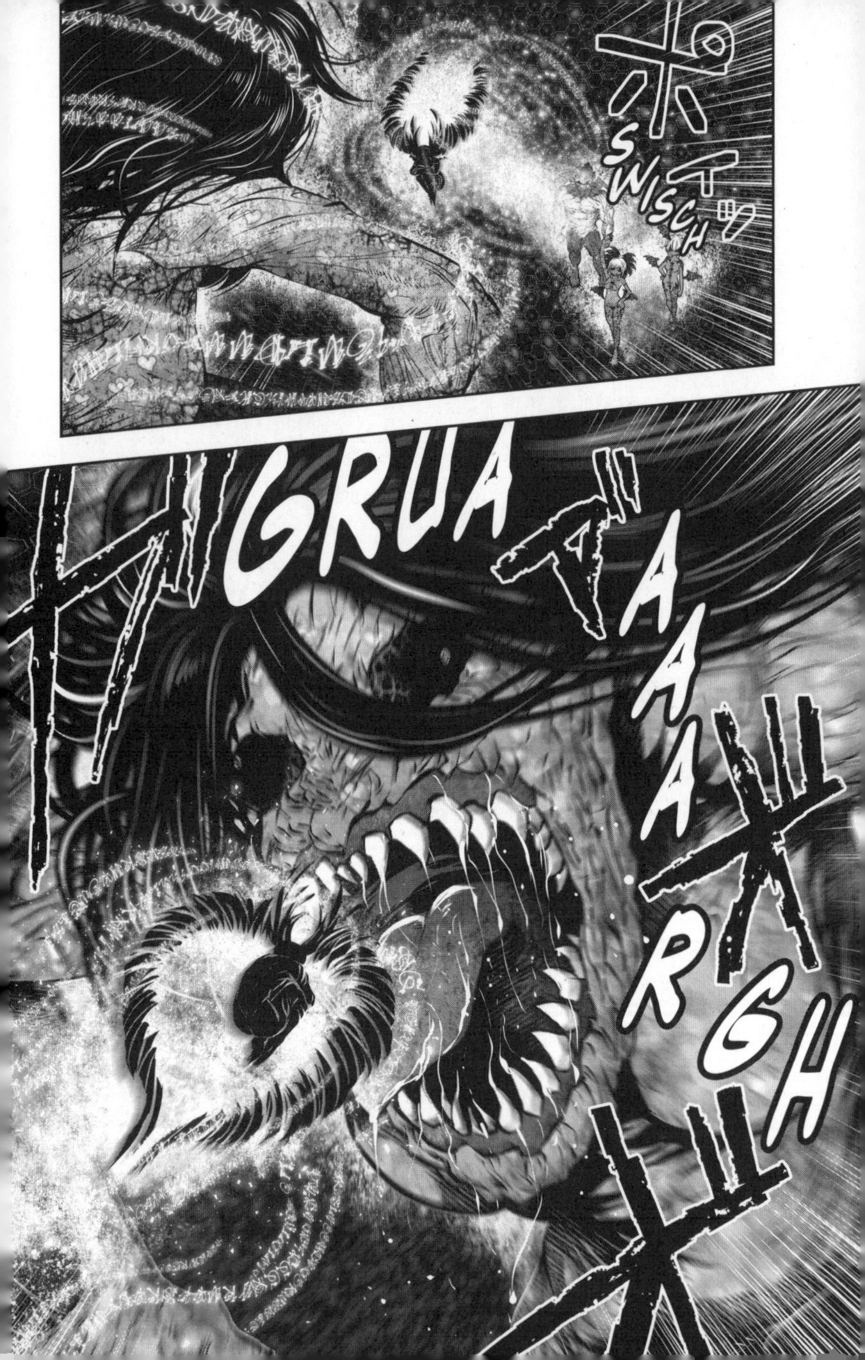
SWISCH
GRUAAAARGH

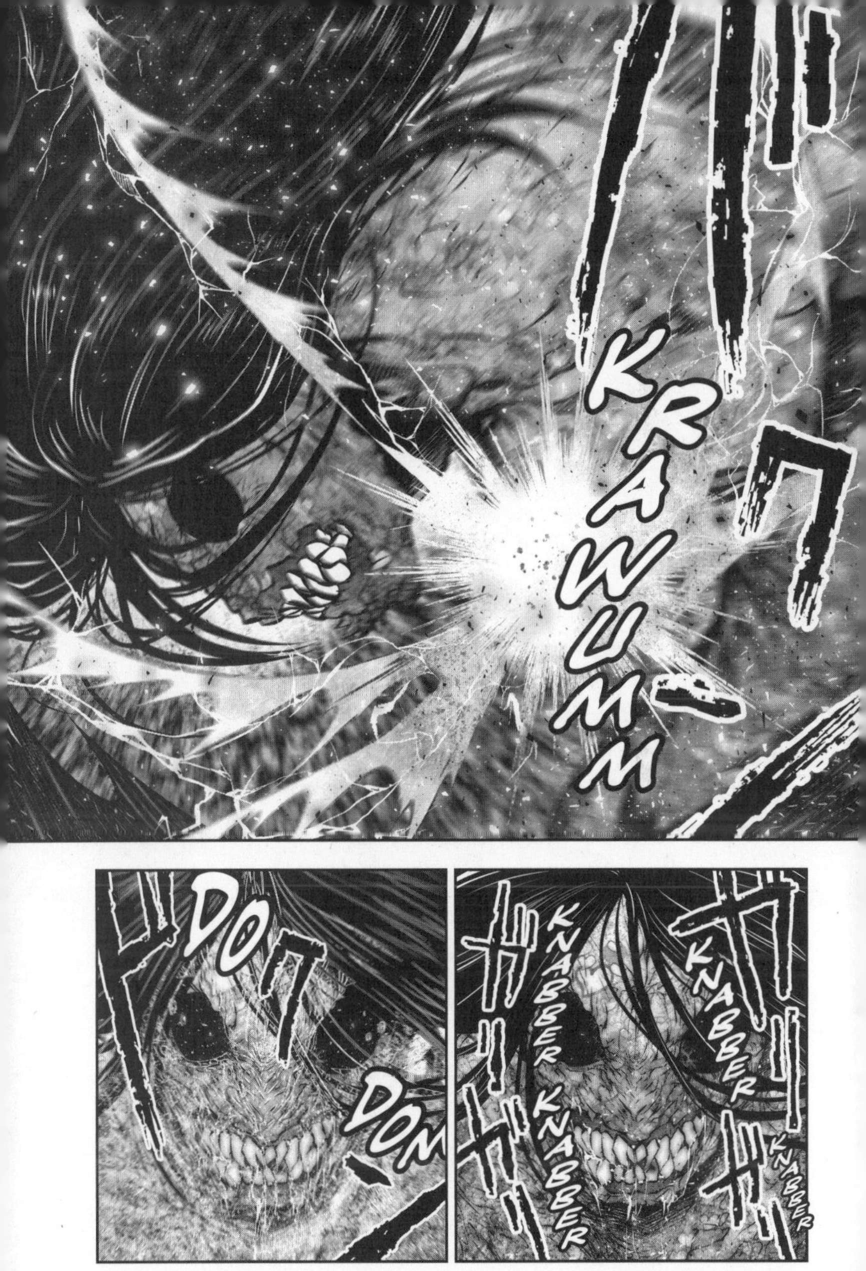
KRAWUMM
DOT
DOM
KNABBER
KNABBER
KNABBER KNABBER
KNABBER

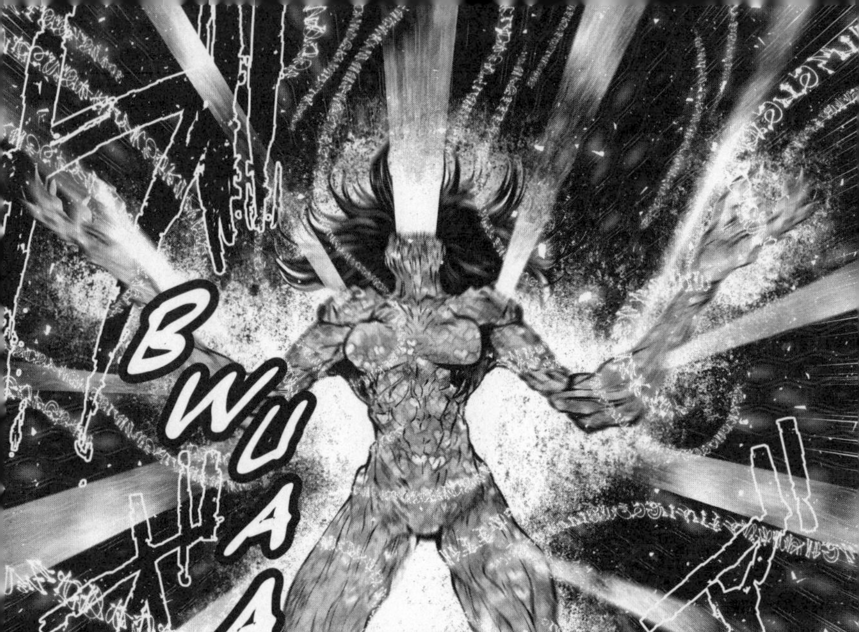
BWUAAAAAAAAH

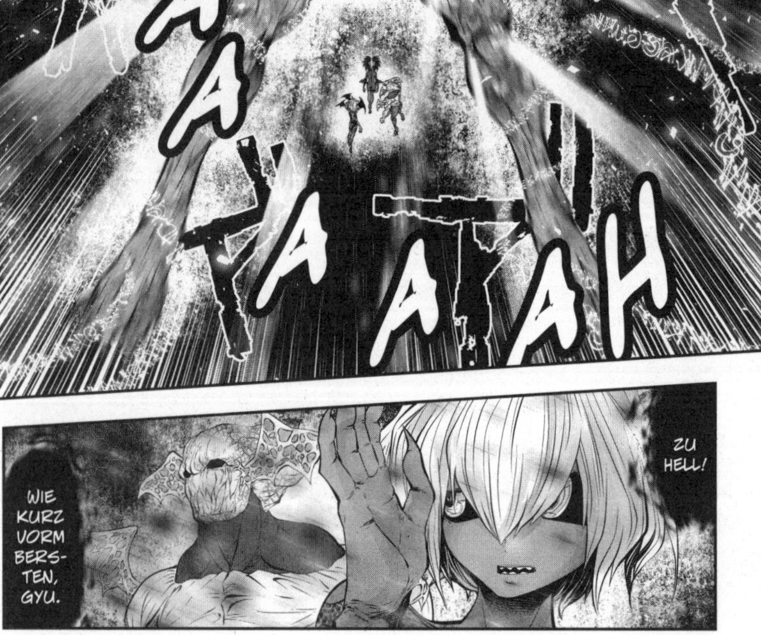
ZU HELL!
WIE KURZ VORM BERSTEN, GYU.

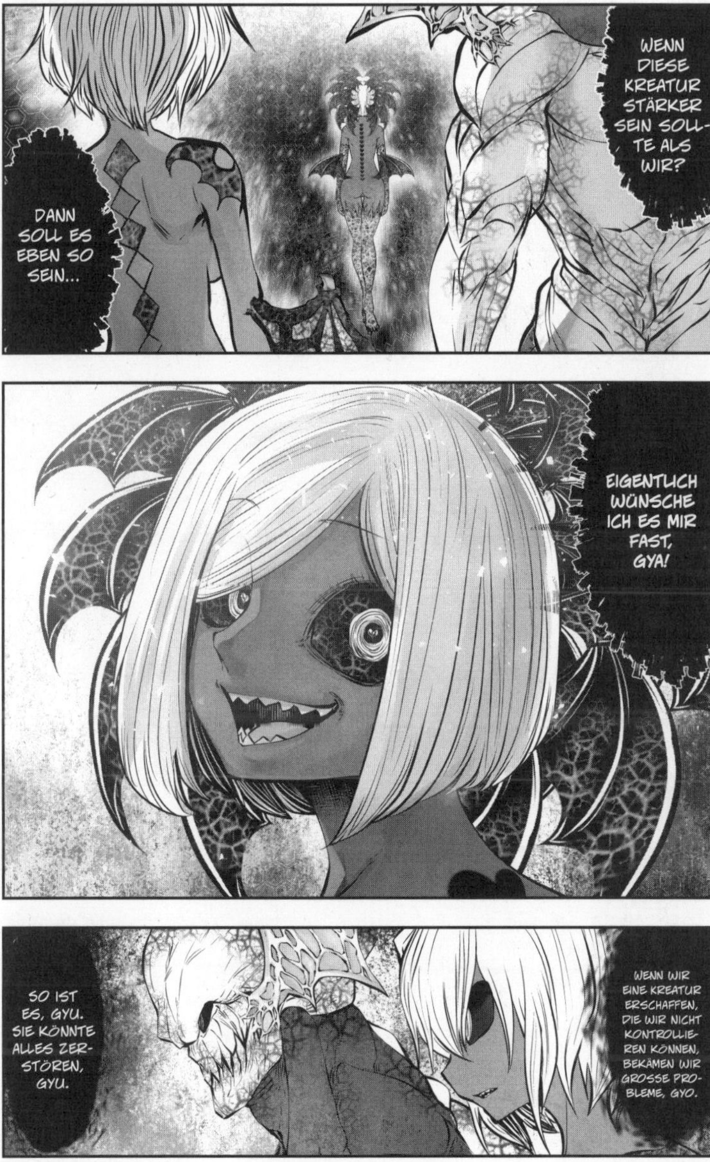
WENN DIESE KREATUR STÄRKER SEIN SOLLTE ALS WIR?
DANN SOLL ES EBEN SO SEIN...
EIGENTLICH WÜNSCHE ICH ES MIR FAST, GYA!
WENN WIR EINE KREATUR ERSCHAFFEN, DIE WIR NICHT KONTROLLIEREN KÖNNEN, BEKÄMEN WIR GROSSE PROBLEME, GYO.
SO IST ES, GYU. SIE KÖNNTE ALLES ZERSTÖREN, GYU.

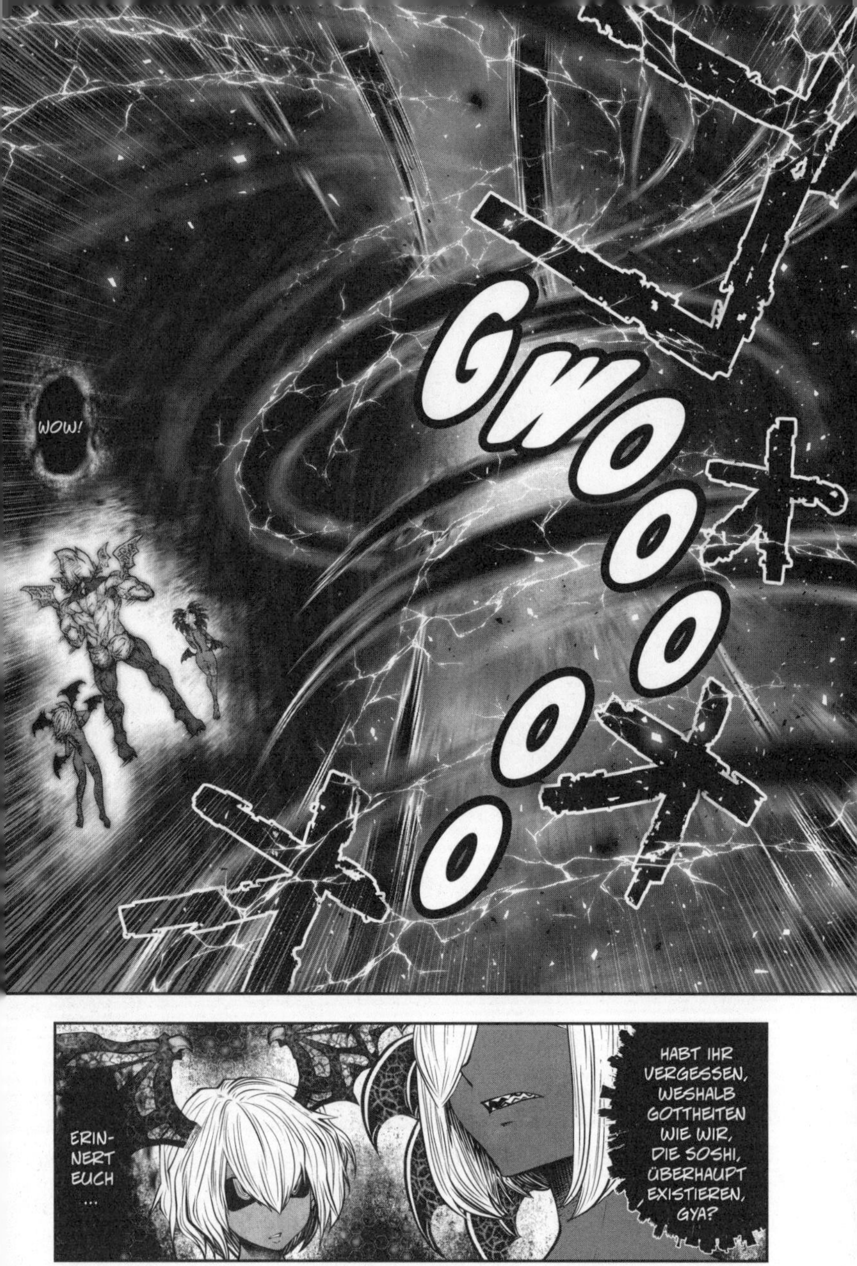
GWOOOOOO
WOW!
HABT IHR VERGESSEN, WESHALB GOTTHEITEN WIE WIR, DIE SOSHI, ÜBERHAUPT EXISTIEREN, GYA?
ERIN-NERT EUCH ...

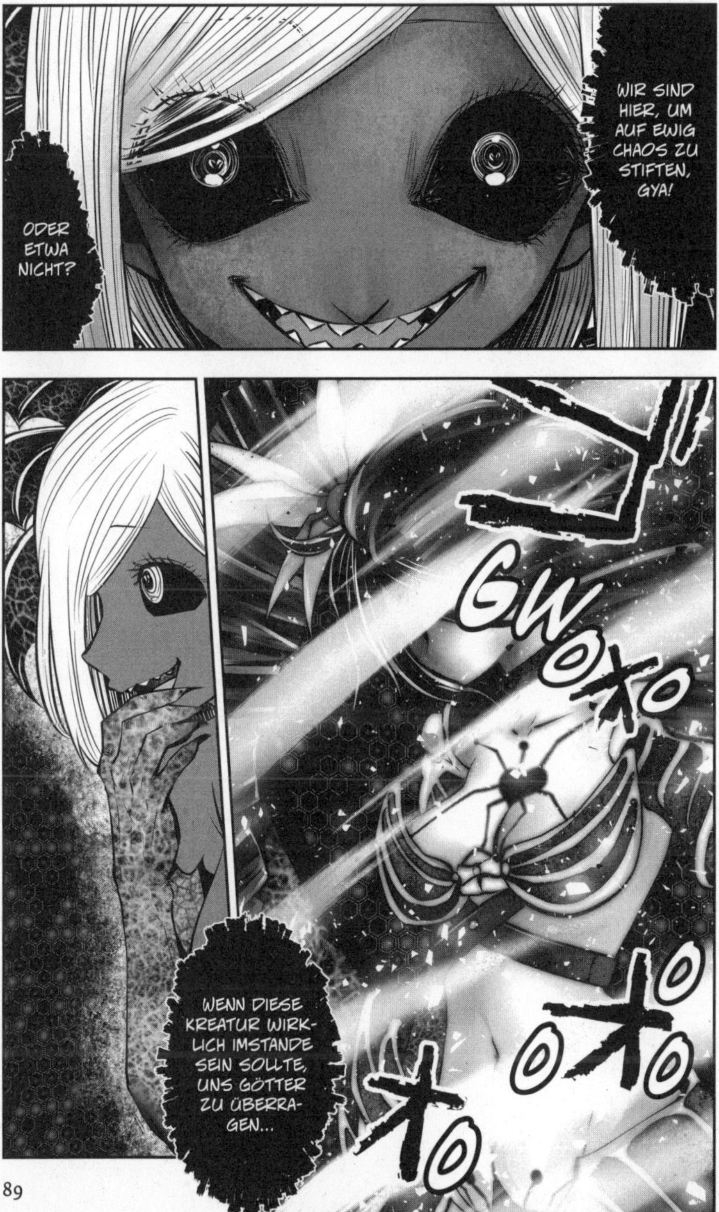
WIR SIND HIER, UM AUF EWIG CHAOS ZU STIFTEN, GYA!
ODER ETWA NICHT?
GWOOO
OOO
WENN DIESE KREATUR WIRK-LICH IMSTANDE SEIN SOLLTE, UNS GÖTTER ZU ÜBERRA-GEN...

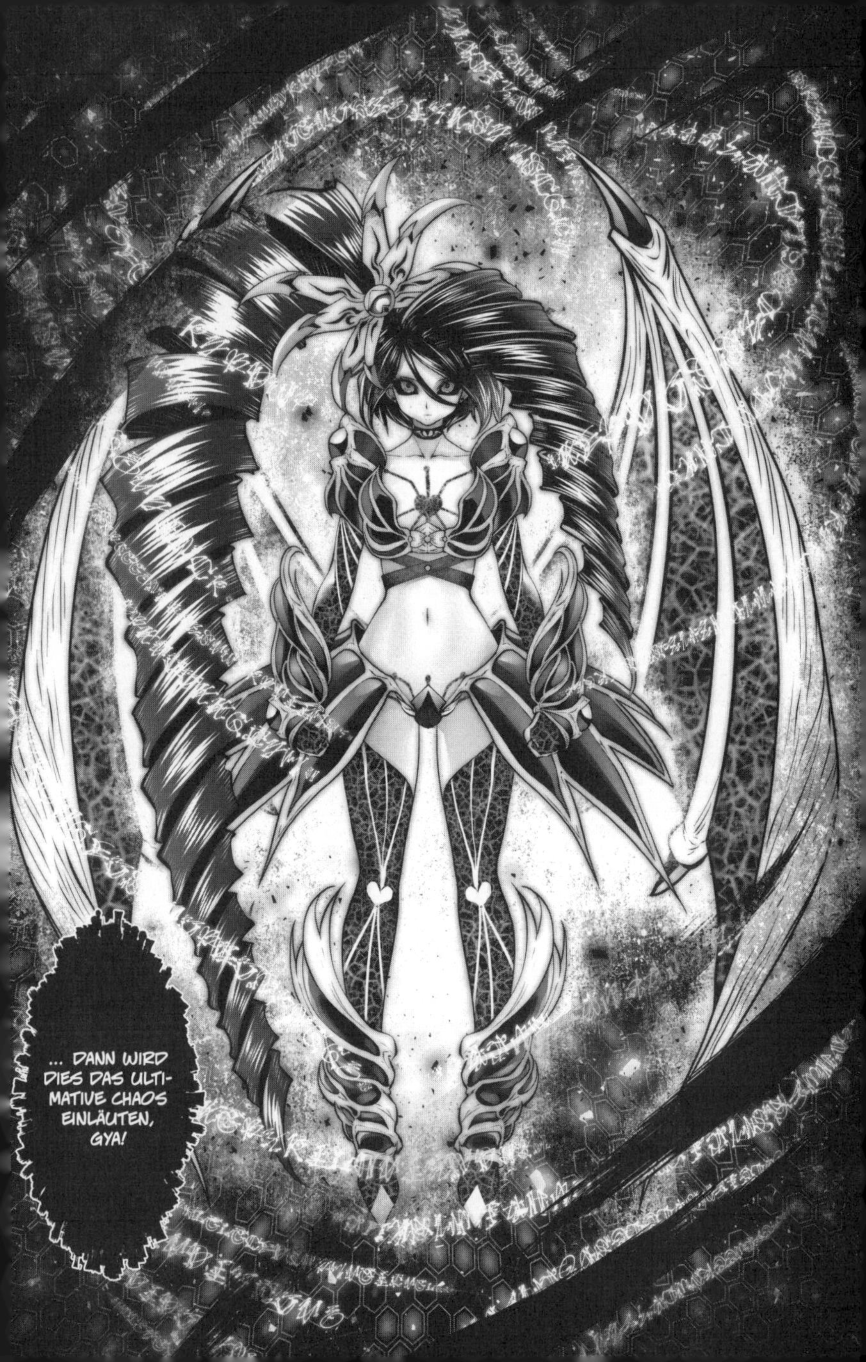
... DANN WIRD DIES DAS ULTIMATIVE CHAOS EINLÄUTEN, GYA!

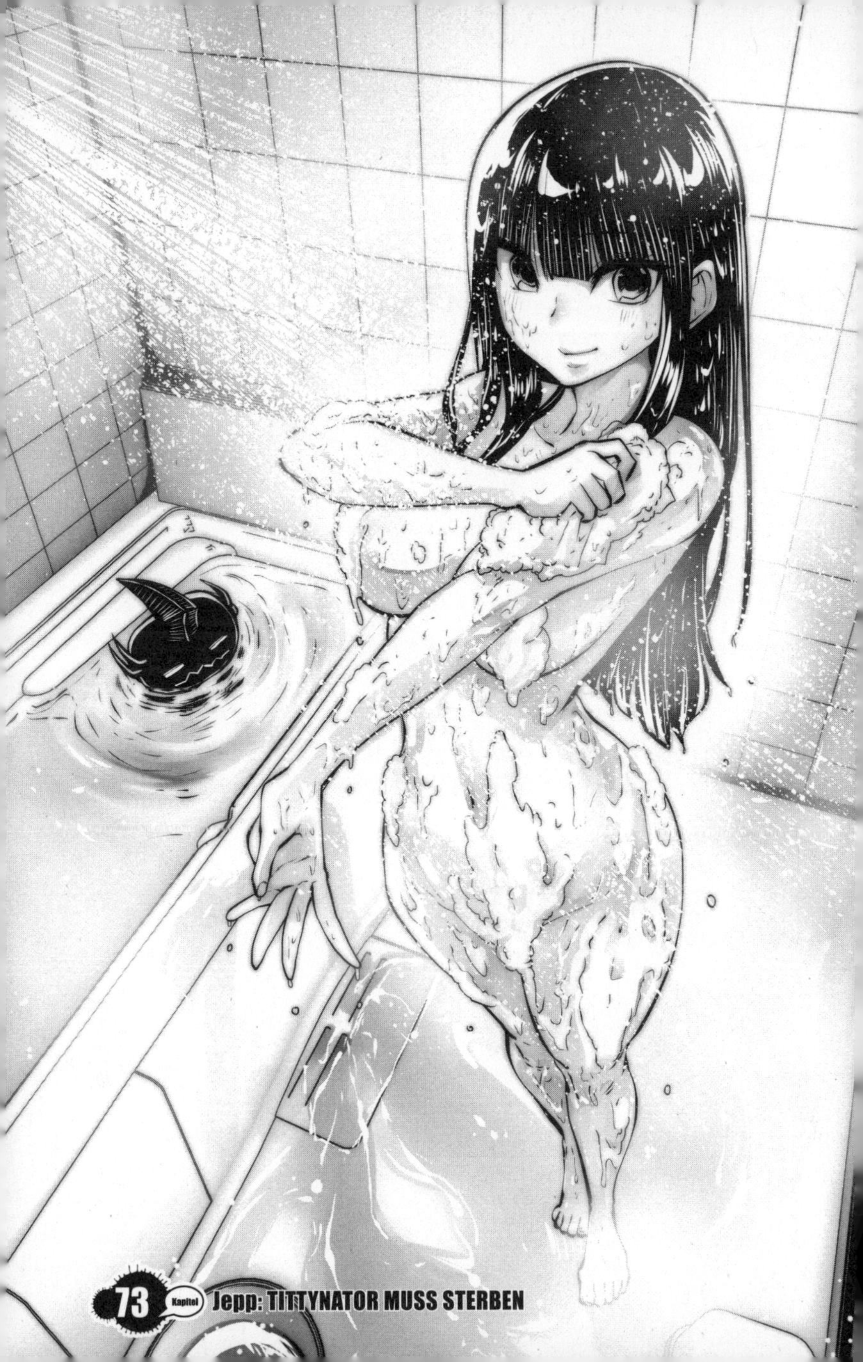

73 Kapitel Jepp: TITTYNATOR MUSS STERBEN

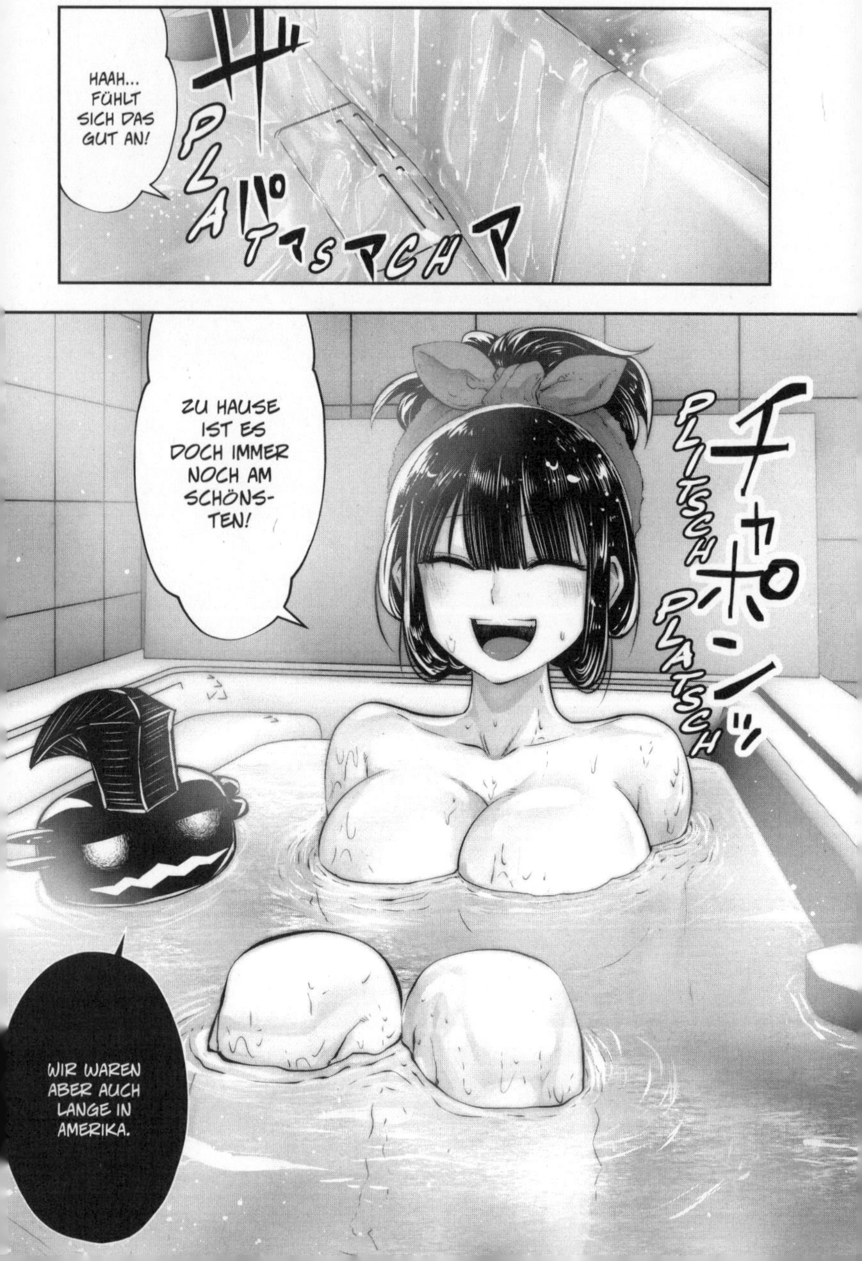

HAAH... FÜHLT SICH DAS GUT AN!
PLATSCH
ZU HAUSE IST ES DOCH IMMER NOCH AM SCHÖNS-TEN!
PLITSCH PLATSCH
WIR WAREN ABER AUCH LANGE IN AMERIKA.

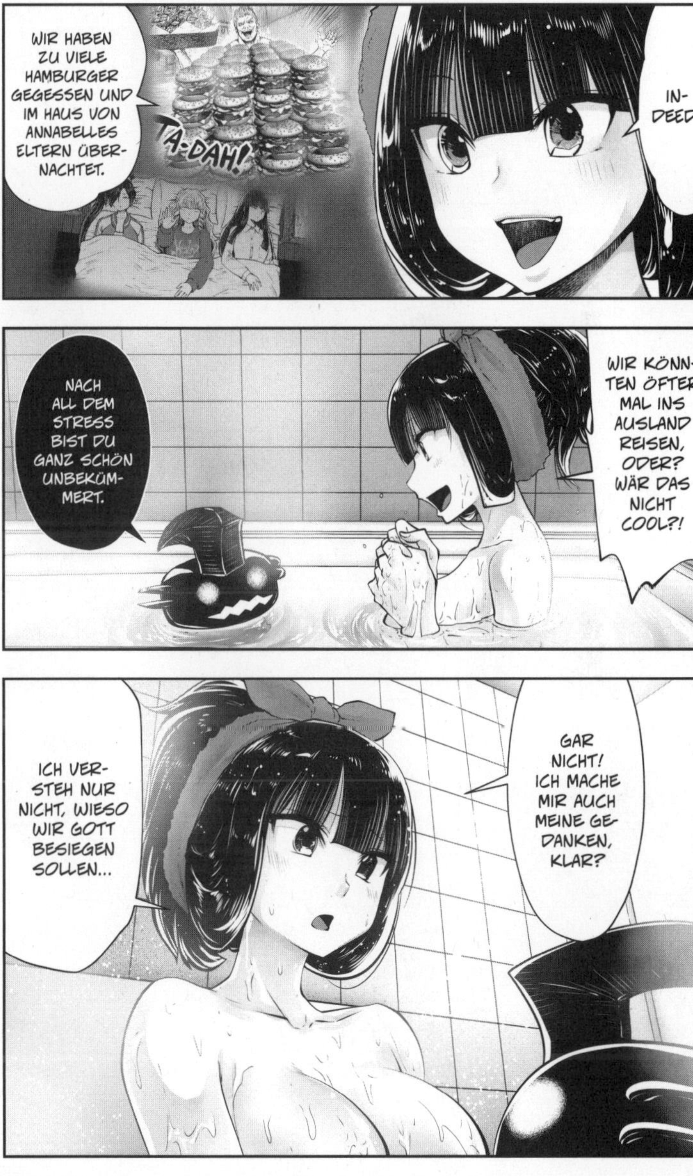
IN-DEED!
WIR HABEN ZU VIELE HAMBURGER GEGESSEN UND IM HAUS VON ANNABELLES ELTERN ÜBERNACHTET.
TA-DAH!
WIR KÖNNTEN ÖFTER MAL INS AUSLAND REISEN, ODER? WÄR DAS NICHT COOL?!
NACH ALL DEM STRESS BIST DU GANZ SCHÖN UNBEKÜMMERT.
GAR NICHT! ICH MACHE MIR AUCH MEINE GEDANKEN, KLAR?
ICH VERSTEH NUR NICHT, WIESO WIR GOTT BESIEGEN SOLLEN...

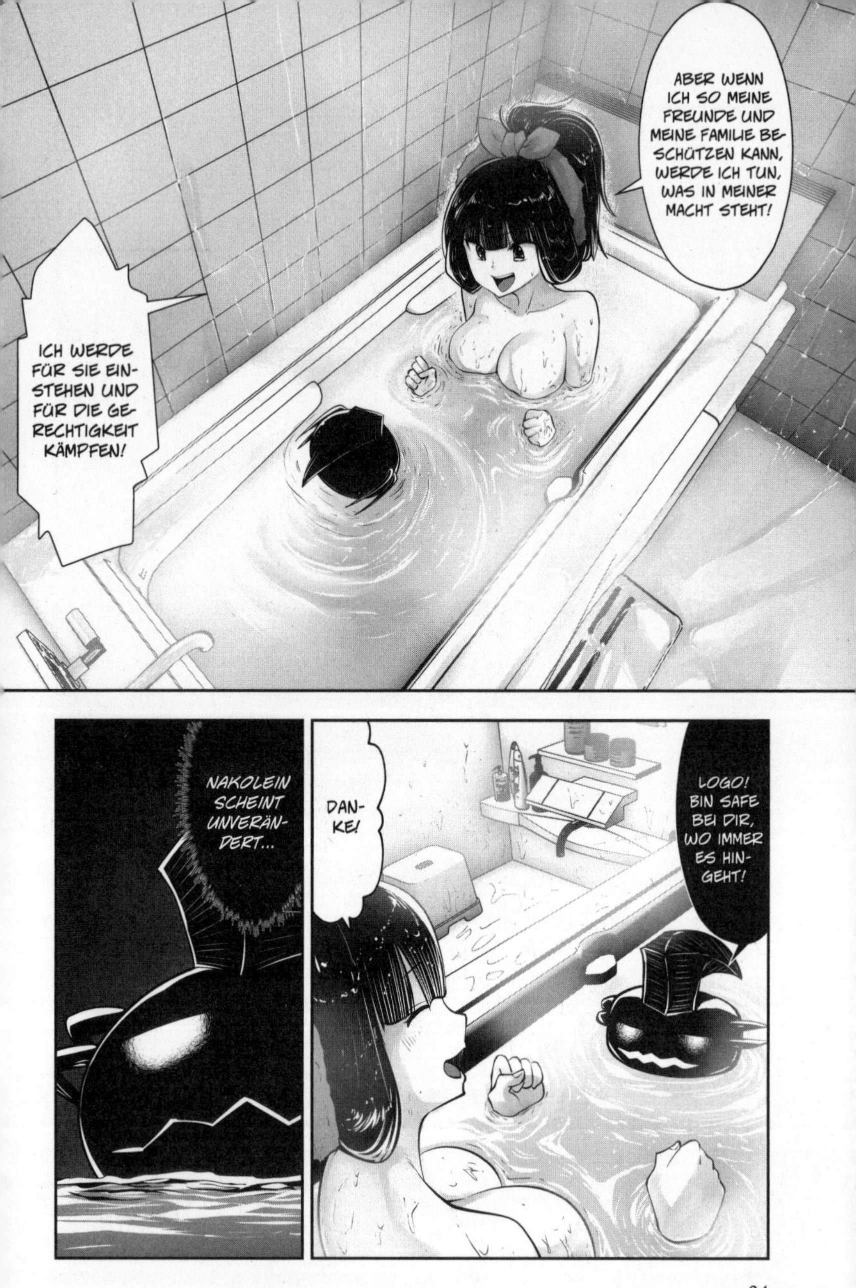
ABER WENN ICH SO MEINE FREUNDE UND MEINE FAMILIE BESCHÜTZEN KANN, WERDE ICH TUN, WAS IN MEINER MACHT STEHT!
ICH WERDE FÜR SIE EINSTEHEN UND FÜR DIE GERECHTIGKEIT KÄMPFEN!
LOGO! BIN SAFE BEI DIR, WO IMMER ES HINGEHT!
DANKE!
NAKOLEIN SCHEINT UNVERÄNDERT...

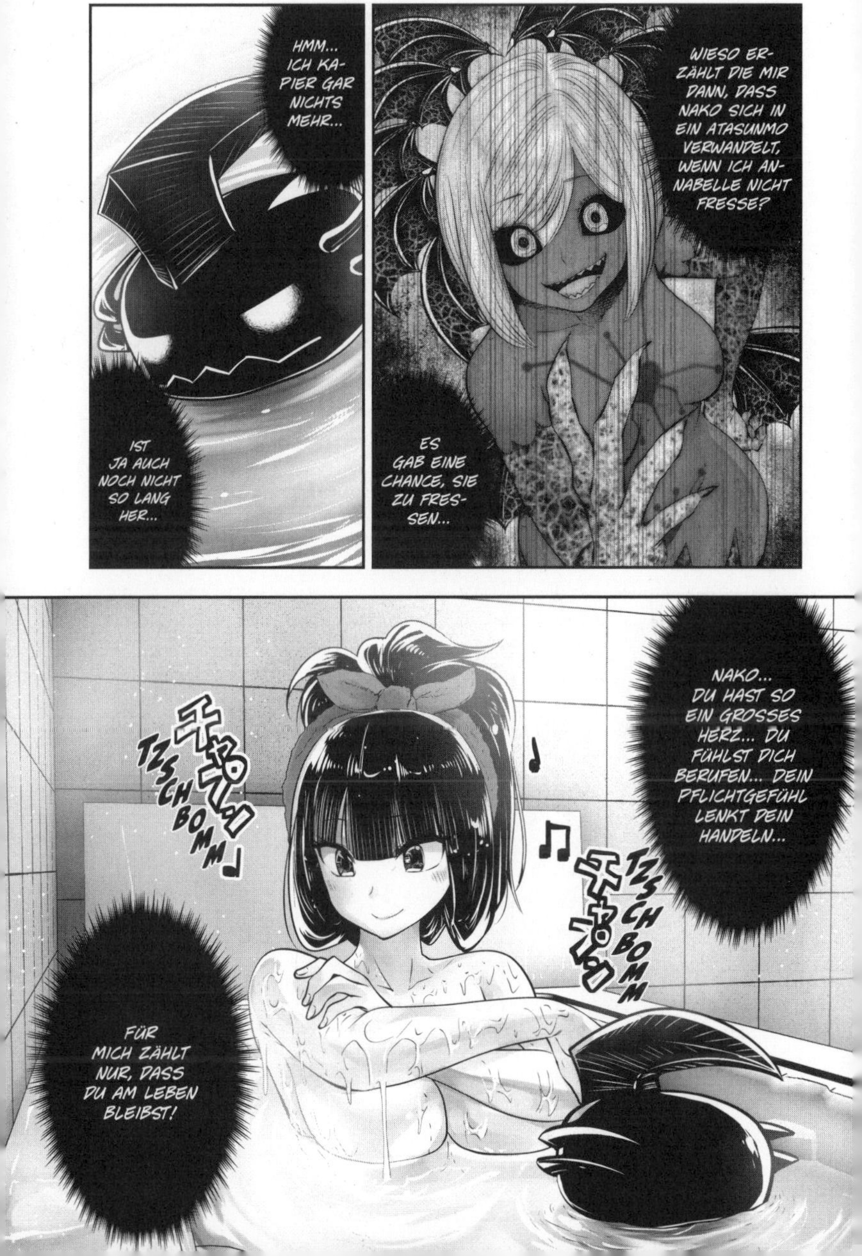
WIESO ERZÄHLT DIE MIR DANN, DASS NAKO SICH IN EIN ATASUNMO VERWANDELT, WENN ICH ANNABELLE NICHT FRESSE?
ES GAB EINE CHANCE, SIE ZU FRESSEN...
HMM... ICH KAPIER GAR NICHTS MEHR...
IST JA AUCH NOCH NICHT SO LANG HER...
NAKO... DU HAST SO EIN GROSSES HERZ... DU FÜHLST DICH BERUFEN... DEIN PFLICHTGEFÜHL LENKT DEIN HANDELN...
TZSCHBOMM
TZSCHBOMM
FÜR MICH ZÄHLT NUR, DASS DU AM LEBEN BLEIBST!

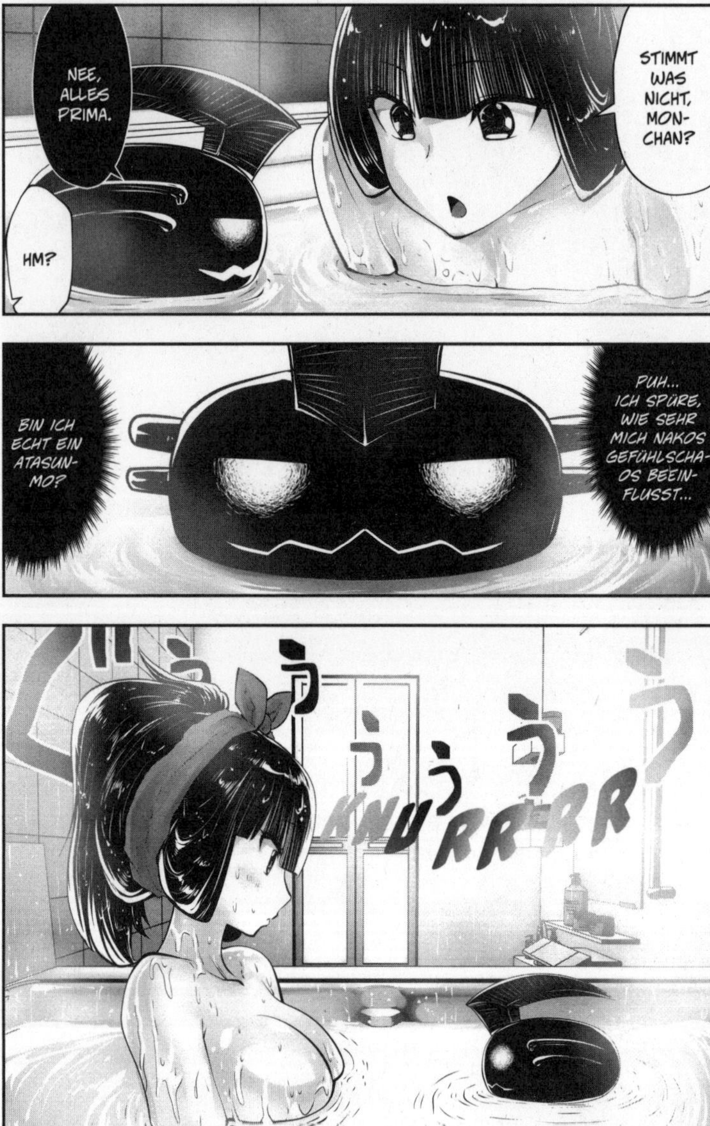
STIMMT WAS NICHT, MON-CHAN?
HM?
NEE, ALLES PRIMA.
PUH... ICH SPÜRE, WIE SEHR MICH NAKOS GEFÜHLSCHA-OS BEEIN-FLUSST...
BIN ICH ECHT EIN ATASUN-MO?
KNURRRRR

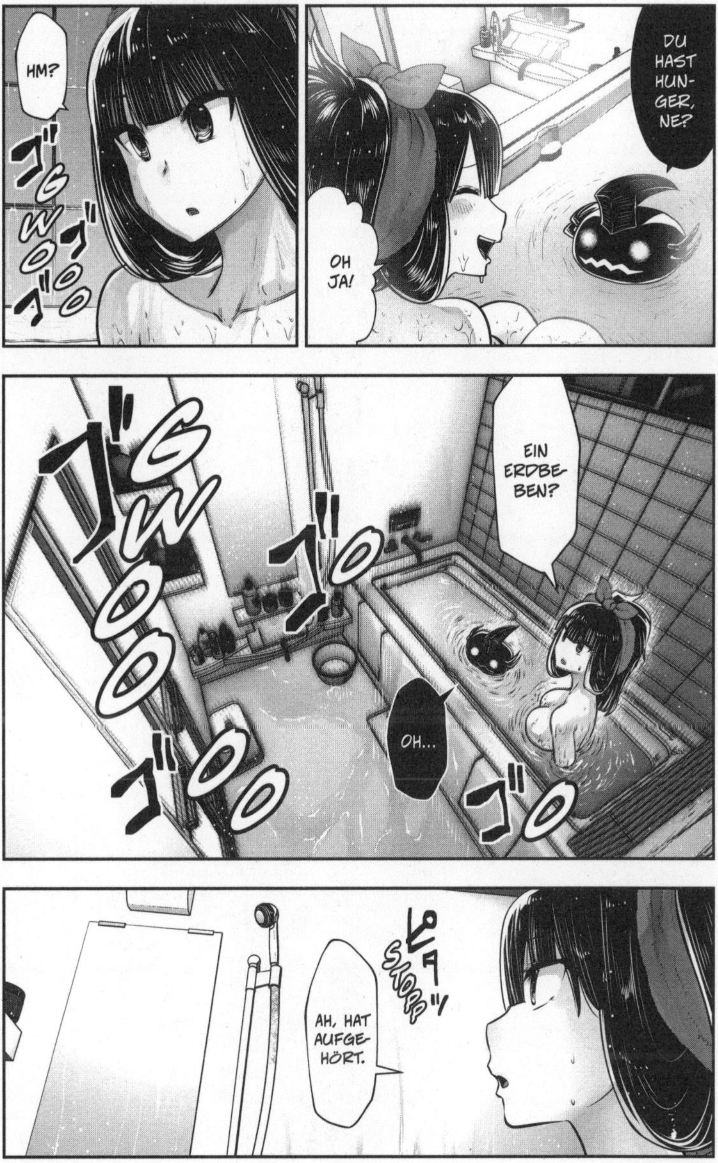
DU HAST HUNGER, NE?
OH JA!
HM?
GWOOO
EIN ERDBEBEN?
GWOOOO
OH...
STOPP
AH, HAT AUFGEHÖRT.

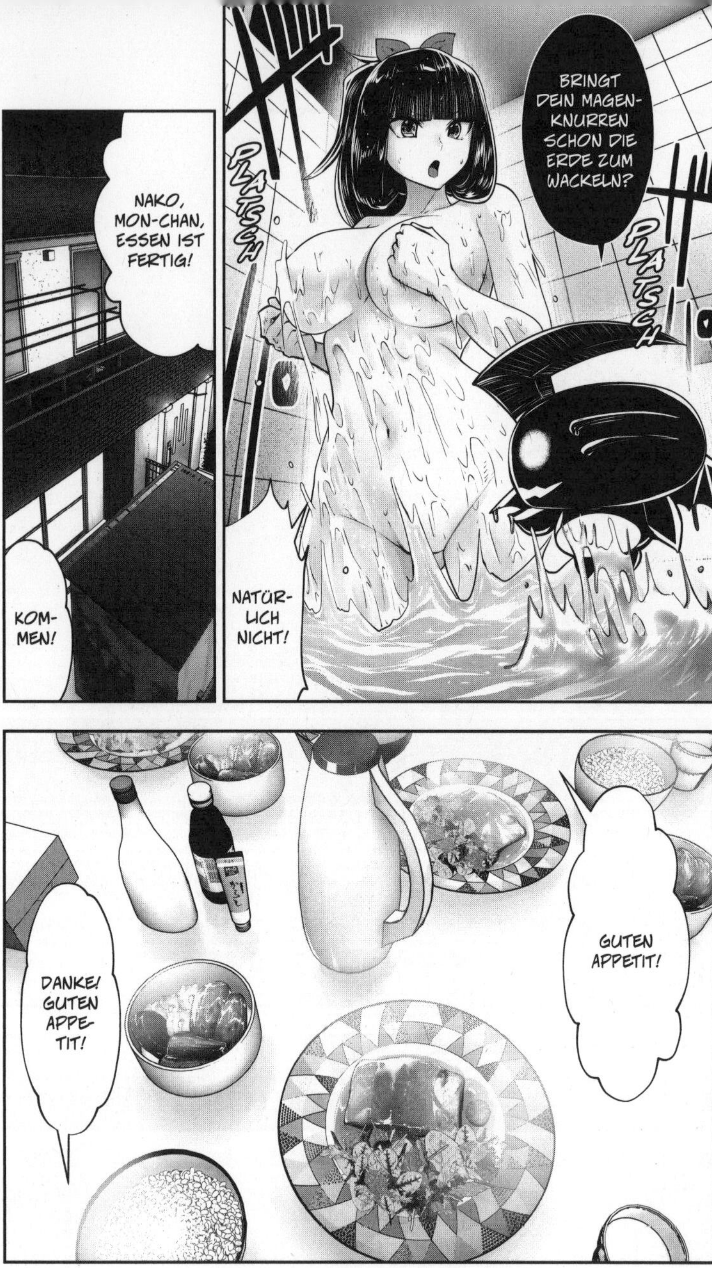
BRINGT DEIN MAGEN-KNURREN SCHON DIE ERDE ZUM WACKELN?
PLATSCH
PLATSCH
NATÜR-LICH NICHT!
NAKO, MON-CHAN, ESSEN IST FERTIG!
KOM-MEN!
GUTEN APPETIT!
DANKE! GUTEN APPE-TIT!

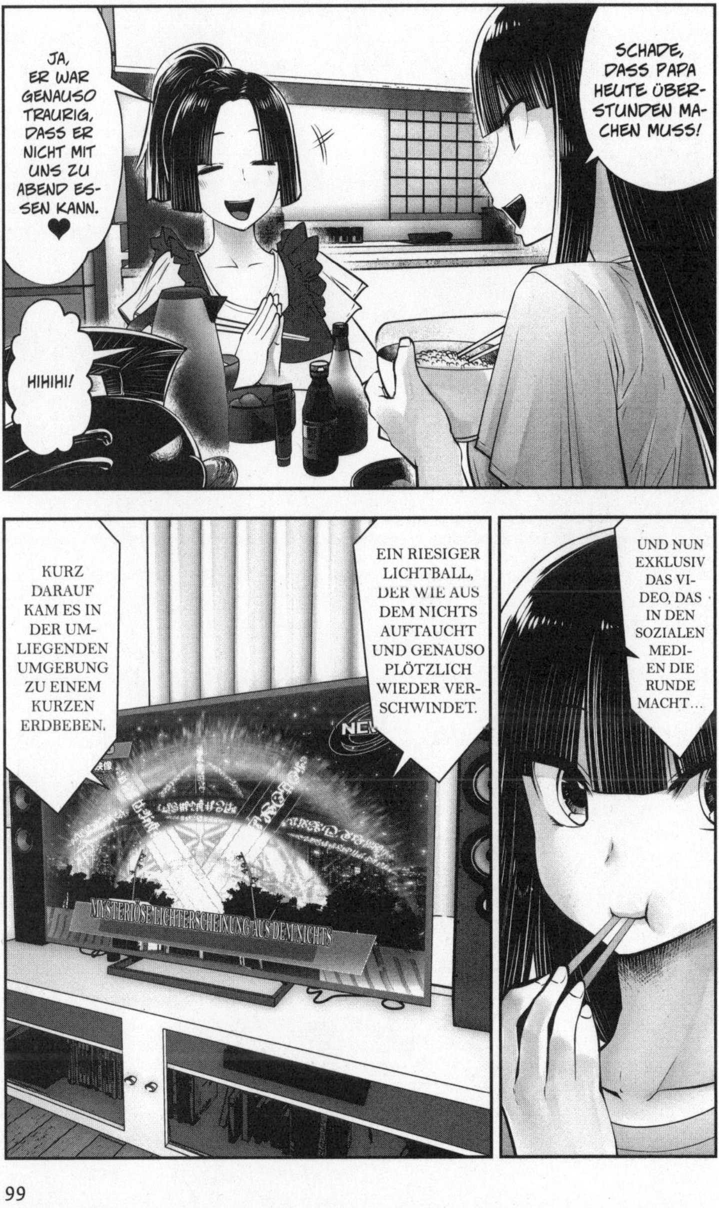
SCHADE, DASS PAPA HEUTE ÜBERSTUNDEN MACHEN MUSS!
JA, ER WAR GENAUSO TRAURIG, DASS ER NICHT MIT UNS ZU ABEND ESSEN KANN. ❤
HIHIHI!
UND NUN EXKLUSIV DAS VIDEO, DAS IN DEN SOZIALEN MEDIEN DIE RUNDE MACHT…
EIN RIESIGER LICHTBALL, DER WIE AUS DEM NICHTS AUFTAUCHT UND GENAUSO PLÖTZLICH WIEDER VERSCHWINDET.
KURZ DARAUF KAM ES IN DER UMLIEGENDEN UMGEBUNG ZU EINEM KURZEN ERDBEBEN.
MYSTERIÖSE LICHTERSCHEINUNG AUS DEM NICHTS

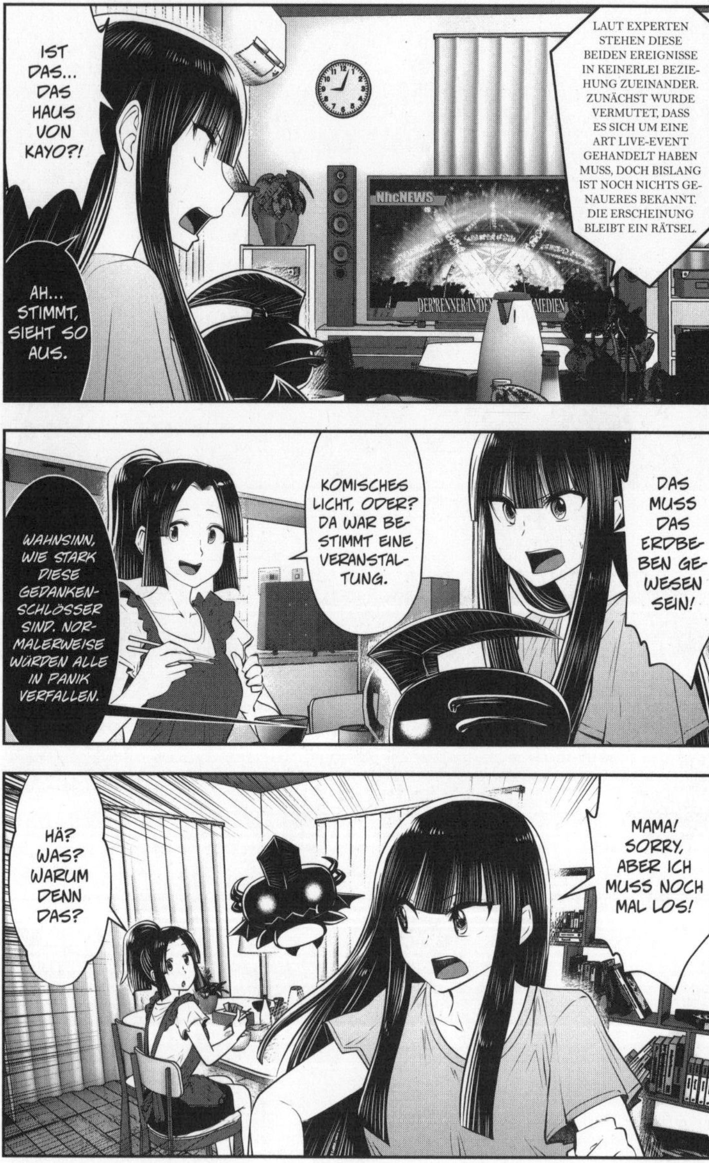
LAUT EXPERTEN STEHEN DIESE BEIDEN EREIGNISSE IN KEINERLEI BEZIEHUNG ZUEINANDER. ZUNÄCHST WURDE VERMUTET, DASS ES SICH UM EINE ART LIVE-EVENT GEHANDELT HABEN MUSS, DOCH BISLANG IST NOCH NICHTS GENAUERES BEKANNT. DIE ERSCHEINUNG BLEIBT EIN RÄTSEL.
NhcNEWS
IST DAS... DAS HAUS VON KAYO?!
AH... STIMMT, SIEHT SO AUS.
DAS MUSS DAS ERDBEBEN GEWESEN SEIN!
KOMISCHES LICHT, ODER? DA WAR BESTIMMT EINE VERANSTALTUNG.
WAHNSINN, WIE STARK DIESE GEDANKENSCHLÖSSER SIND. NORMALERWEISE WÜRDEN ALLE IN PANIK VERFALLEN.
MAMA! SORRY, ABER ICH MUSS NOCH MAL LOS!
HÄ? WAS? WARUM DENN DAS?

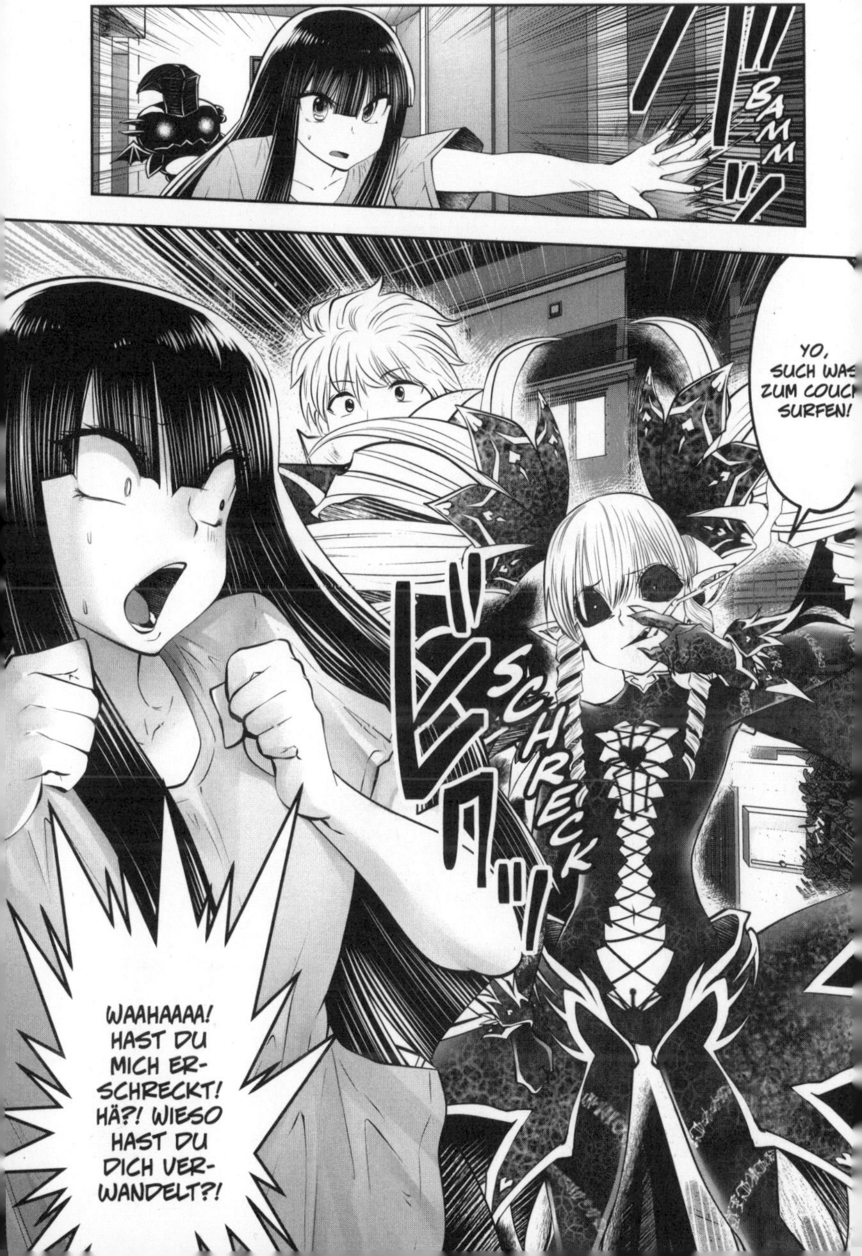
BAMM
YO, SUCH WAS ZUM COUCH SURFEN!
SCHRECK
WAAHAAAA! HAST DU MICH ER-SCHRECKT! HÄ?! WIESO HAST DU DICH VER-WANDELT?!

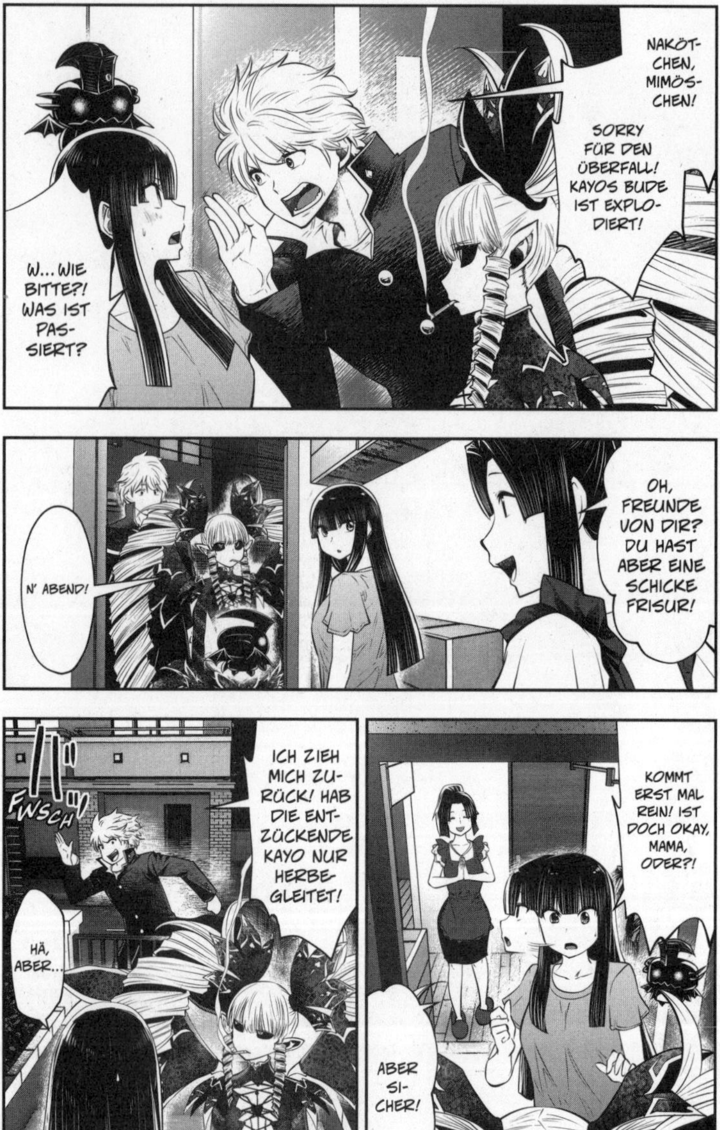
NAKÖTCHEN, MIMÖSCHEN!
SORRY FÜR DEN ÜBERFALL! KAYOS BUDE IST EXPLODIERT!
W... WIE BITTE?! WAS IST PASSIERT?
OH, FREUNDE VON DIR? DU HAST ABER EINE SCHICKE FRISUR!
N' ABEND!
KOMMT ERST MAL REIN! IST DOCH OKAY, MAMA, ODER?!
ABER SICHER!
ICH ZIEH MICH ZURÜCK! HAB DIE ENTZÜCKENDE KAYO NUR HERBEGLEITET!
FWSCH
HÄ, ABER...

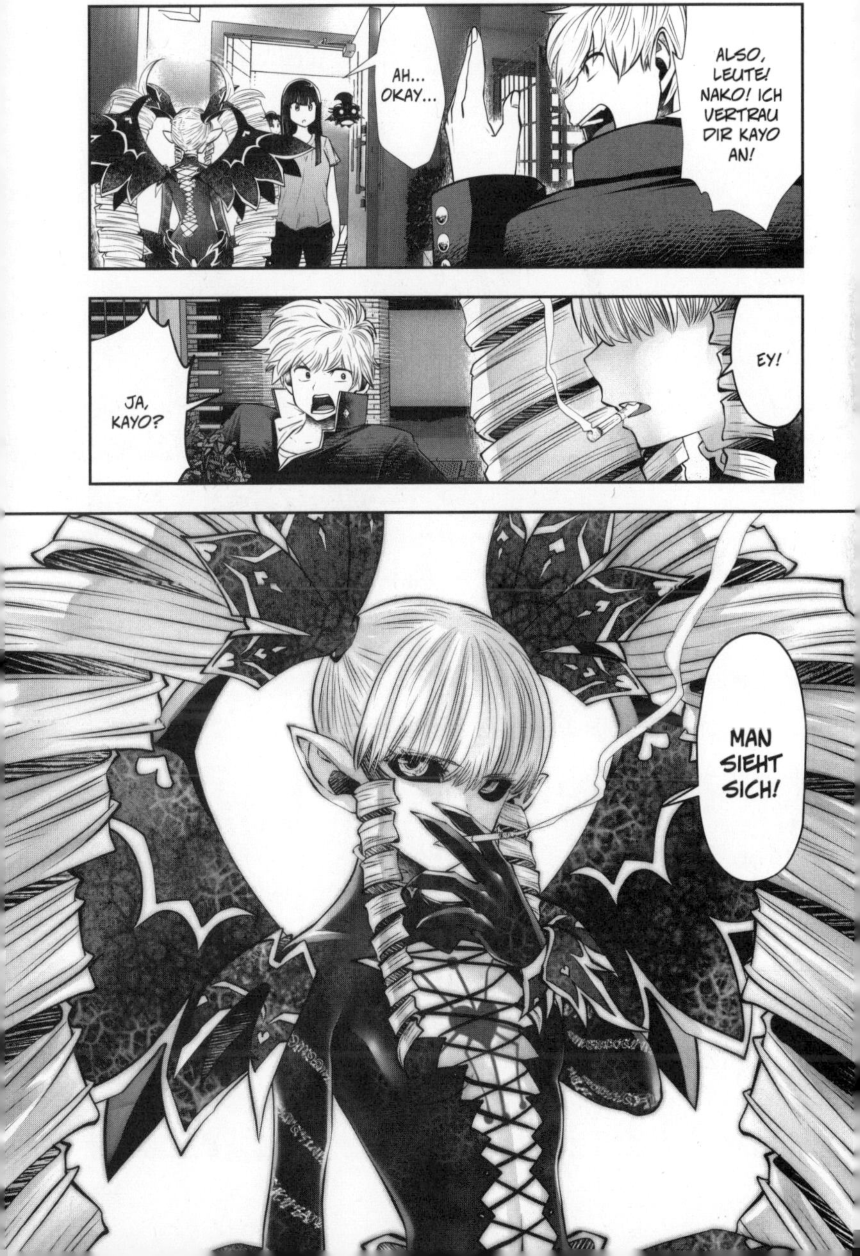

ALSO, LEUTE! NAKO! ICH VERTRAU DIR KAYO AN!
AH... OKAY...
EY!
JA, KAYO?
MAN SIEHT SICH!

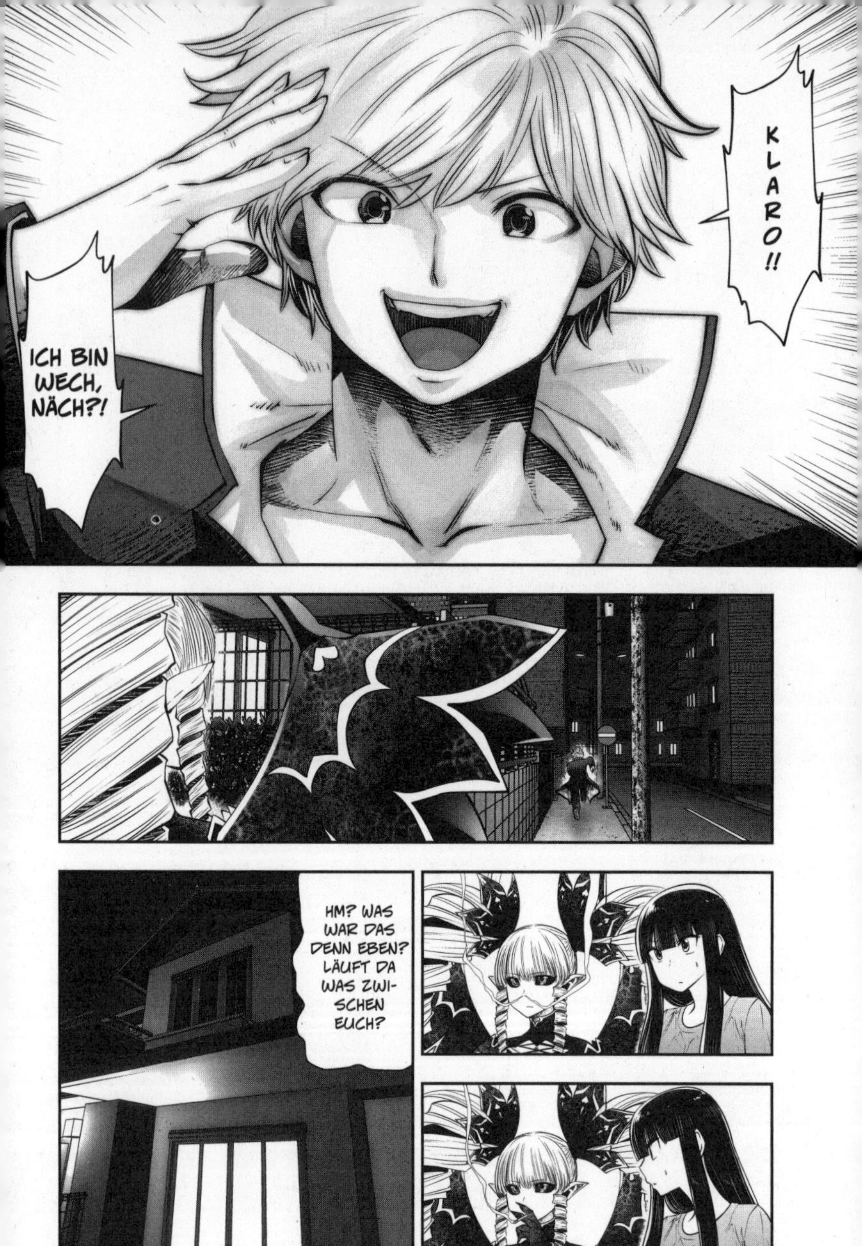
KLARO!!
ICH BIN WECH, NÄCH?!
HM? WAS WAR DAS DENN EBEN? LÄUFT DA WAS ZWI-SCHEN EUCH?

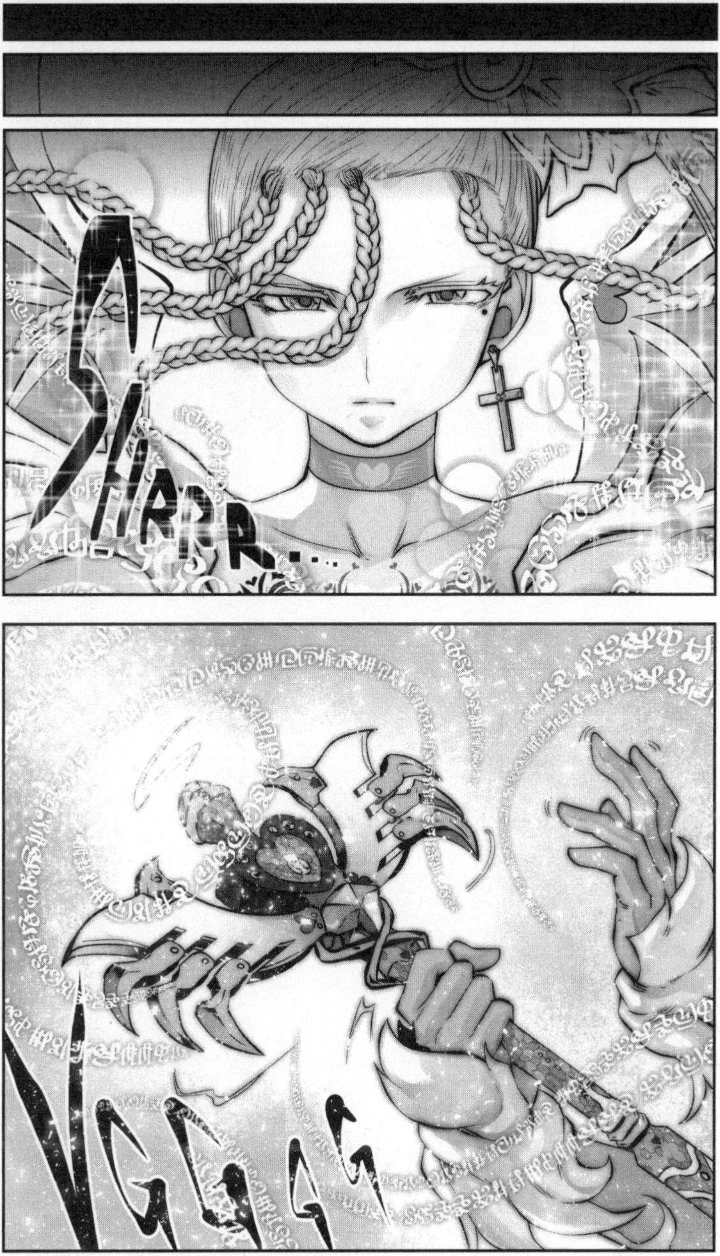
SHIRRR....
VGGGG

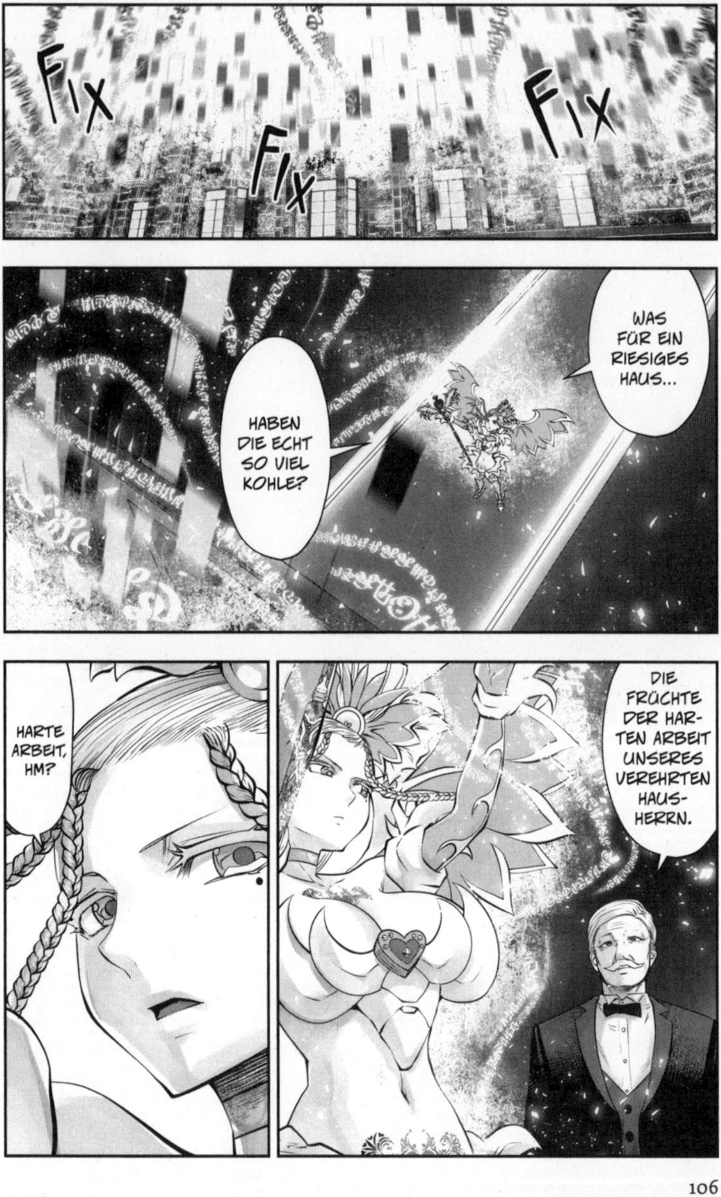
FIX
FIX
FIX
WAS FÜR EIN RIESIGES HAUS...
HABEN DIE ECHT SO VIEL KOHLE?
DIE FRÜCHTE DER HARTEN ARBEIT UNSERES VEREHRTEN HAUSHERRN.
HARTE ARBEIT, HM?

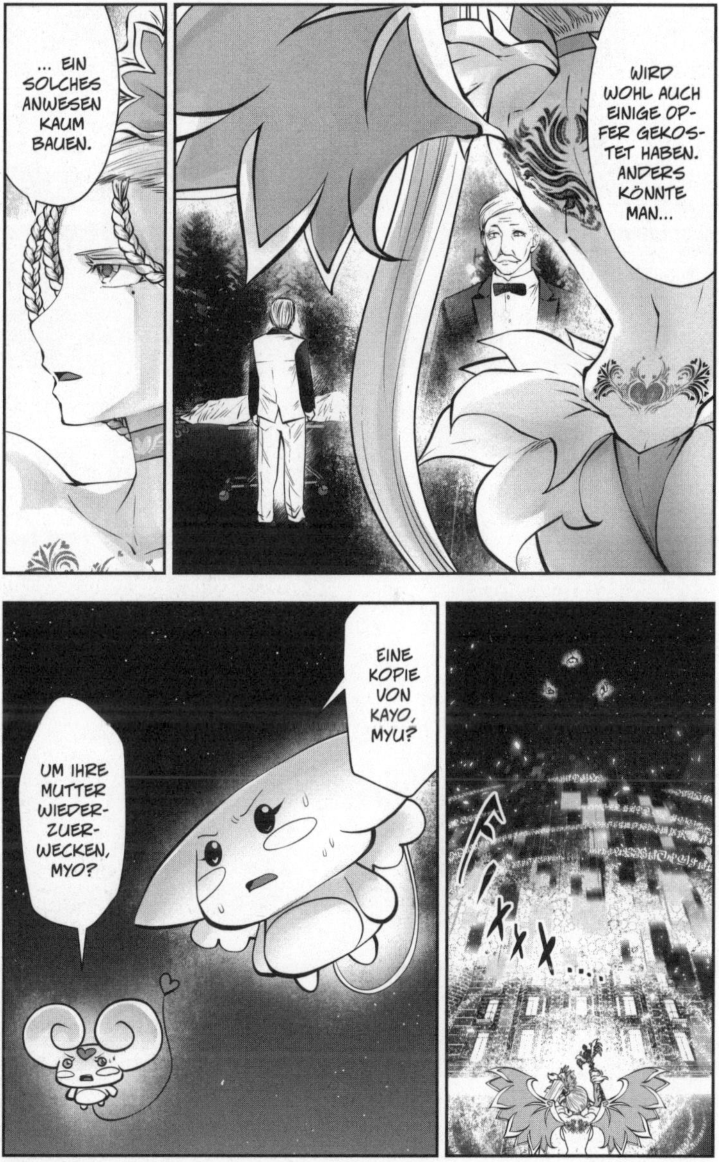
WIRD WOHL AUCH EINIGE OP-FER GEKOS-TET HABEN. ANDERS KÖNNTE MAN...
... EIN SOLCHES ANWESEN KAUM BAUEN.
EINE KOPIE VON KAYO, MYU?
UM IHRE MUTTER WIEDER-ZUER-WECKEN, MYO?

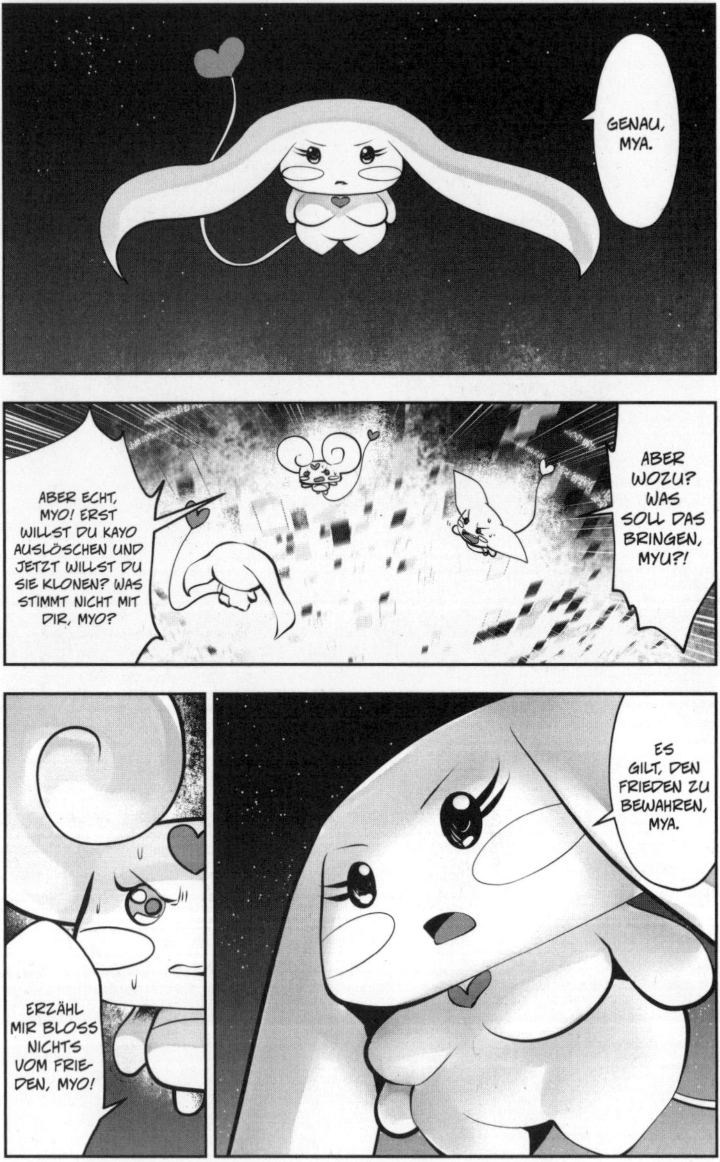
GENAU, MYA.
ABER WOZU? WAS SOLL DAS BRINGEN, MYU?!
ABER ECHT, MYO! ERST WILLST DU KAYO AUSLÖSCHEN UND JETZT WILLST DU SIE KLONEN? WAS STIMMT NICHT MIT DIR, MYO?
ES GILT, DEN FRIEDEN ZU BEWAHREN, MYA.
ERZÄHL MIR BLOSS NICHTS VOM FRIE-DEN, MYO!

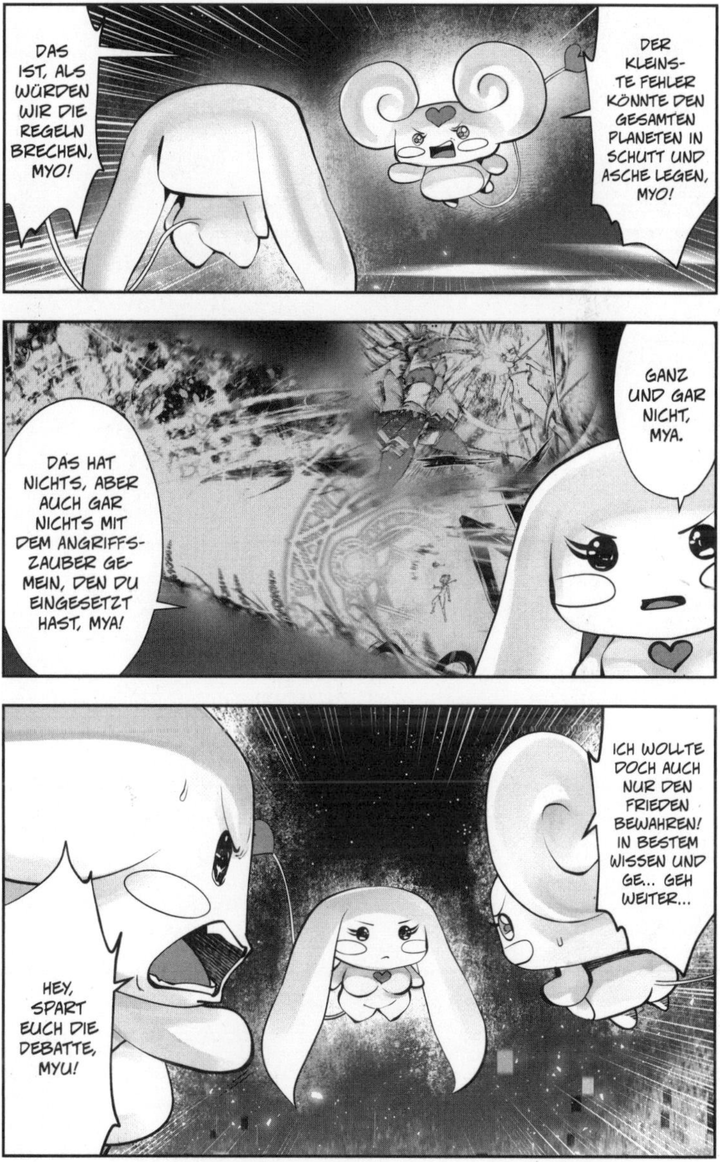
DER KLEINSTE FEHLER KÖNNTE DEN GESAMTEN PLANETEN IN SCHUTT UND ASCHE LEGEN, MYO!
DAS IST, ALS WÜRDEN WIR DIE REGELN BRECHEN, MYO!
GANZ UND GAR NICHT, MYA.
DAS HAT NICHTS, ABER AUCH GAR NICHTS MIT DEM ANGRIFFSZAUBER GEMEIN, DEN DU EINGESETZT HAST, MYA!
ICH WOLLTE DOCH AUCH NUR DEN FRIEDEN BEWAHREN! IN BESTEM WISSEN UND GE... GEH WEITER...
HEY, SPART EUCH DIE DEBATTE, MYU!

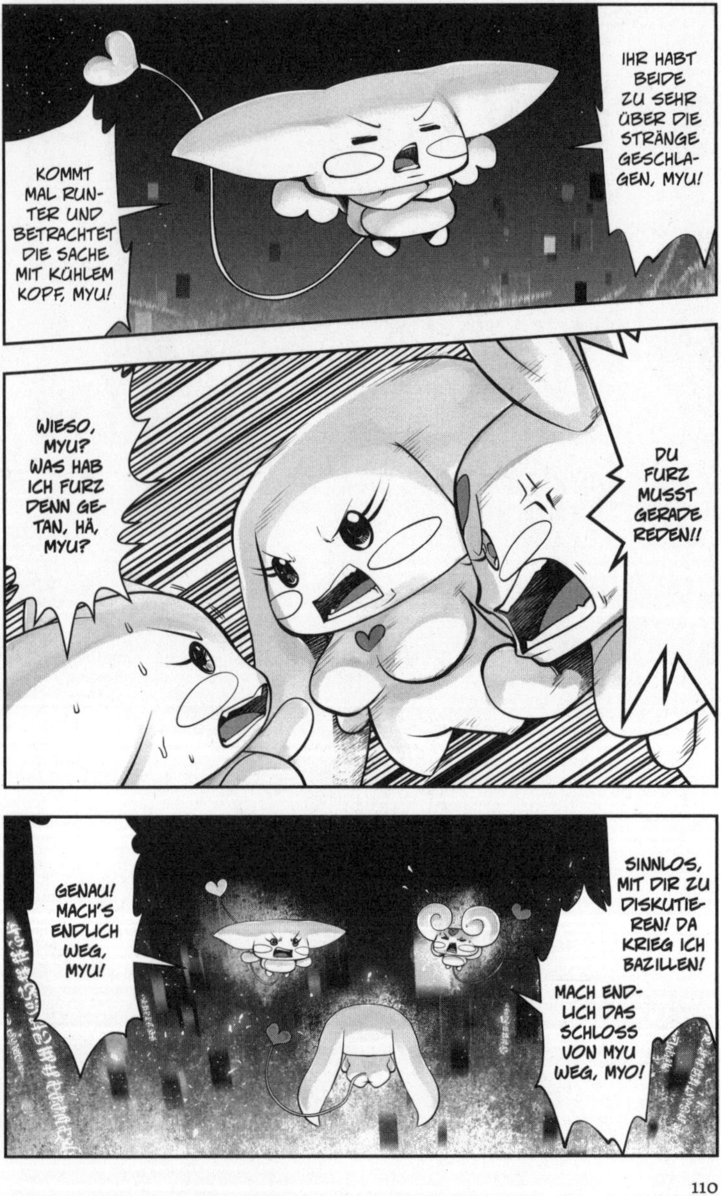
IHR HABT BEIDE ZU SEHR ÜBER DIE STRÄNGE GESCHLAGEN, MYU!
KOMMT MAL RUNTER UND BETRACHTET DIE SACHE MIT KÜHLEM KOPF, MYU!
DU FURZ MUSST GERADE REDEN!!
WIESO, MYU? WAS HAB ICH FURZ DENN GETAN, HÄ, MYU?
SINNLOS, MIT DIR ZU DISKUTIEREN! DA KRIEG ICH BAZILLEN!
MACH ENDLICH DAS SCHLOSS VON MYU WEG, MYO!
GENAU! MACH'S ENDLICH WEG, MYU!

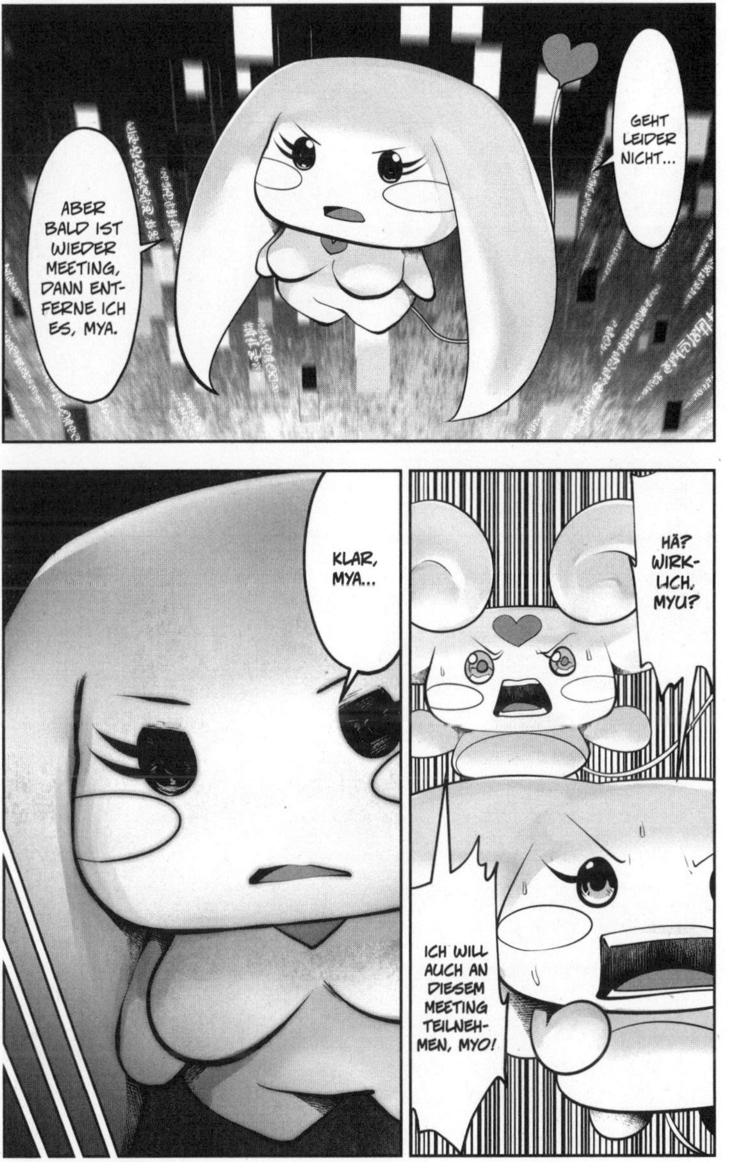
GEHT LEIDER NICHT...
ABER BALD IST WIEDER MEETING, DANN ENTFERNE ICH ES, MYA.
HÄ? WIRKLICH, MYU?
KLAR, MYA...
ICH WILL AUCH AN DIESEM MEETING TEILNEHMEN, MYO!

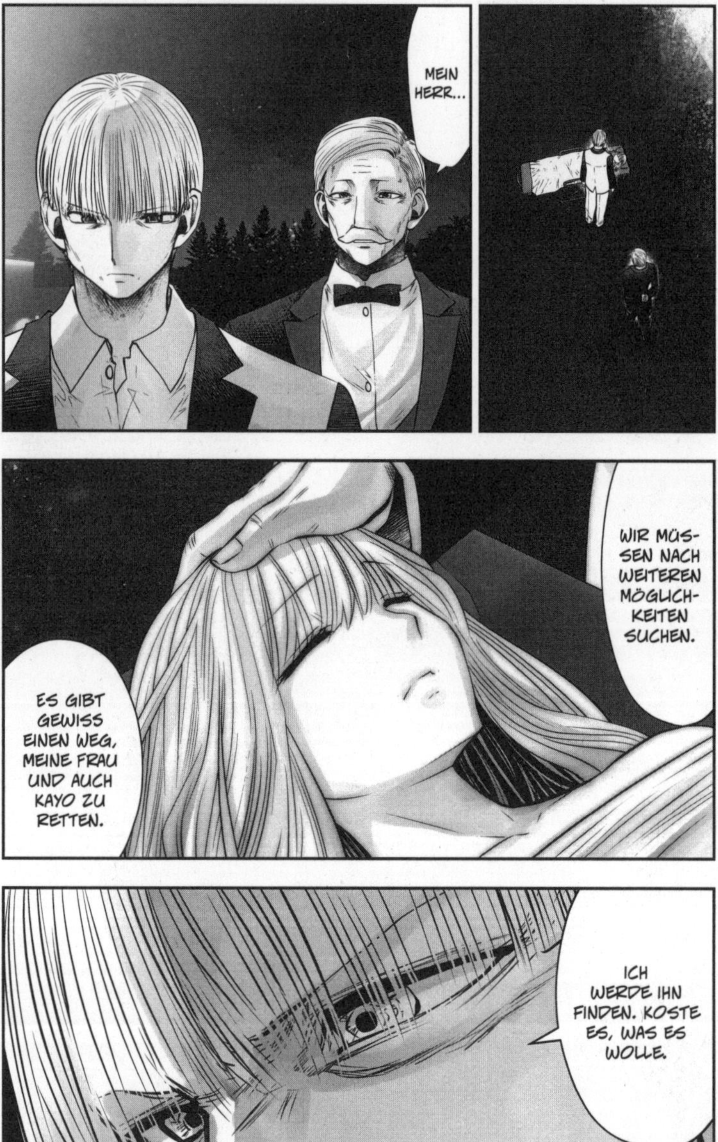
MEIN HERR...
WIR MÜS-SEN NACH WEITEREN MÖGLICH-KEITEN SUCHEN.
ES GIBT GEWISS EINEN WEG, MEINE FRAU UND AUCH KAYO ZU RETTEN.
ICH WERDE IHN FINDEN. KOSTE ES, WAS ES WOLLE.

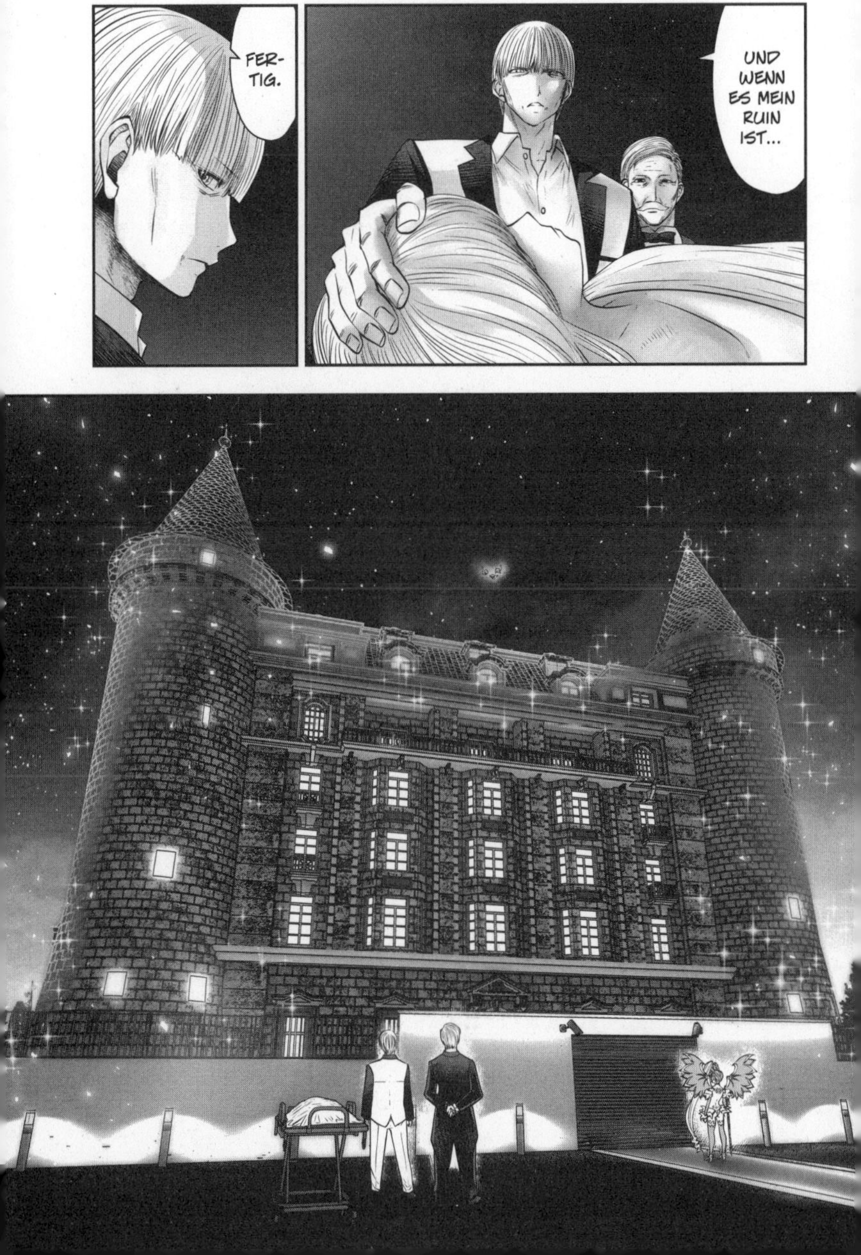
UND WENN ES MEIN RUIN IST...
FER-TIG.

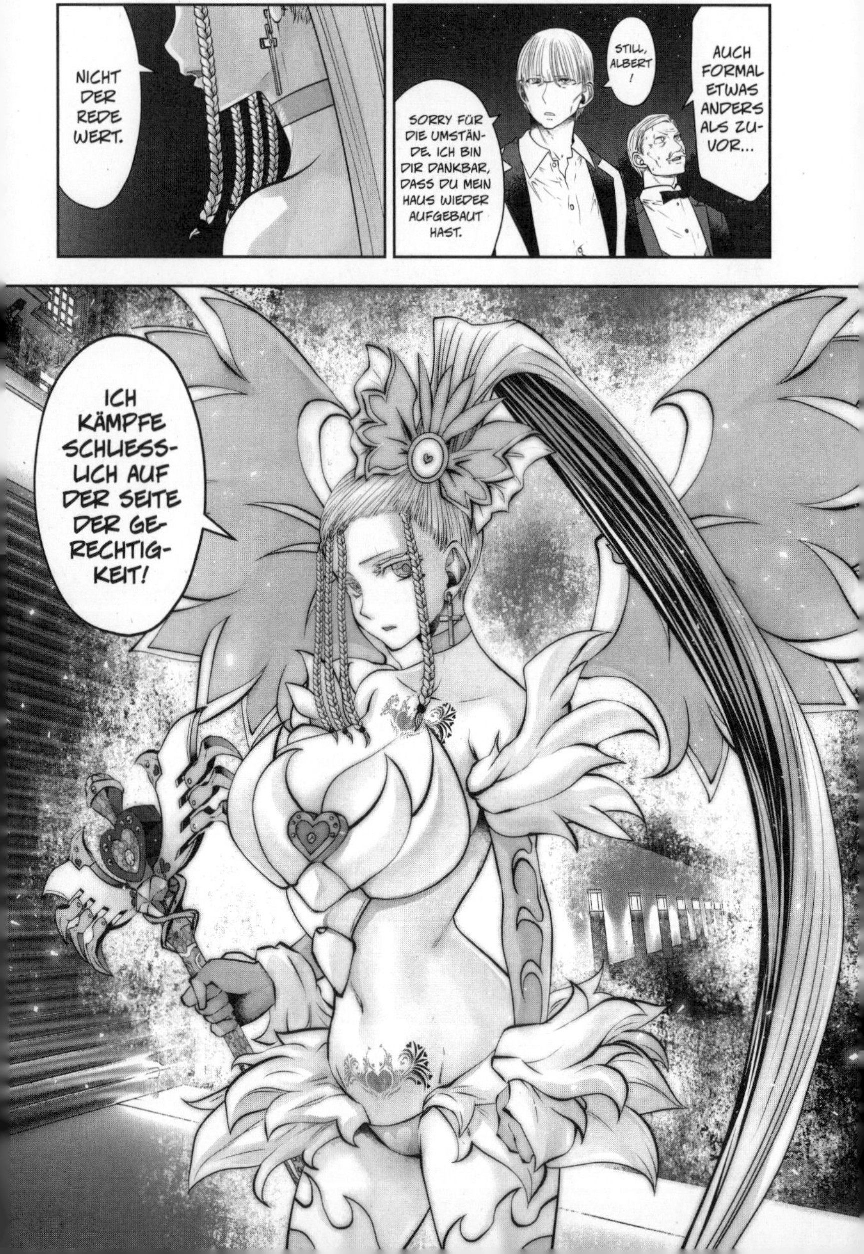
AUCH FORMAL ETWAS ANDERS ALS ZUVOR...
STILL, ALBERT!
SORRY FÜR DIE UMSTÄNDE. ICH BIN DIR DANKBAR, DASS DU MEIN HAUS WIEDER AUFGEBAUT HAST.
NICHT DER REDE WERT.
ICH KÄMPFE SCHLIESSLICH AUF DER SEITE DER GERECHTIGKEIT!

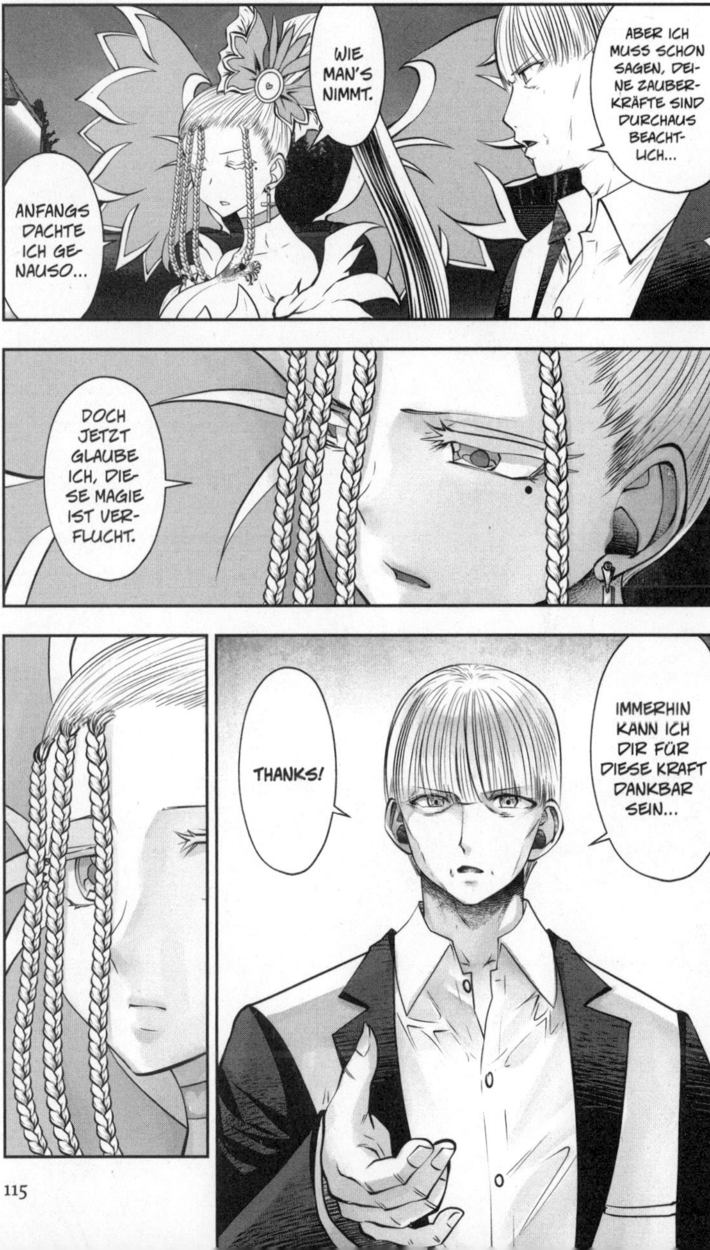
ABER ICH MUSS SCHON SAGEN, DEINE ZAUBERKRÄFTE SIND DURCHAUS BEACHTLICH...
WIE MAN'S NIMMT.
ANFANGS DACHTE ICH GENAUSO...
DOCH JETZT GLAUBE ICH, DIESE MAGIE IST VERFLUCHT.
IMMERHIN KANN ICH DIR FÜR DIESE KRAFT DANKBAR SEIN...
THANKS!

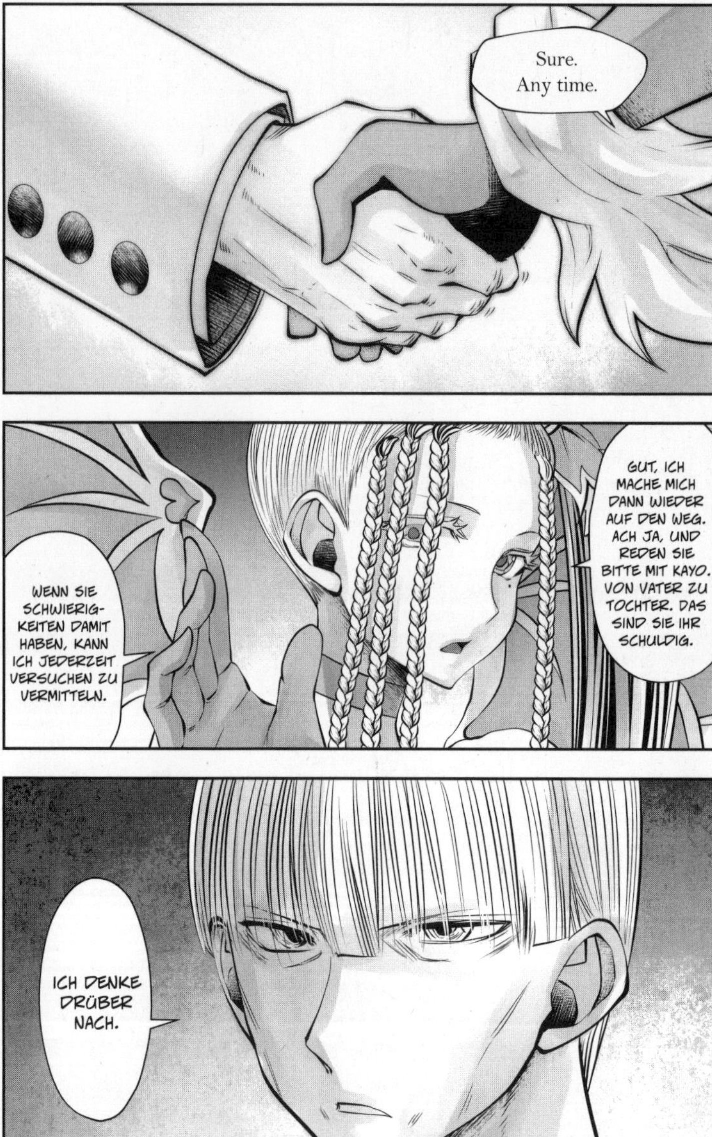
Sure.
Any time.
GUT, ICH MACHE MICH DANN WIEDER AUF DEN WEG. ACH JA, UND REDEN SIE BITTE MIT KAYO. VON VATER ZU TOCHTER. DAS SIND SIE IHR SCHULDIG.
WENN SIE SCHWIERIGKEITEN DAMIT HABEN, KANN ICH JEDERZEIT VERSUCHEN ZU VERMITTELN.
ICH DENKE DRÜBER NACH.

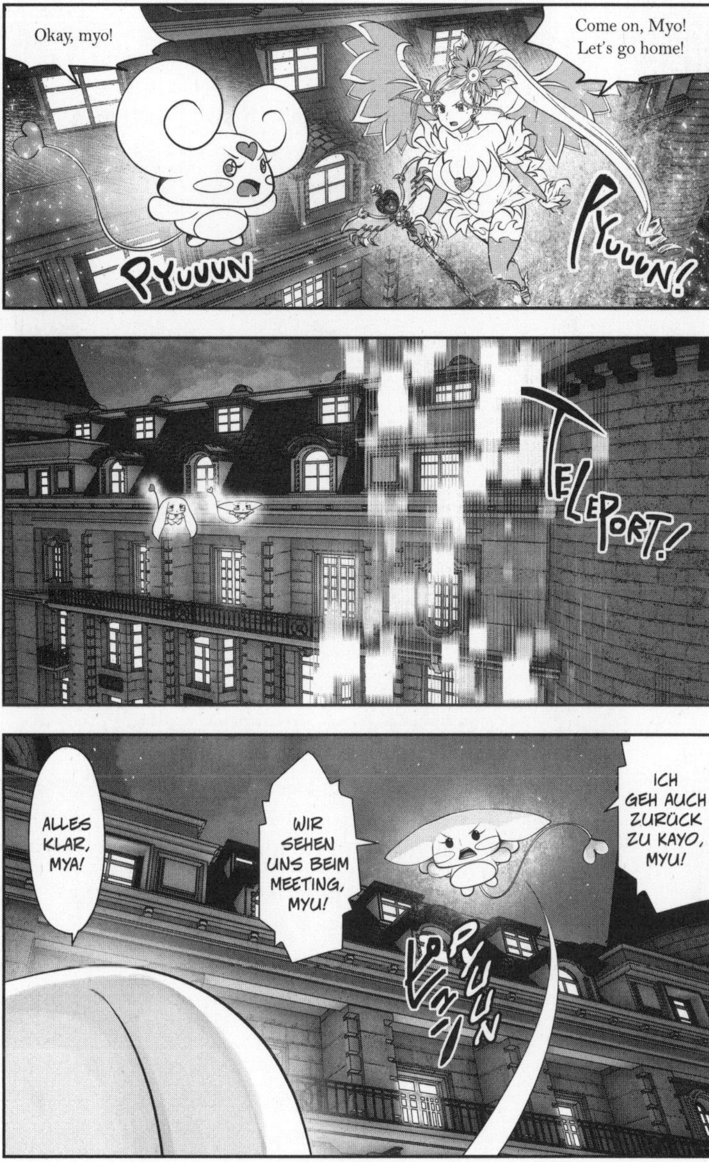
Come on, Myo!
Let's go home!
Okay, myo!
PYUUUN!
PYUUUN
TELEPORT!
ICH GEH AUCH ZURÜCK ZU KAYO, MYU!
WIR SEHEN UNS BEIM MEETING, MYU!
ALLES KLAR, MYA!
PYUUUN

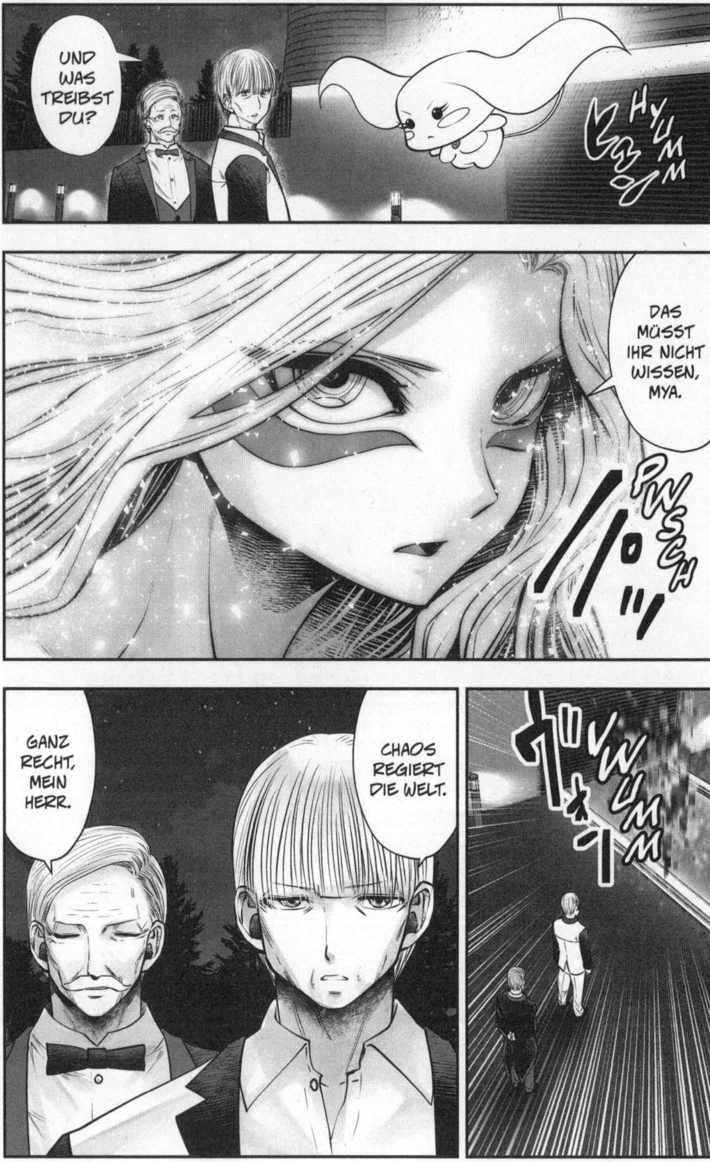
UND WAS TREIBST DU?
HYUMM
DAS MÜSST IHR NICHT WISSEN, MYA.
PWSCH
CHAOS REGIERT DIE WELT.
GANZ RECHT, MEIN HERR.
WUMM

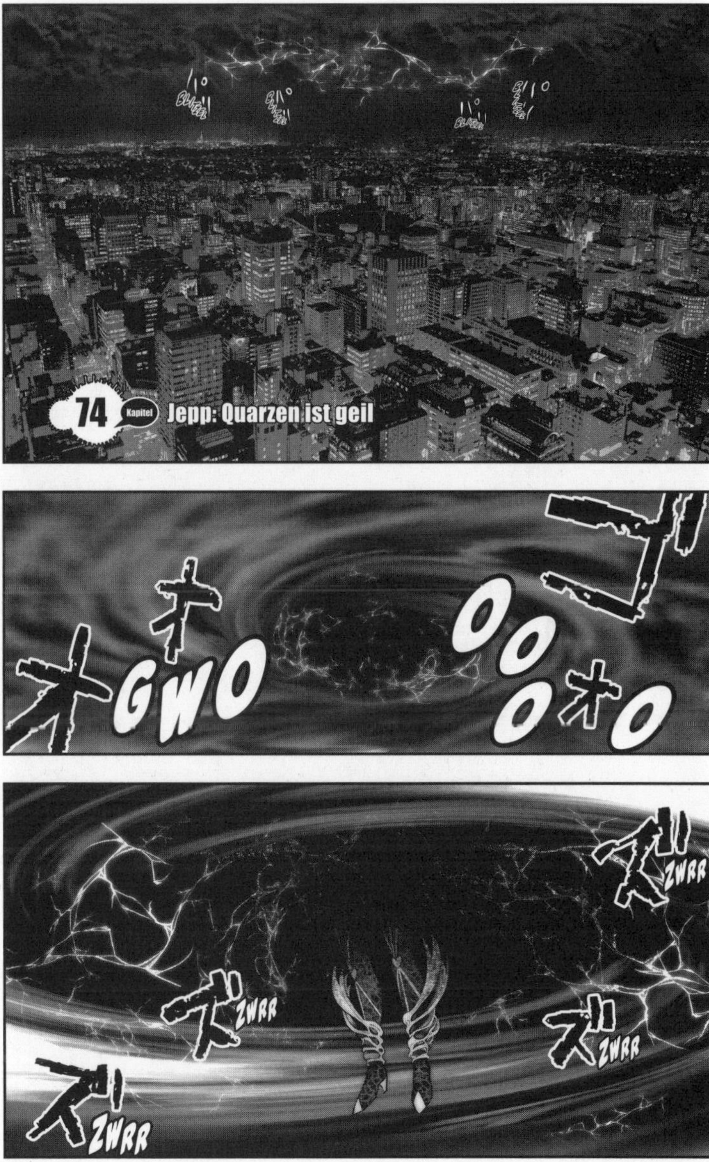
74 Kapitel Jepp: Quarzen ist geil
GWOOOOO
ZWRR
ZWRR
ZWRR
ZWRR

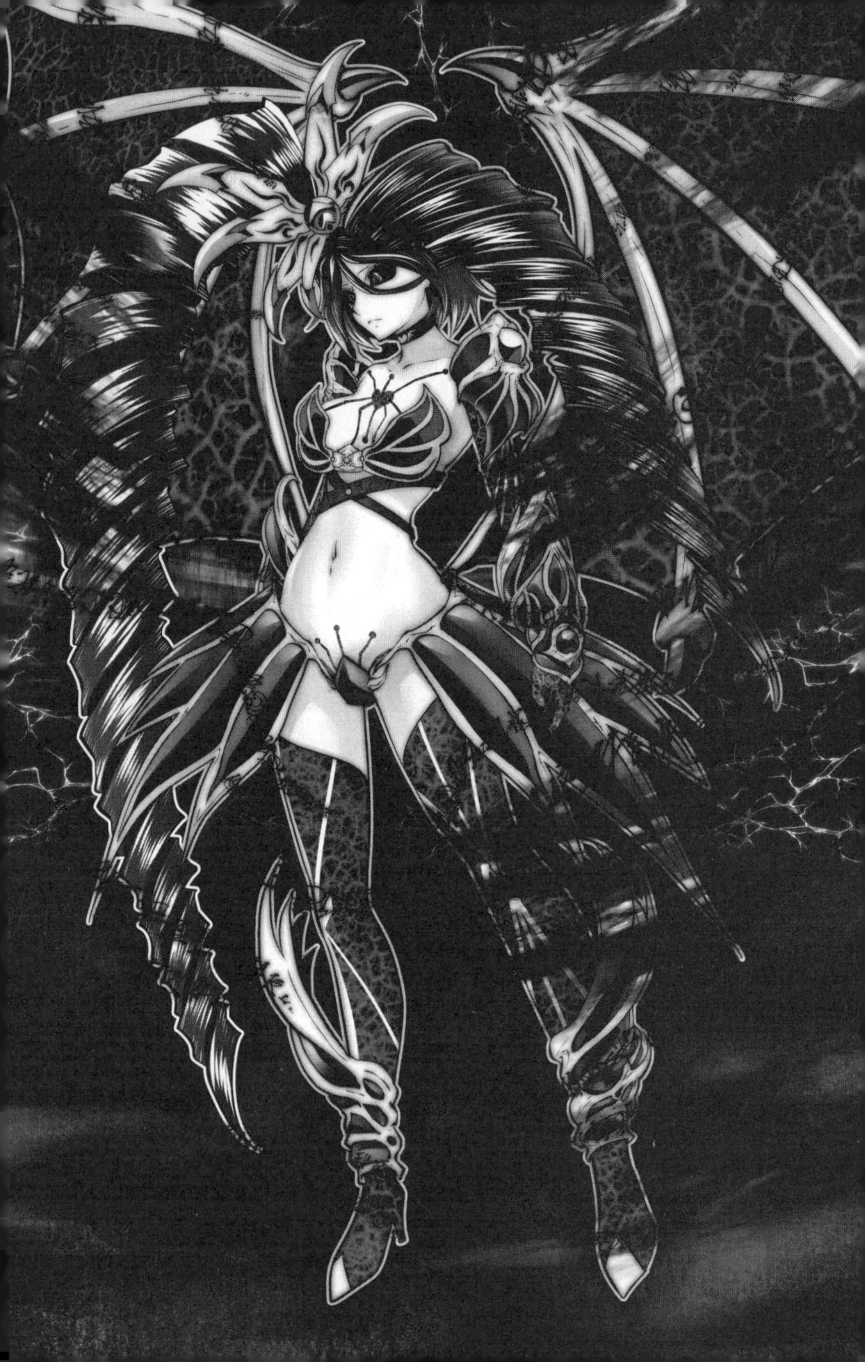

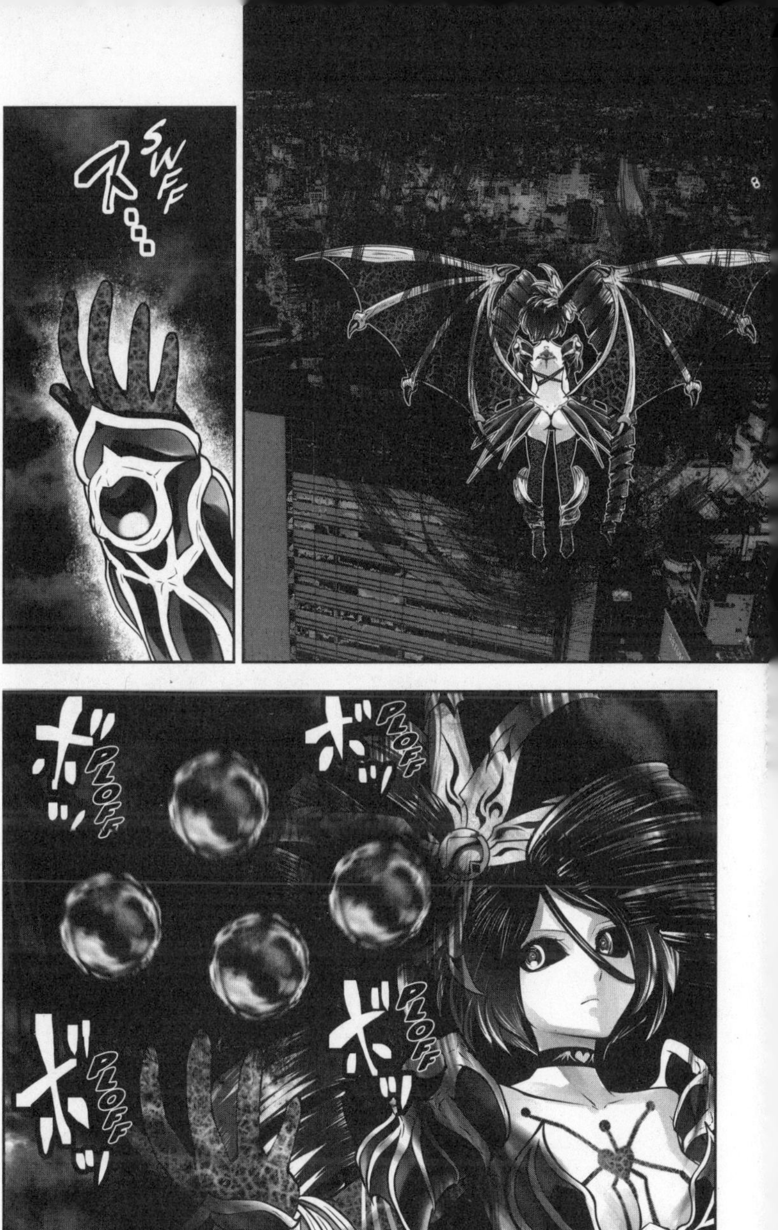

SWFF
ス…
ボッ PLOFF
ボッ PLOFF
ボッ PLOFF
ボッ PLOFF

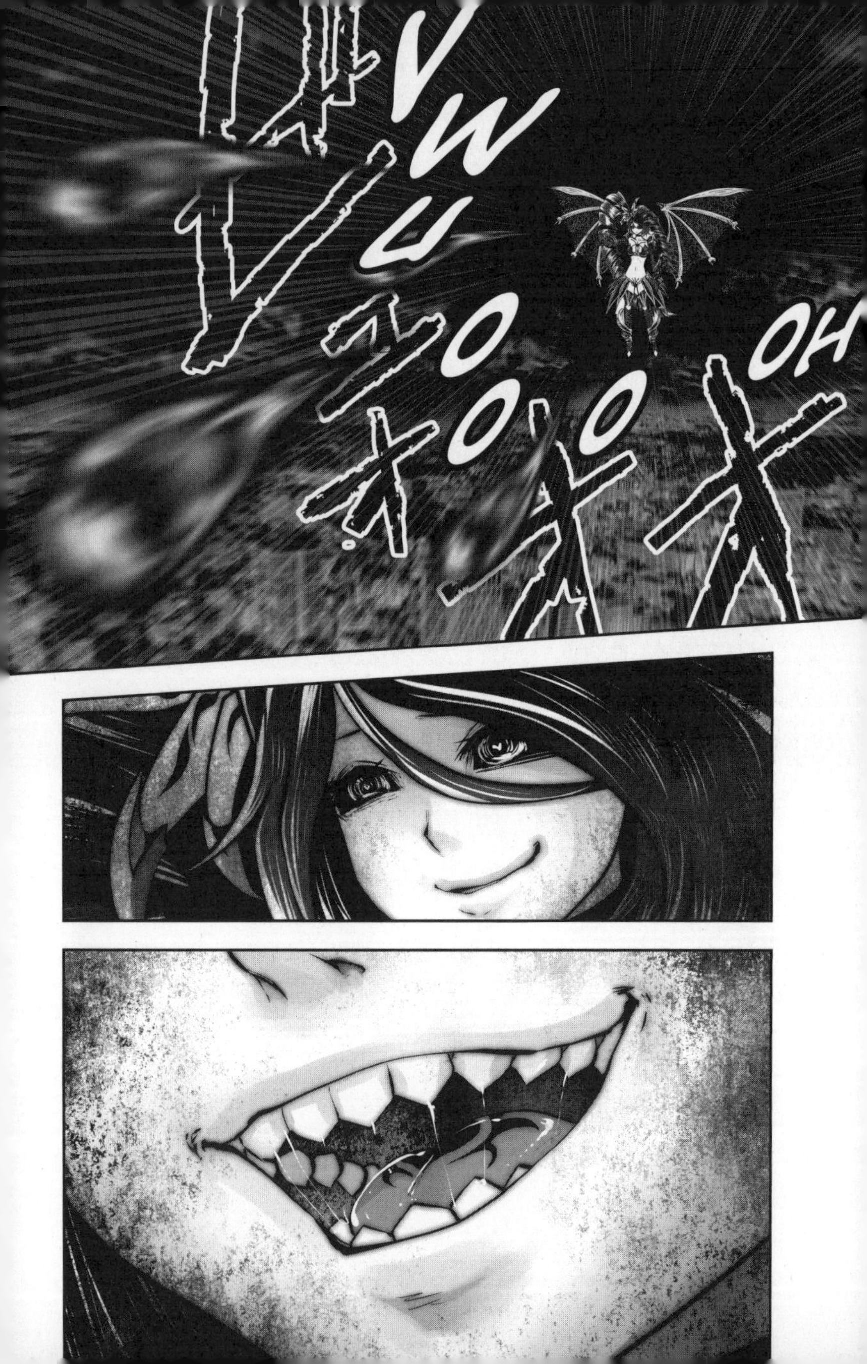
VWUOOOOH

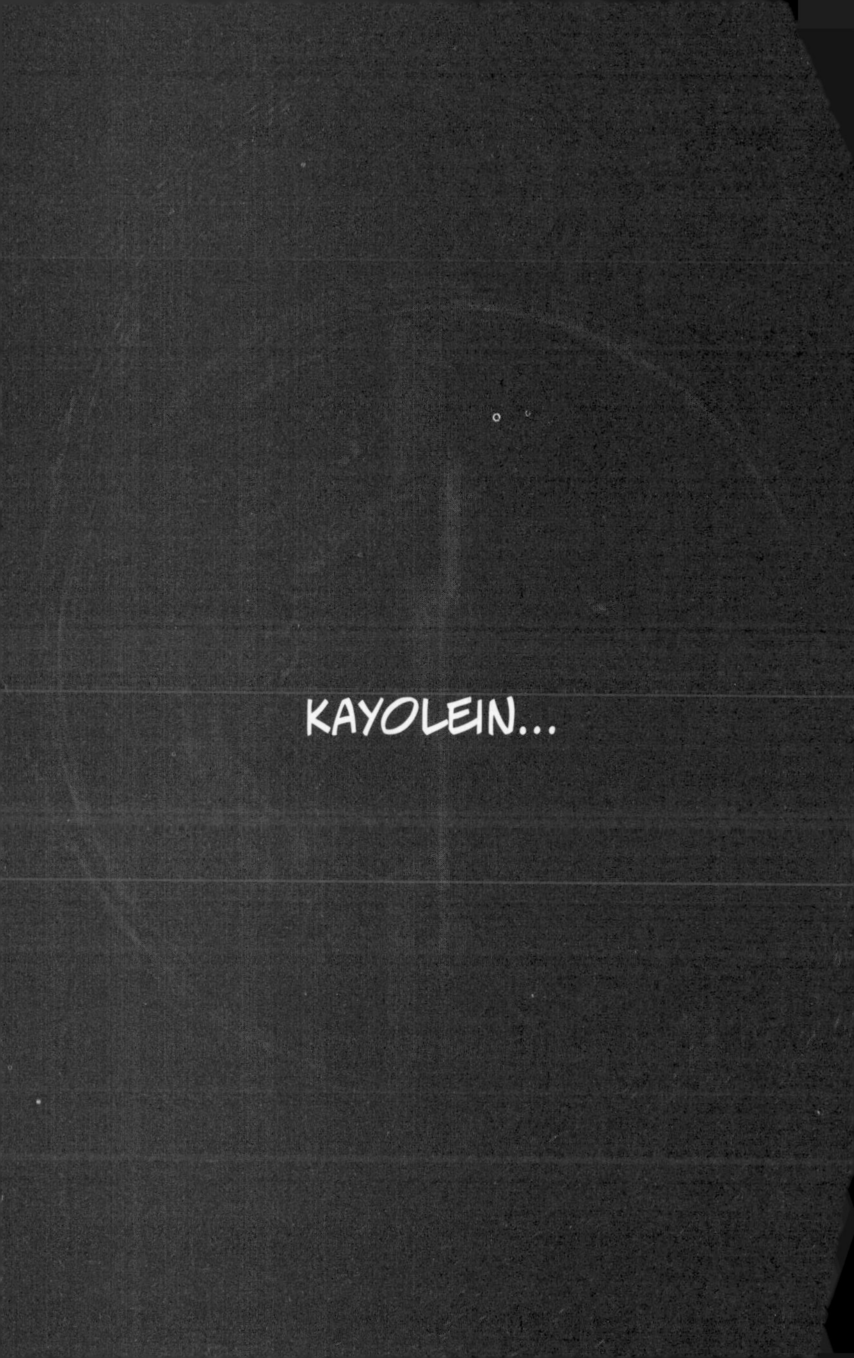
KAYOLEIN...

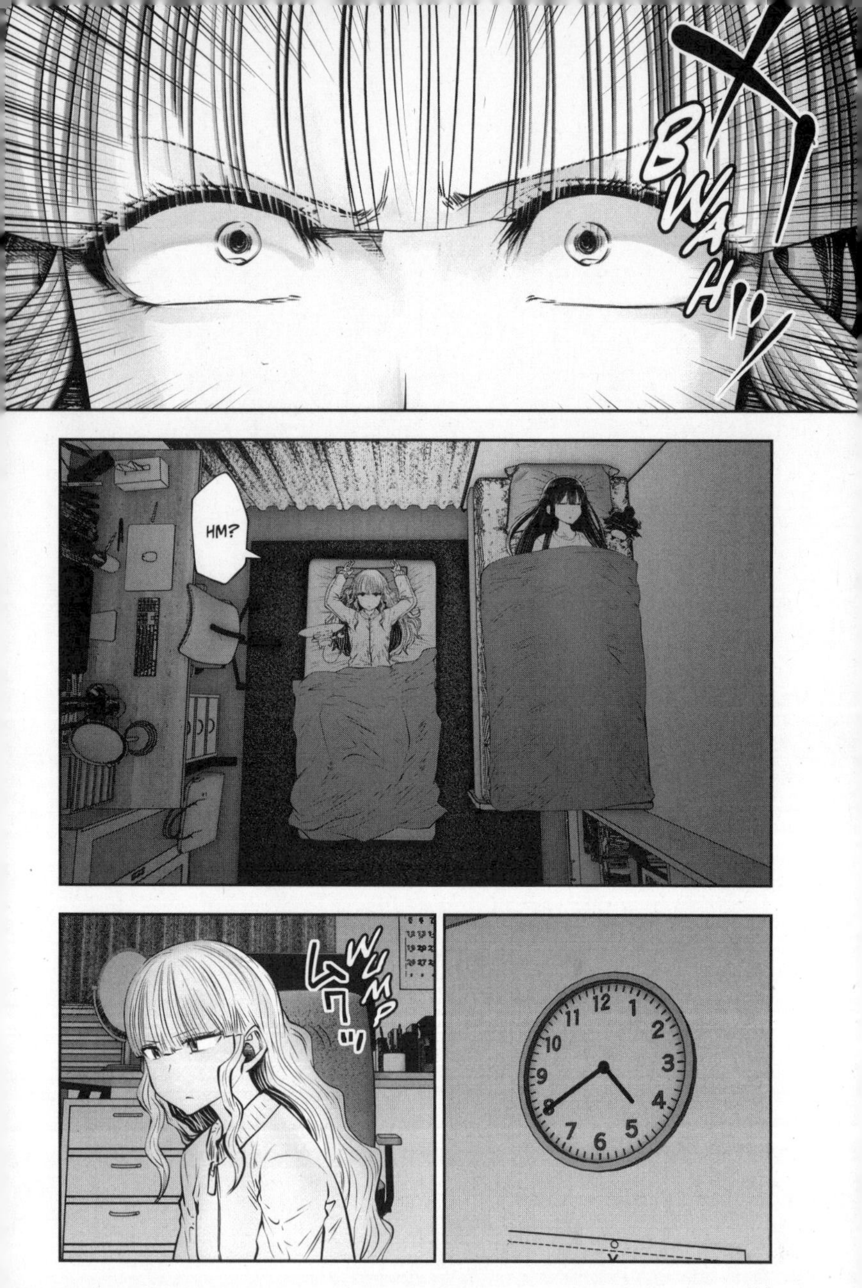
BWAH!!
HM?
WUMP

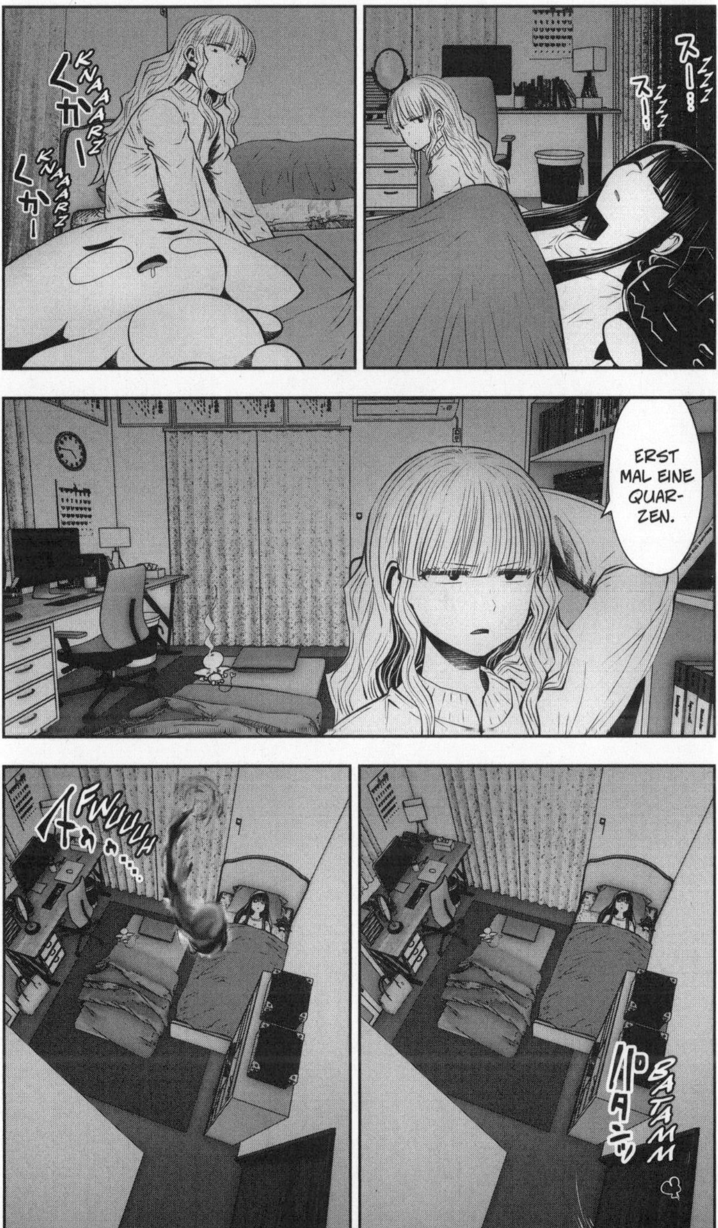
ZZZ
ZZZ
KNAAARZ
くかー
KNAAARZ
くかー
ERST MAL EINE QUAR-ZEN.
BATAMM
FWUUUH

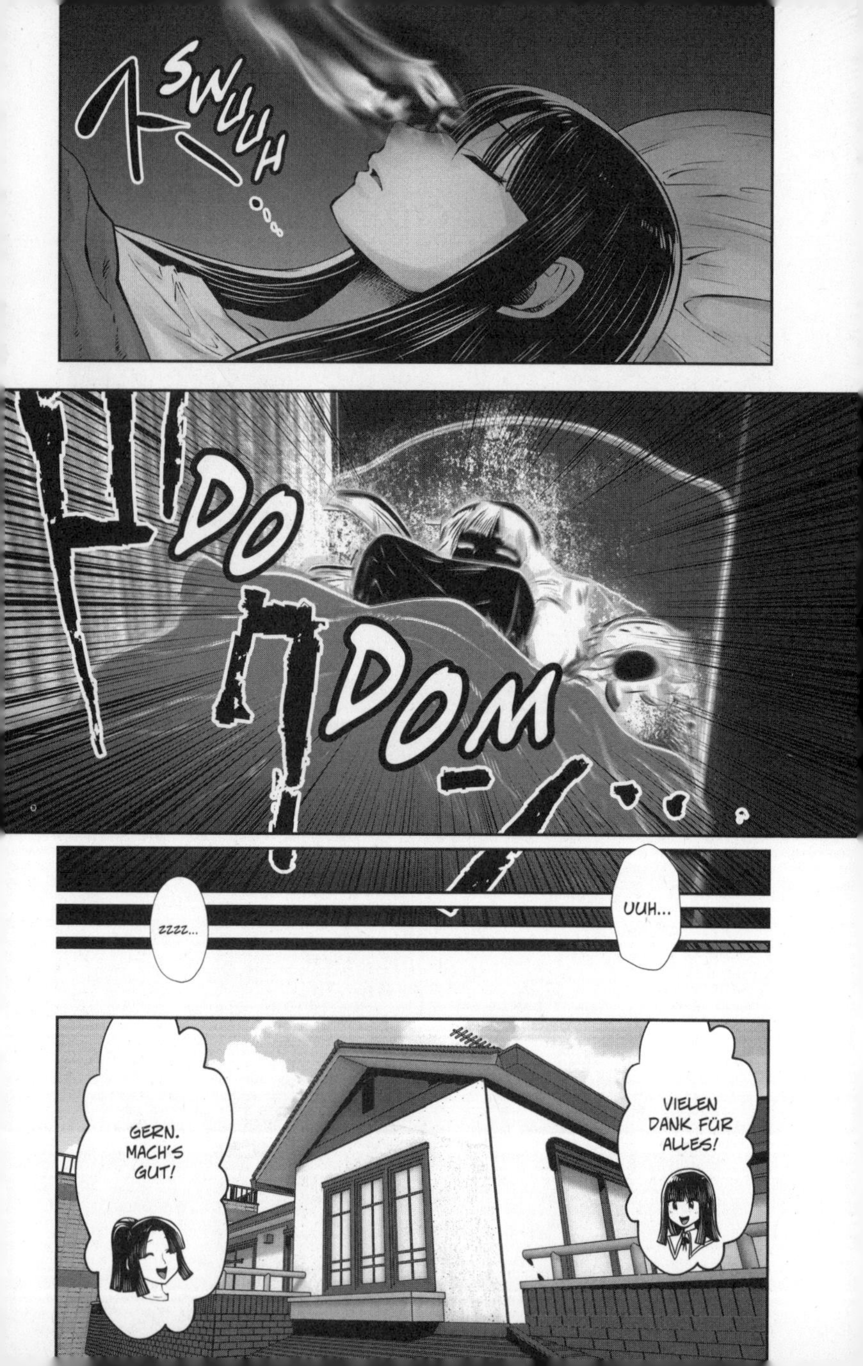
SWUUH
DODOM
UUH...
ZZZZ...
VIELEN DANK FÜR ALLES!
GERN. MACH'S GUT!

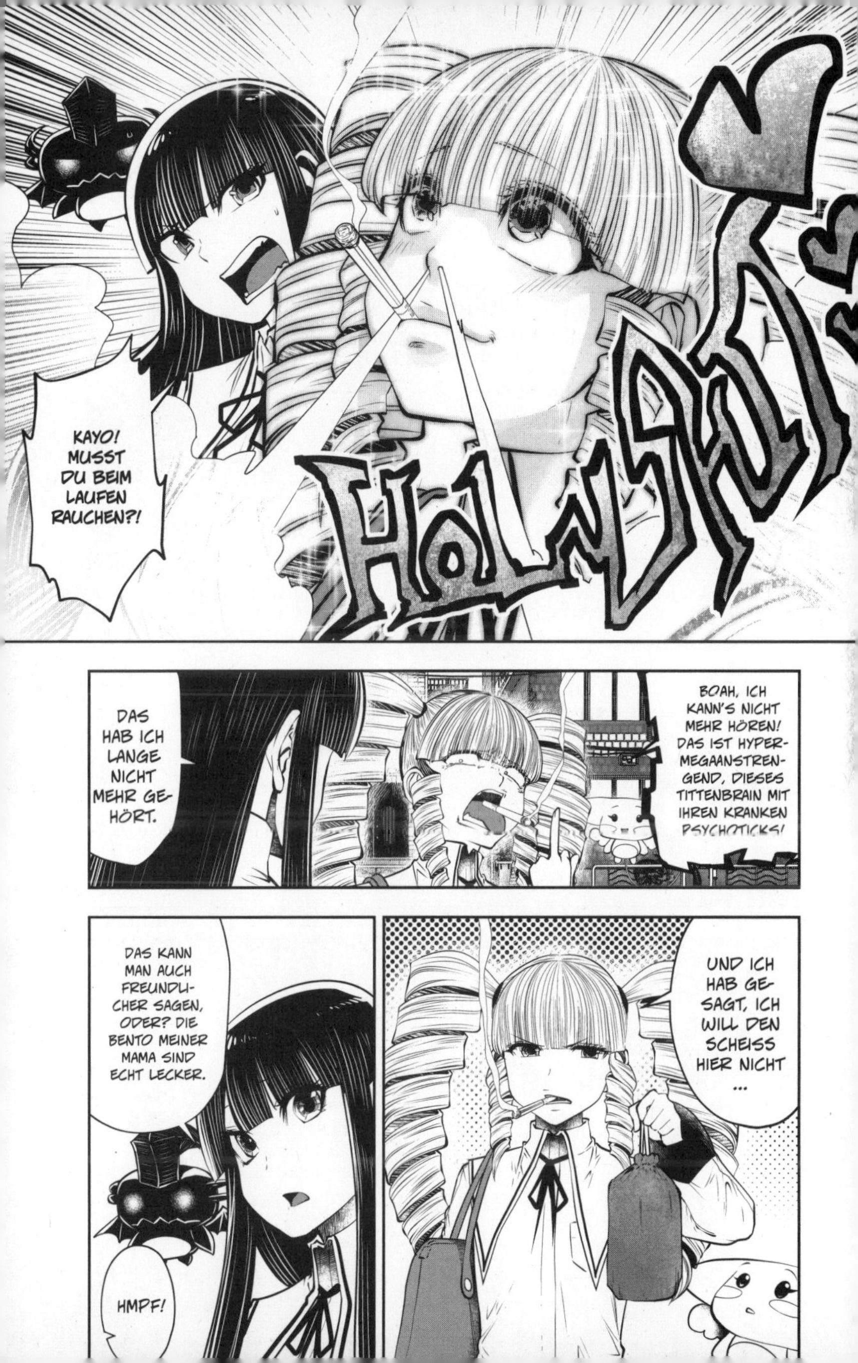
KAYO! MUSST DU BEIM LAUFEN RAUCHEN?!
BOAH, ICH KANN'S NICHT MEHR HÖREN! DAS IST HYPER-MEGAANSTRENGEND, DIESES TITTENBRAIN MIT IHREN KRANKEN PSYCHOTICKS!
DAS HAB ICH LANGE NICHT MEHR GEHÖRT.
UND ICH HAB GESAGT, ICH WILL DEN SCHEISS HIER NICHT ...
DAS KANN MAN AUCH FREUNDLICHER SAGEN, ODER? DIE BENTO MEINER MAMA SIND ECHT LECKER.
HMPF!

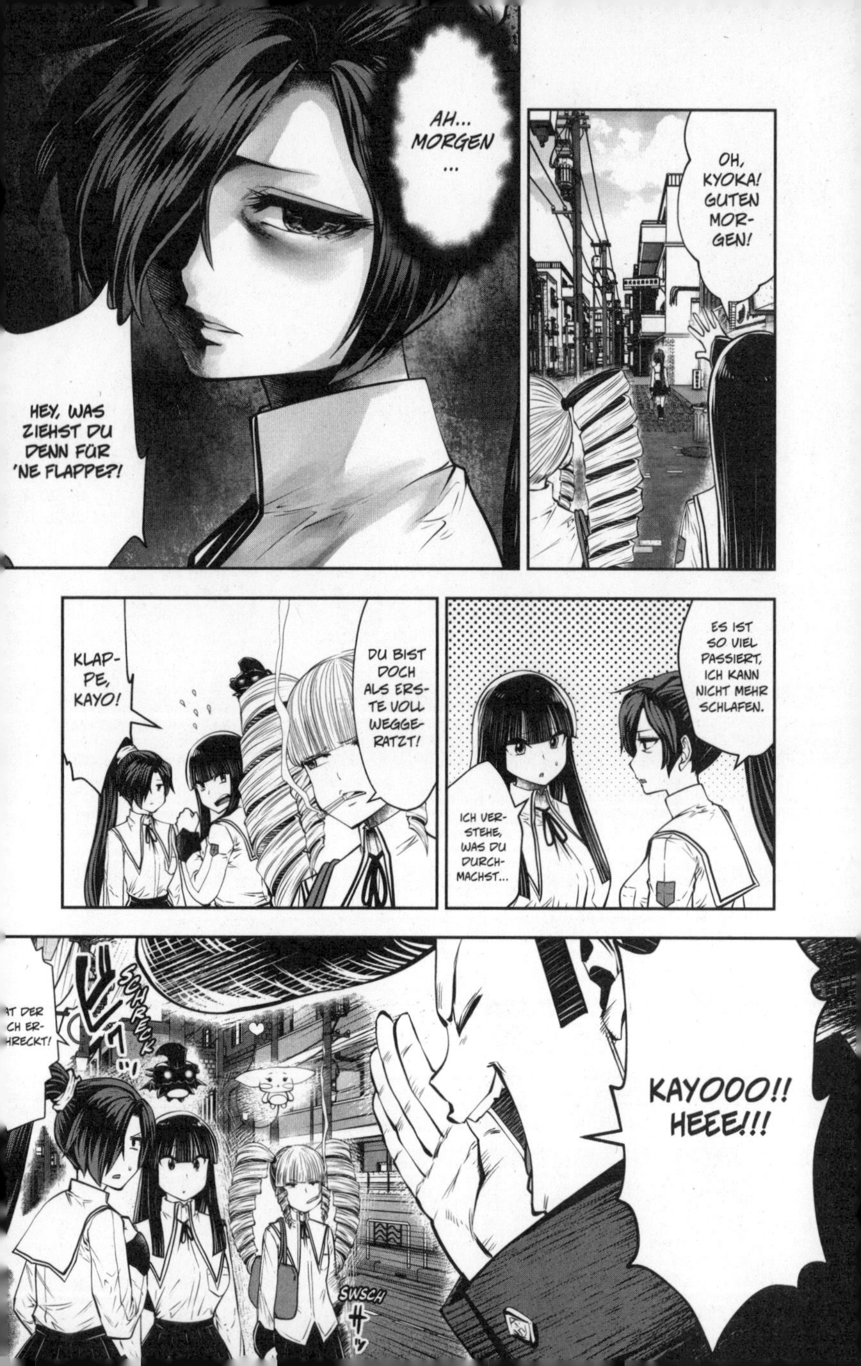
OH, KYOKA! GUTEN MOR-GEN!
AH... MORGEN ...
HEY, WAS ZIEHST DU DENN FÜR 'NE FLAPPE?!
ES IST SO VIEL PASSIERT, ICH KANN NICHT MEHR SCHLAFEN.
ICH VER-STEHE, WAS DU DURCH-MACHST...
DU BIST DOCH ALS ERS-TE VOLL WEGGE-RATZT!
KLAP-PE, KAYO!
KAYOOO!! HEEE!!!
SCHRECK
SWSCH

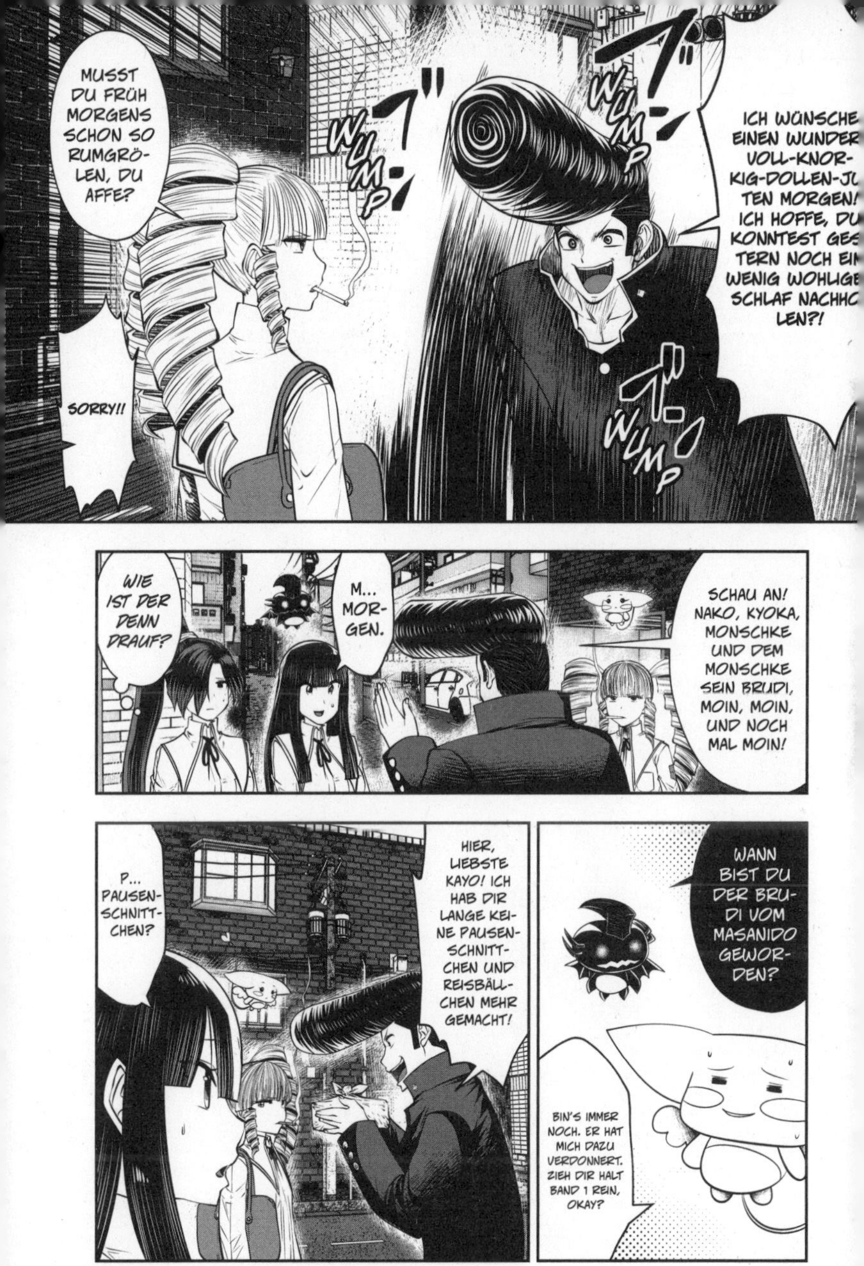
WUMP
ICH WÜNSCHE
EINEN WUNDER
VOLL-KNOR-
KIG-DOLLEN-JU
TEN MORGEN!
ICH HOFFE, DU
KONNTEST GES
TERN NOCH EIN
WENIG WOHLIGE
SCHLAF NACHHO
LEN?!
WUMP
WUMP
MUSST DU FRÜH MORGENS SCHON SO RUMGRÖLEN, DU AFFE?
SORRY!!
SCHAU AN! NAKO, KYOKA, MONSCHKE UND DEM MONSCHKE SEIN BRUDI, MOIN, MOIN, UND NOCH MAL MOIN!
M... MORGEN.
WIE IST DER DENN DRAUF?
WANN BIST DU DER BRUDI VOM MASANIDO GEWORDEN?
BIN'S IMMER NOCH. ER HAT MICH DAZU VERDONNERT. ZIEH DIR HALT BAND 1 REIN, OKAY?
HIER, LIEBSTE KAYO! ICH HAB DIR LANGE KEINE PAUSENSCHNITTCHEN UND REISBÄLLCHEN MEHR GEMACHT!
P... PAUSENSCHNITTCHEN?

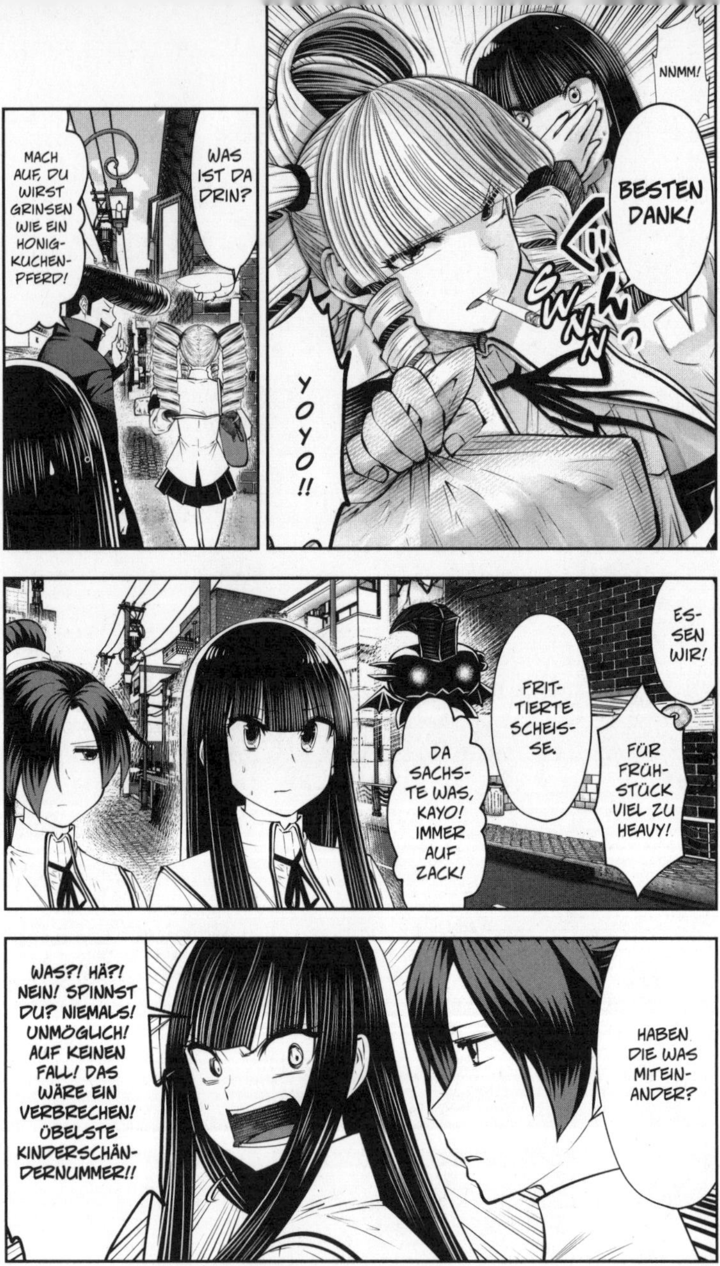
NNMM!
BESTEN DANK!
GWNNN
YOYO!!
WAS IST DA DRIN?
MACH AUF, DU WIRST GRINSEN WIE EIN HONIG-KUCHEN-PFERD!
ES-SEN WIR!
FÜR FRÜH-STÜCK VIEL ZU HEAVY!
FRIT-TIERTE SCHEISS-SE.
DA SACHS-TE WAS, KAYO! IMMER AUF ZACK!
HABEN DIE WAS MITEIN-ANDER?
WAS?! HÄ?! NEIN! SPINNST DU? NIEMALS! UNMÖGLICH! AUF KEINEN FALL! DAS WÄRE EIN VERBRECHEN! ÜBELSTE KINDERSCHÄN-DERNUMMER!!

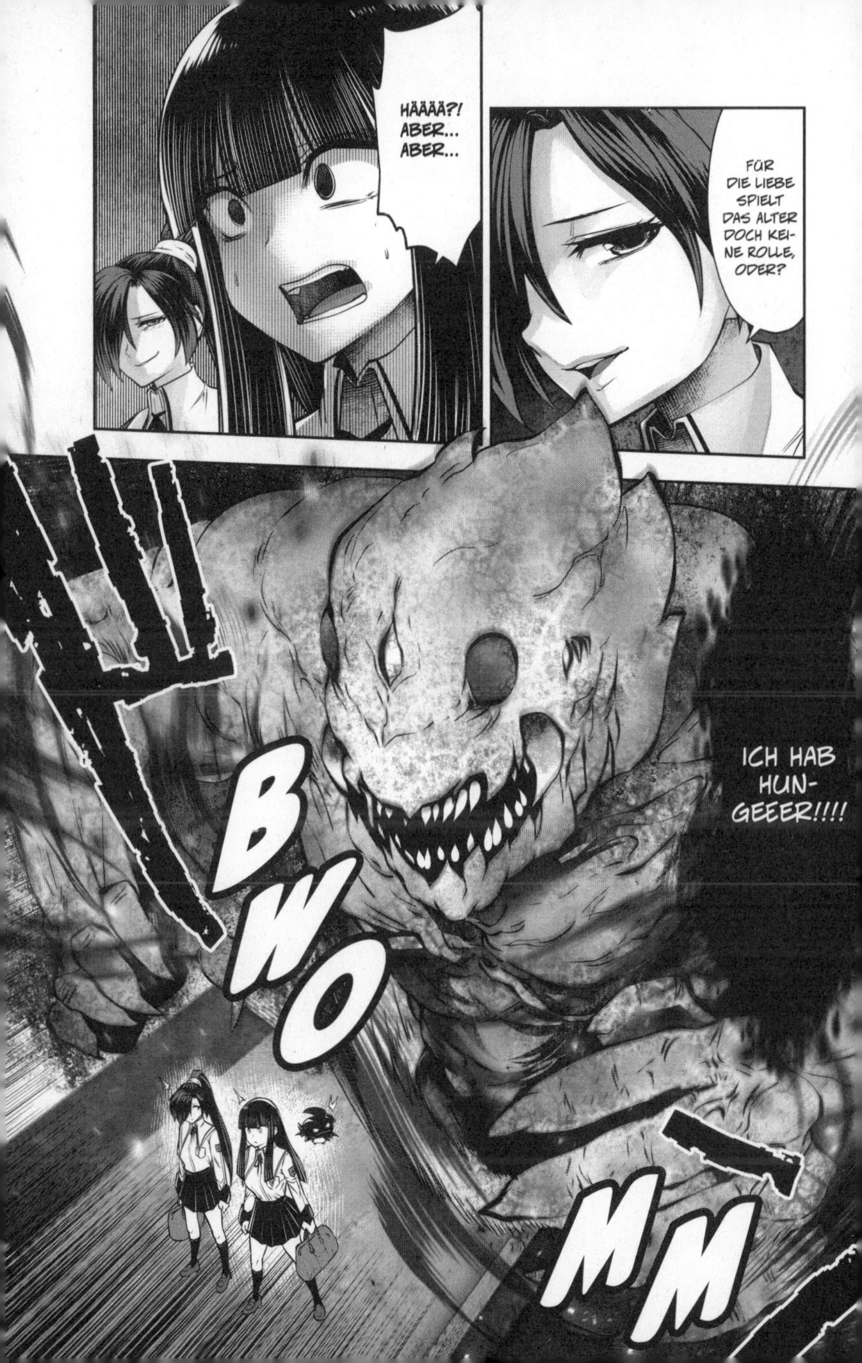
FÜR DIE LIEBE SPIELT DAS ALTER DOCH KEI- NE ROLLE, ODER?
HÄÄÄÄ?! ABER... ABER...
ICH HAB HUN- GEEER!!!!
BWOMM

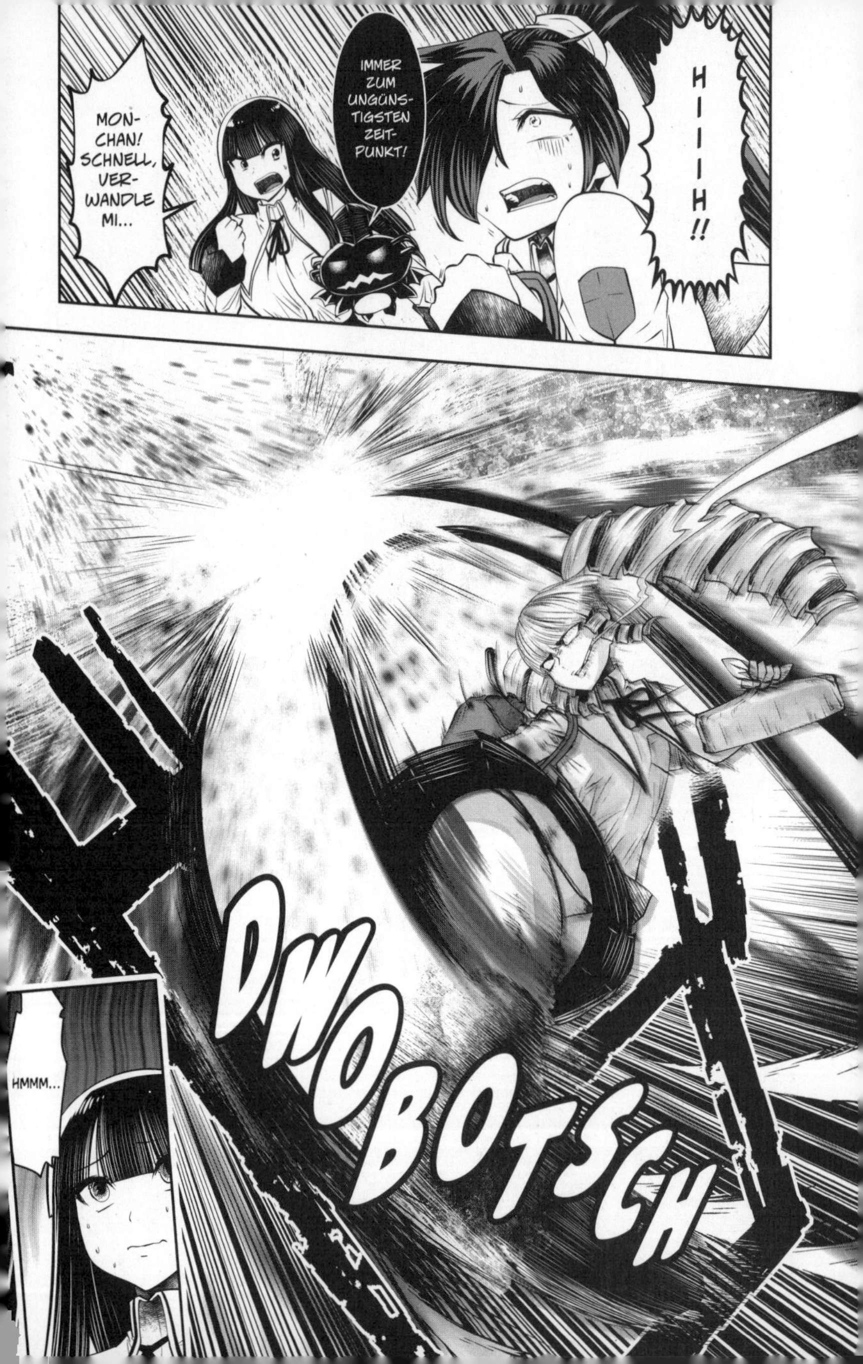

H-I-I-I-H!!
IMMER ZUM UNGÜNSTIGSTEN ZEITPUNKT!
MON-CHAN! SCHNELL, VER-WANDLE MI...
DWOBOTSCH
HMMM...

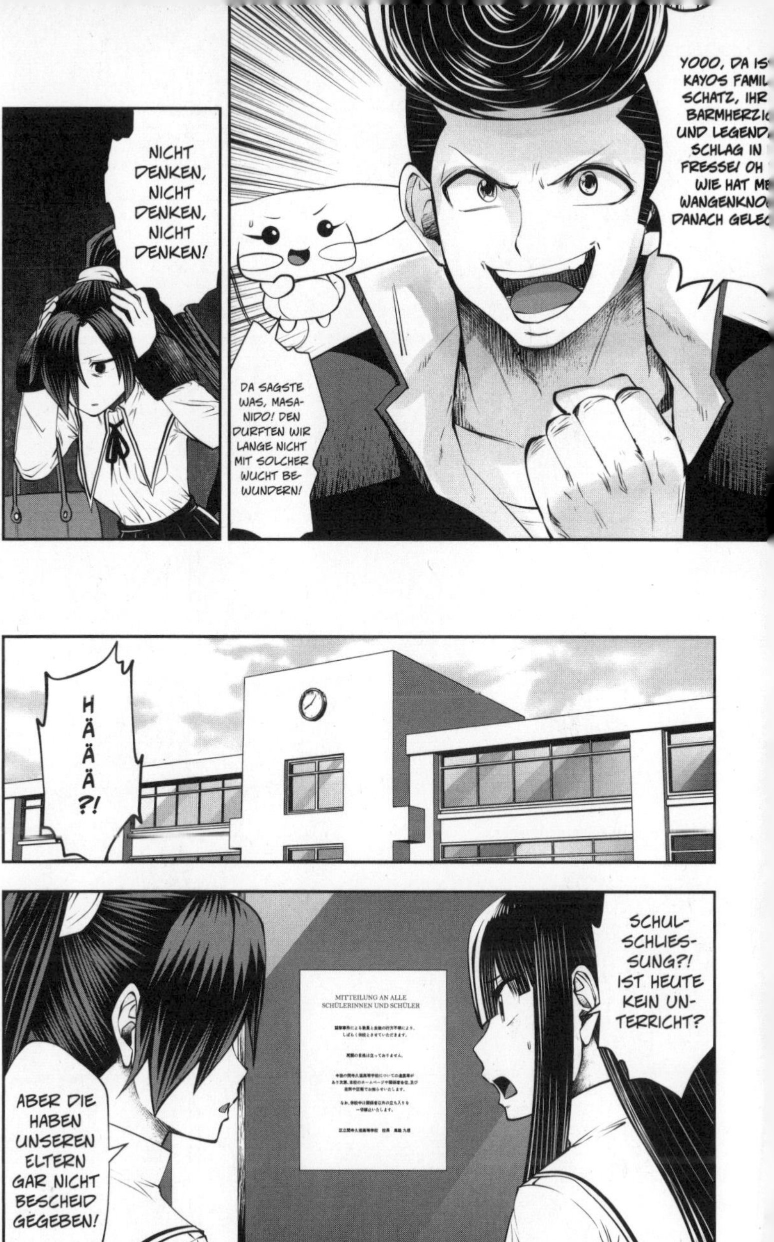
YOOO, DA IS KAYOS FAMIL SCHATZ, IHR BARMHERZI UND LEGEND SCHLAG IN FRESSE! OH WIE HAT ME WANGENKNO DANACH GELEC
DA SAGSTE WAS, MASA-NIDO! DEN DURFTEN WIR LANGE NICHT MIT SOLCHER WUCHT BE-WUNDERN!
NICHT DENKEN, NICHT DENKEN, NICHT DENKEN!
HÄÄÄ?!
MITTEILUNG AN ALLE SCHÜLERINNEN UND SCHÜLER
SCHUL-SCHLIES-SUNG?! IST HEUTE KEIN UN-TERRICHT?
ABER DIE HABEN UNSEREN ELTERN GAR NICHT BESCHEID GEGEBEN!

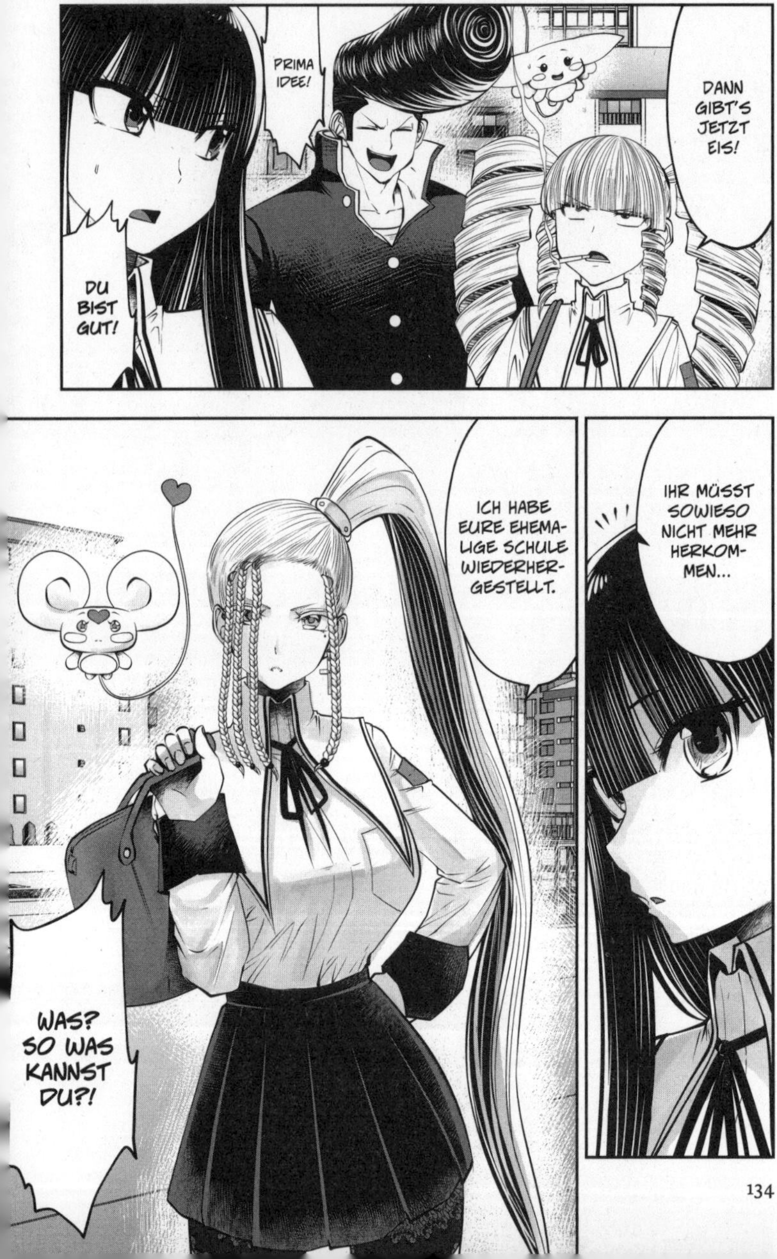
DANN GIBT'S JETZT EIS!
PRIMA IDEE!
DU BIST GUT!
IHR MÜSST SOWIESO NICHT MEHR HERKOM-MEN...
ICH HABE EURE EHEMA-LIGE SCHULE WIEDERHER-GESTELLT.
WAS? SO WAS KANNST DU?!

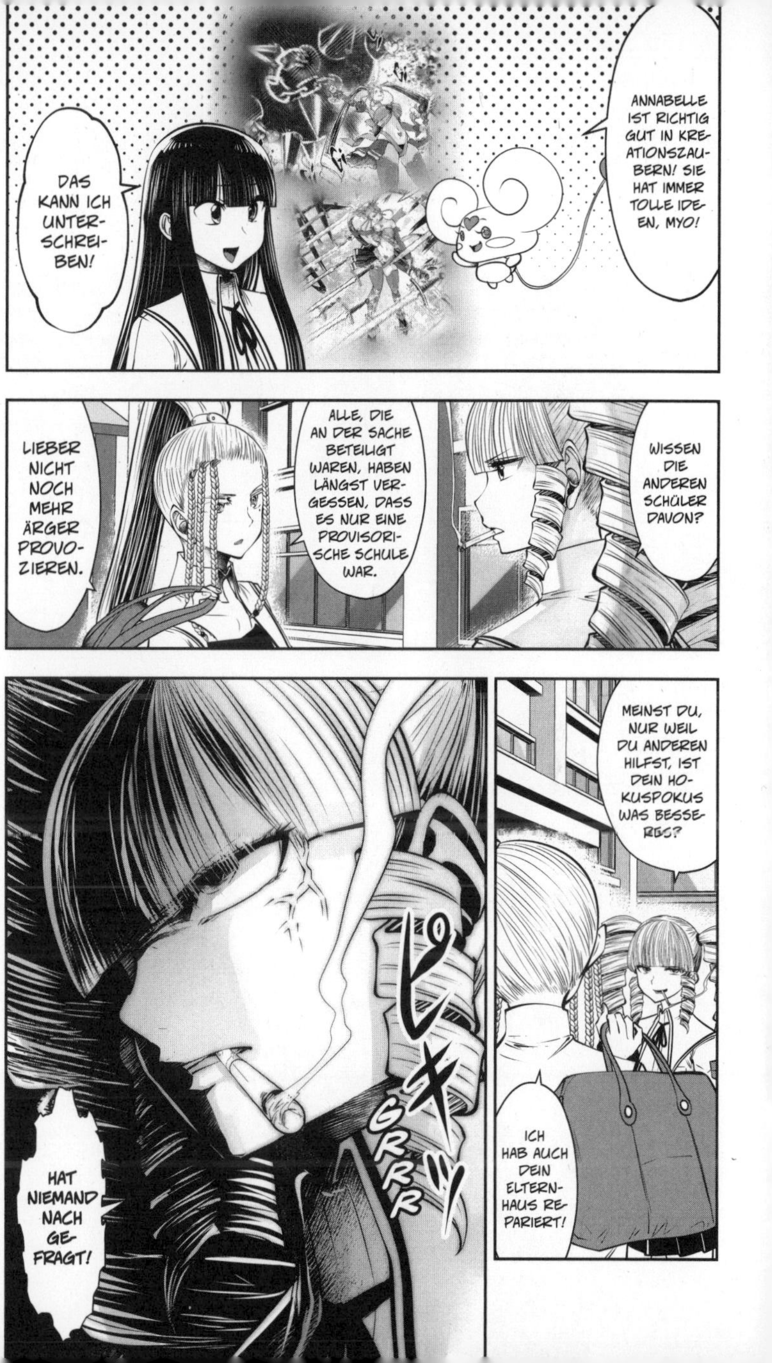
ANNABELLE IST RICHTIG GUT IN KREATIONSZAUBERN! SIE HAT IMMER TOLLE IDEEN, MYO!
DAS KANN ICH UNTERSCHREIBEN!
WISSEN DIE ANDEREN SCHÜLER DAVON?
ALLE, DIE AN DER SACHE BETEILIGT WAREN, HABEN LÄNGST VERGESSEN, DASS ES NUR EINE PROVISORISCHE SCHULE WAR.
LIEBER NICHT NOCH MEHR ÄRGER PROVOZIEREN.
MEINST DU, NUR WEIL DU ANDEREN HILFST, IST DEIN HOKUSPOKUS WAS BESSERES?
ICH HAB AUCH DEIN ELTERNHAUS REPARIERT!
GRRR!!
HAT NIEMAND NACH GEFRAGT!

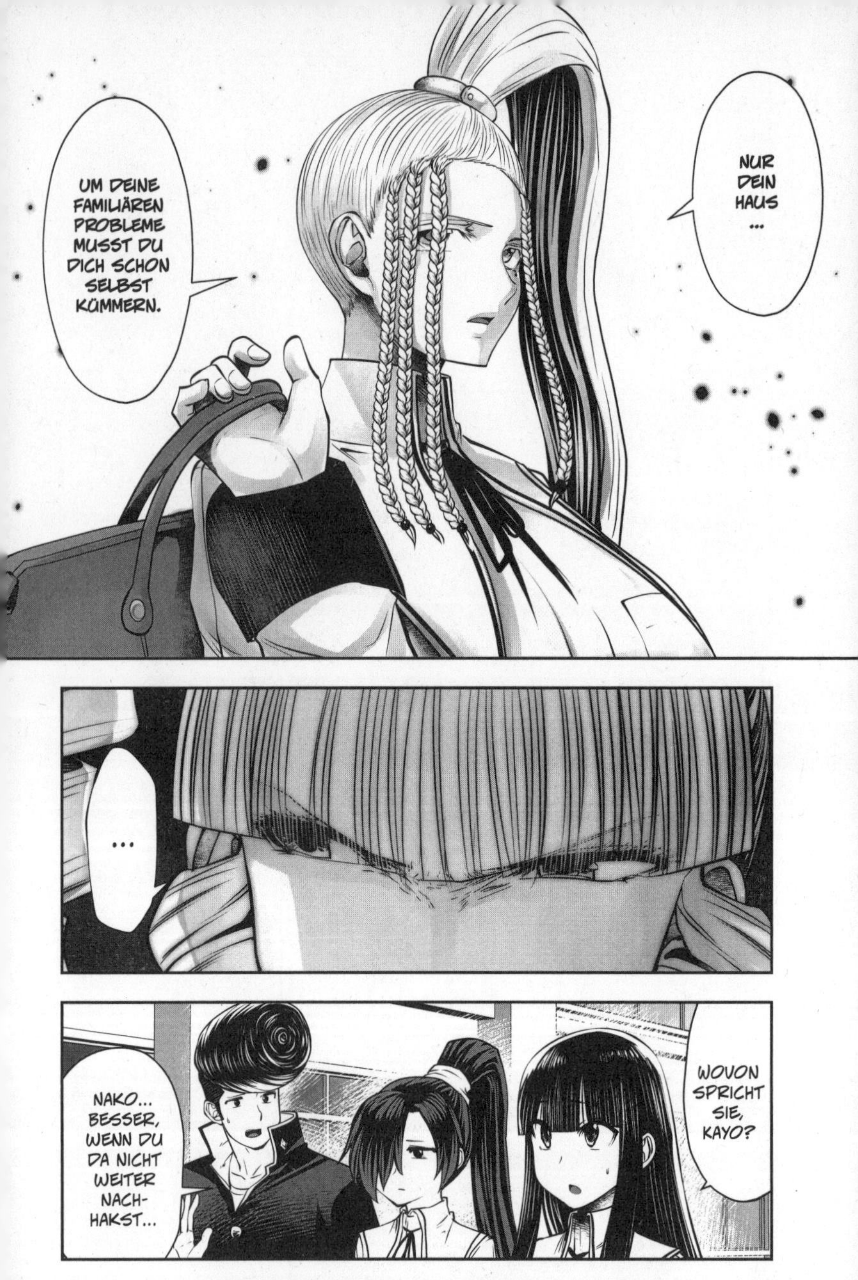
NUR DEIN HAUS ...
UM DEINE FAMILIÄREN PROBLEME MUSST DU DICH SCHON SELBST KÜMMERN.
...
WOVON SPRICHT SIE, KAYO?
NAKO... BESSER, WENN DU DA NICHT WEITER NACH-HAKST...

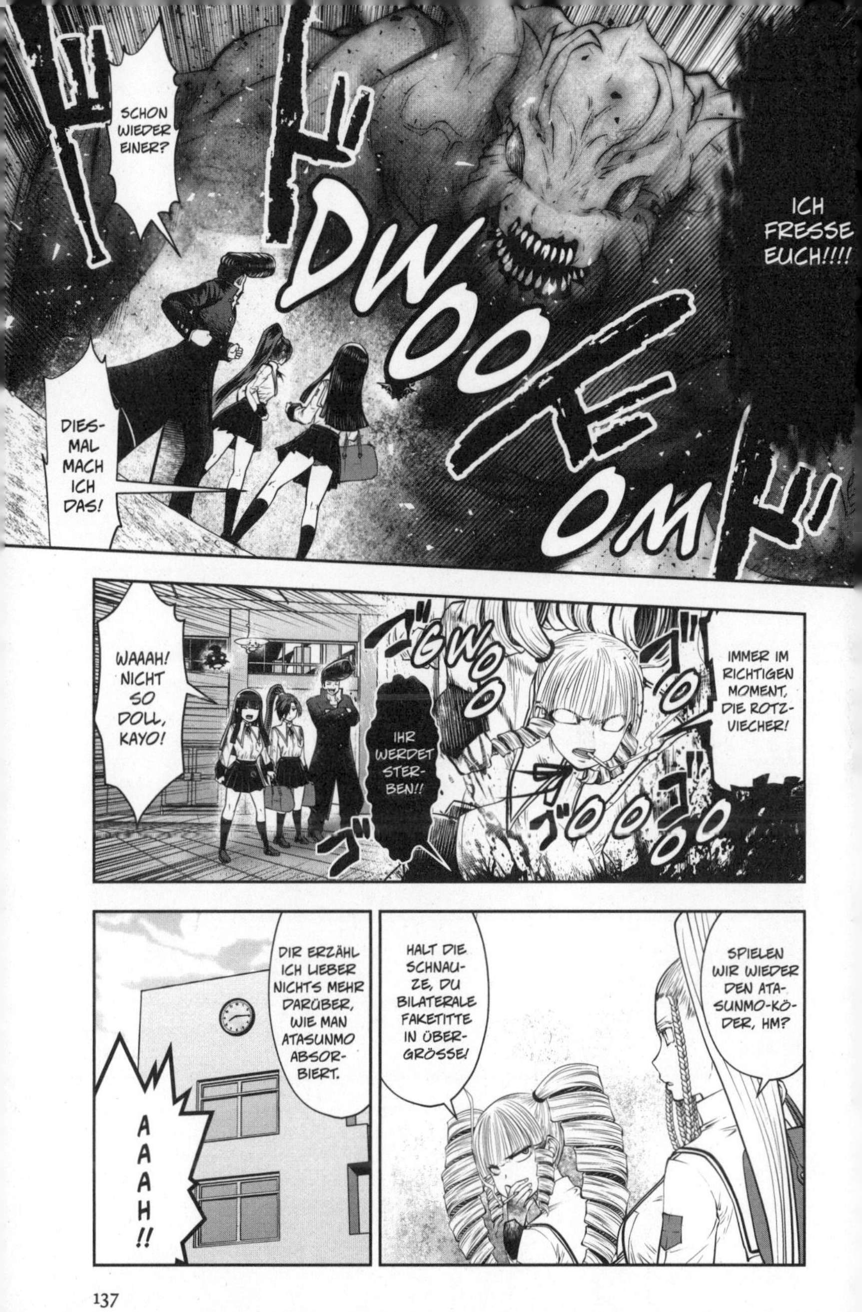
ICH FRESSE EUCH!!!!
DWOOOOM
SCHON WIEDER EINER?
DIESMAL MACH ICH DAS!
IMMER IM RICHTIGEN MOMENT, DIE ROTZVIECHER!
GWOOO
IHR WERDET STERBEN!!
WAAAH! NICHT SO DOLL, KAYO!
SPIELEN WIR WIEDER DEN ATASUNMO-KÖDER, HM?
HALT DIE SCHNAUZE, DU BILATERALE FAKETITTE IN ÜBERGRÖSSE!
DIR ERZÄHL ICH LIEBER NICHTS MEHR DARÜBER, WIE MAN ATASUNMO ABSORBIERT.
AAAAH!!

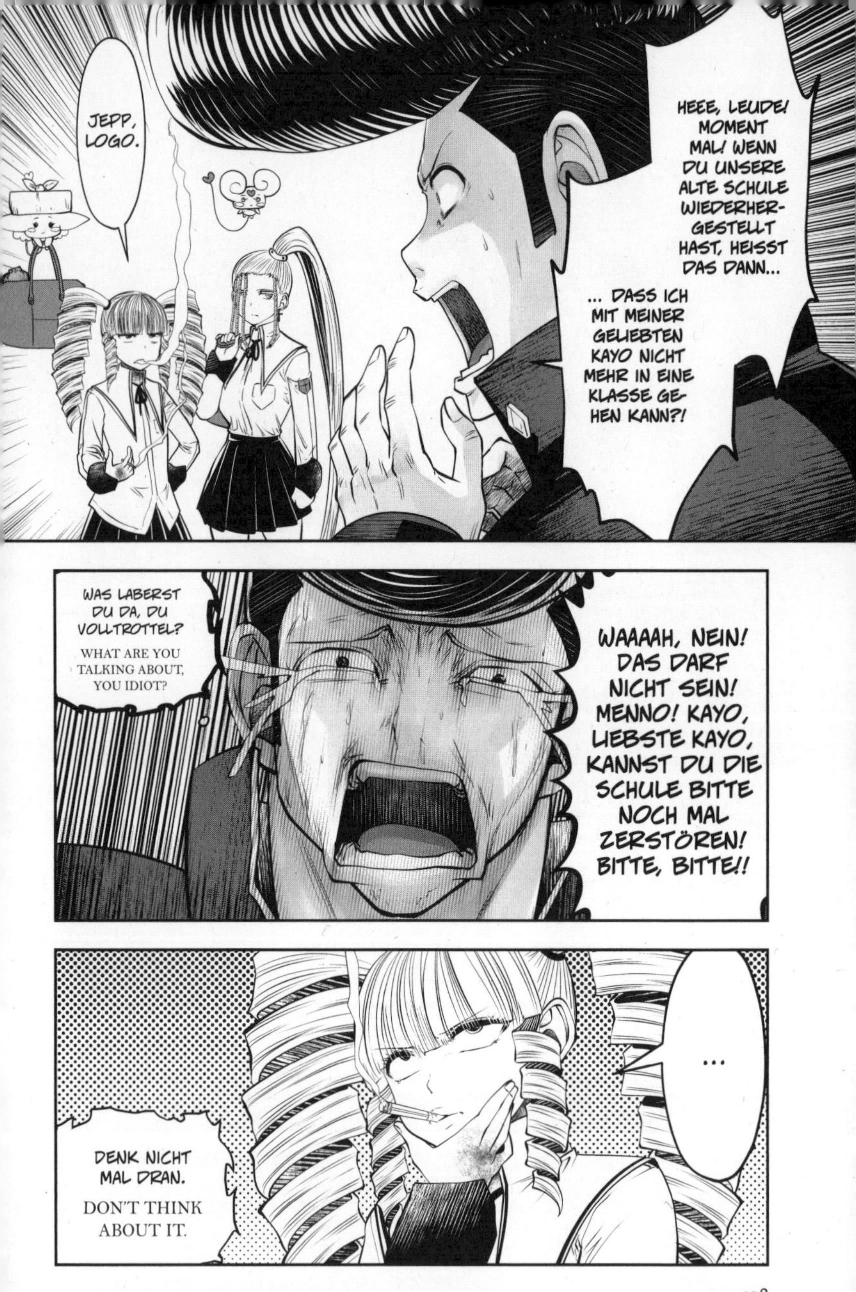
HEEE, LEUDE! MOMENT MAL! WENN DU UNSERE ALTE SCHULE WIEDERHERGESTELLT HAST, HEISST DAS DANN...
... DASS ICH MIT MEINER GELIEBTEN KAYO NICHT MEHR IN EINE KLASSE GEHEN KANN?!
JEPP, LOGO.
WAAAAH, NEIN! DAS DARF NICHT SEIN! MENNO! KAYO, LIEBSTE KAYO, KANNST DU DIE SCHULE BITTE NOCH MAL ZERSTÖREN! BITTE, BITTE!!
WAS LABERST DU DA, DU VOLLTROTTEL?
WHAT ARE YOU TALKING ABOUT, YOU IDIOT?
...
DENK NICHT MAL DRAN.
DON'T THINK ABOUT IT.

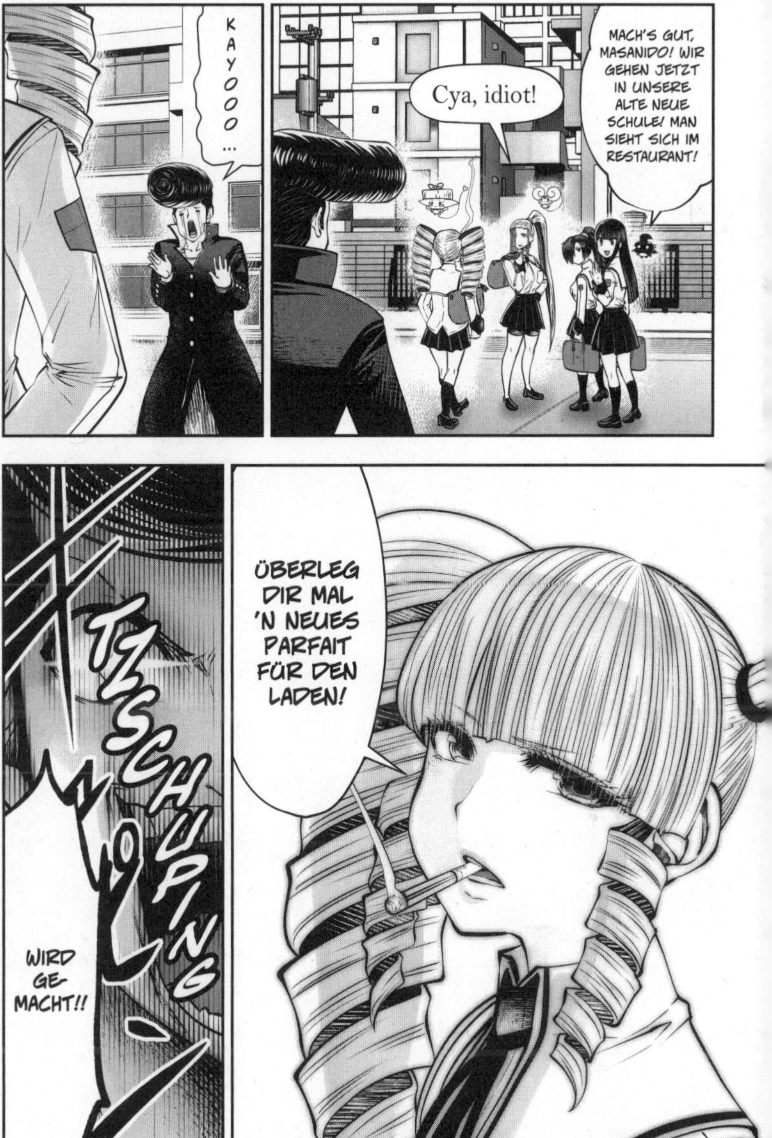
MACH'S GUT, MASANIDO! WIR GEHEN JETZT IN UNSERE ALTE NEUE SCHULE! MAN SIEHT SICH IM RESTAURANT!
Cya, idiot!
KAYOOOO ...
ÜBERLEG DIR MAL 'N NEUES PARFAIT FÜR DEN LADEN!
TSCHUPING
WIRD GE-MACHT!!

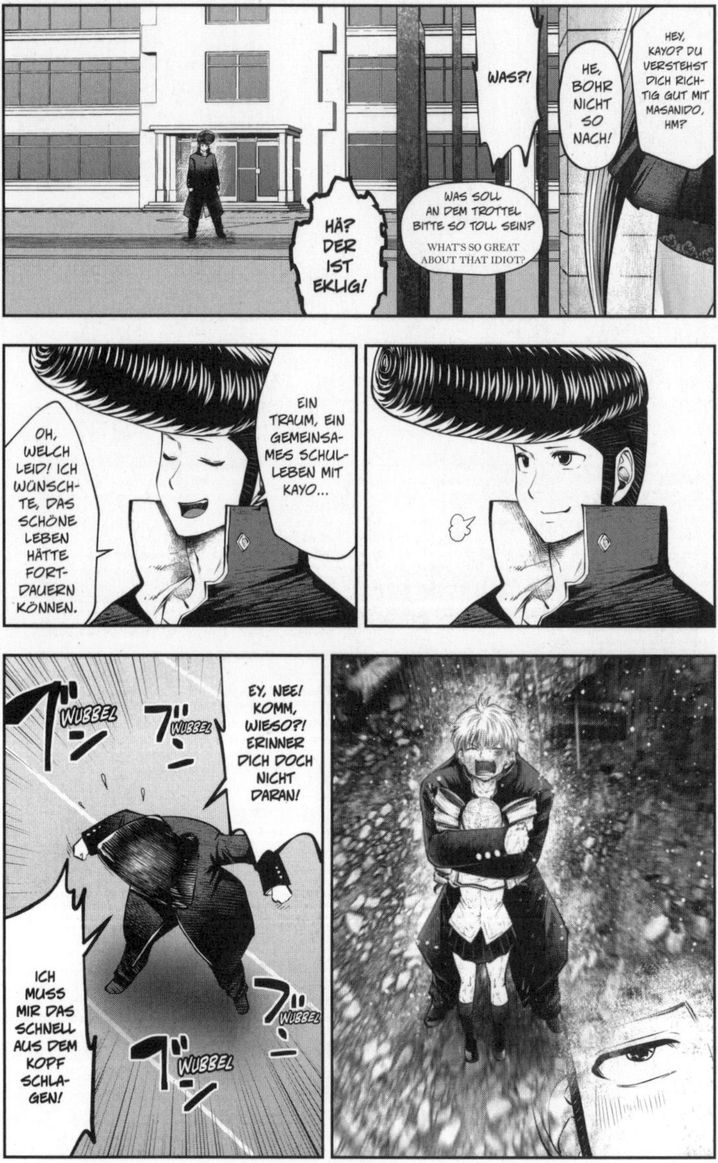
HEY, KAYO? DU VERSTEHST DICH RICHTIG GUT MIT MASANIDO, HM?
HE, BOHR NICHT SO NACH!
WAS?!
WAS SOLL AN DEM TROTTEL BITTE SO TOLL SEIN?
WHAT'S SO GREAT ABOUT THAT IDIOT?
HÄ? DER IST EKLIG!
EIN TRAUM, EIN GEMEINSAMES SCHULLEBEN MIT KAYO...
OH, WELCH LEID! ICH WÜNSCHTE, DAS SCHÖNE LEBEN HÄTTE FORTDAUERN KÖNNEN.
EY, NEE! KOMM, WIESO?! ERINNER DICH DOCH NICHT DARAN!
WUBBEL
WUBBEL
WUBBEL
WUBBEL
ICH MUSS MIR DAS SCHNELL AUS DEM KOPF SCHLAGEN!

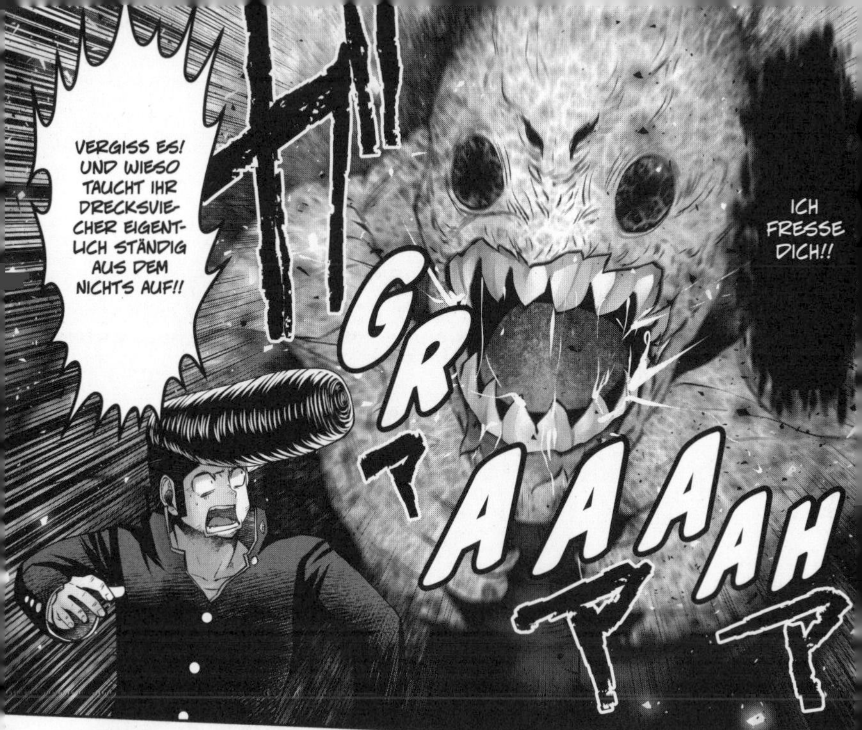
VERGISS ES! UND WIESO TAUCHT IHR DRECKSVIE-CHER EIGENT-LICH STÄNDIG AUS DEM NICHTS AUF!!
ICH FRESSE DICH!!
GRAAAAH

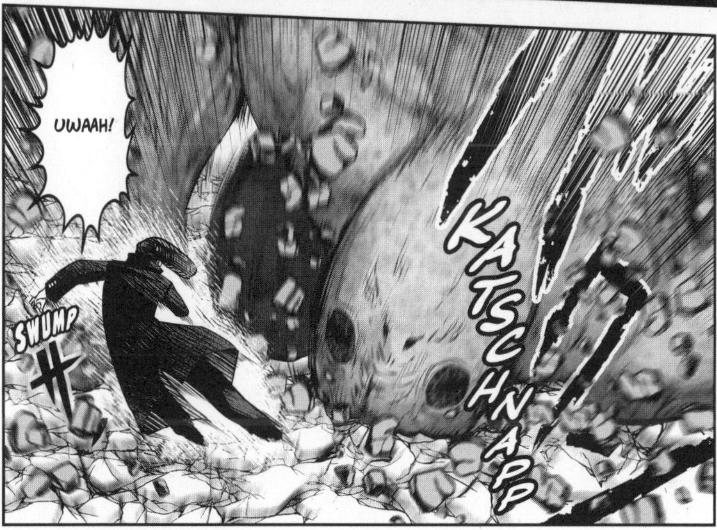
UWAAH!
KATSCHNAPP
SWUMP

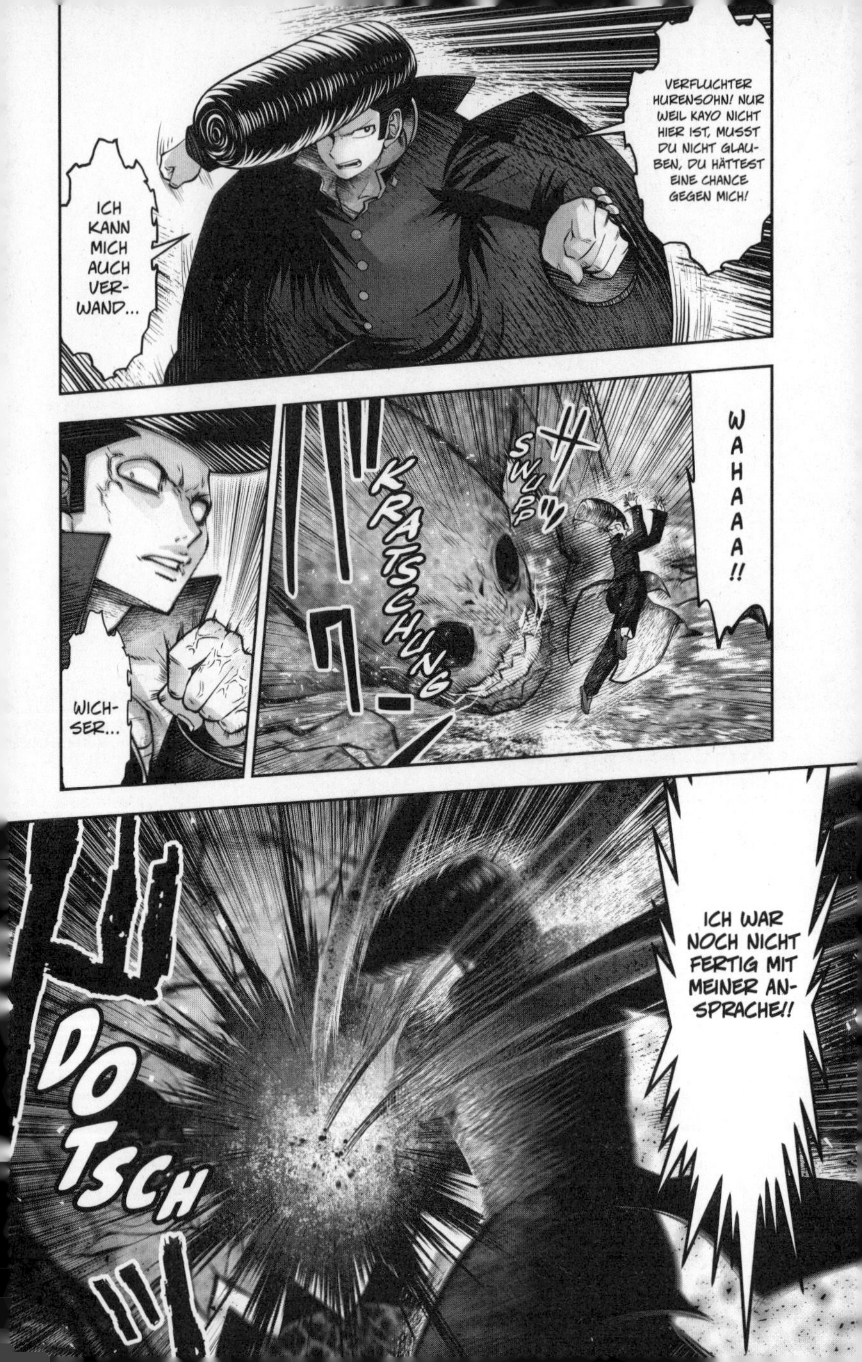

VERFLUCHTER HURENSOHN! NUR WEIL KAYO NICHT HIER IST, MUSST DU NICHT GLAUBEN, DU HÄTTEST EINE CHANCE GEGEN MICH!
ICH KANN MICH AUCH VERWAND...
WAHAAAA!!
SWUPP
KRATSCHUNG
WICHSER...
ICH WAR NOCH NICHT FERTIG MIT MEINER ANSPRACHE!!
DOTSCH

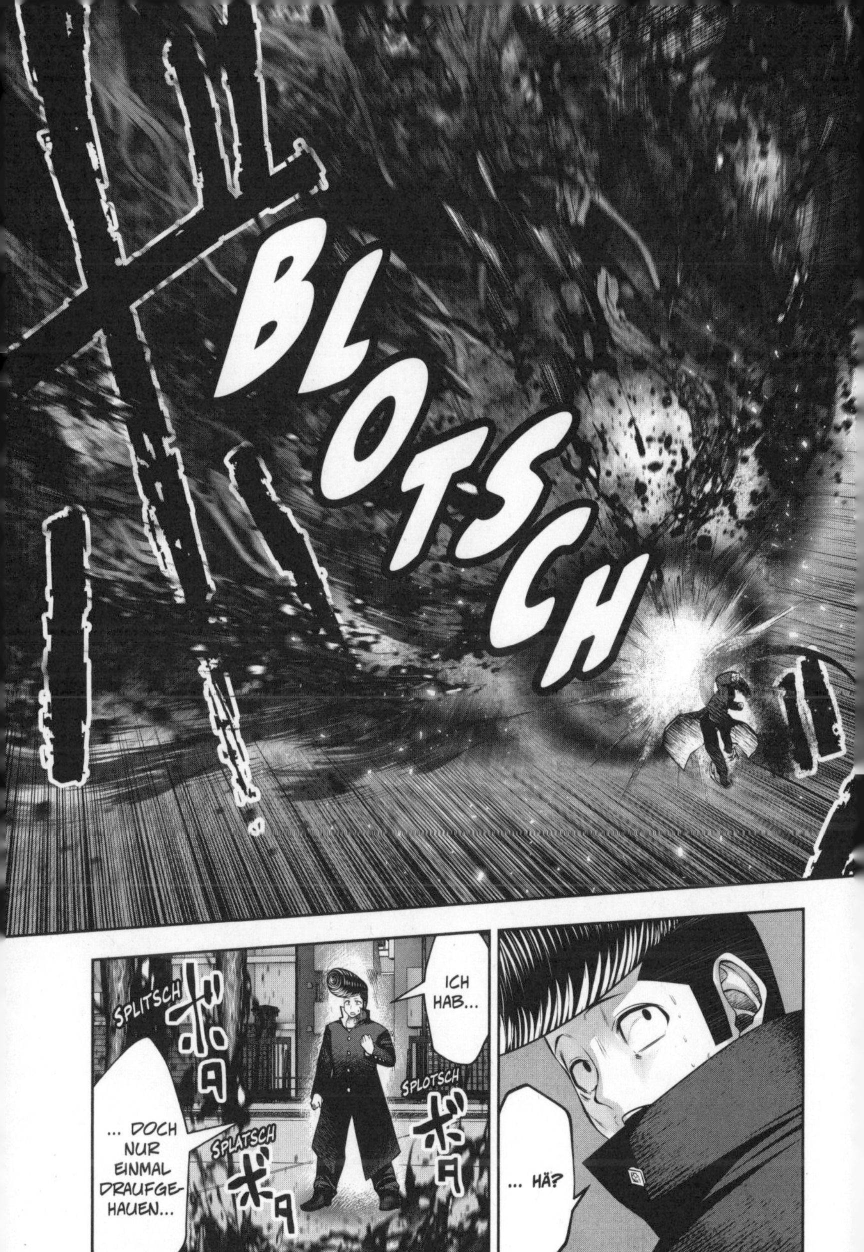
BLOTSCH
... HÄ?
ICH HAB...
SPLITSCH
SPLOTSCH
SPLATSCH
... DOCH NUR EINMAL DRAUFGE-HAUEN...

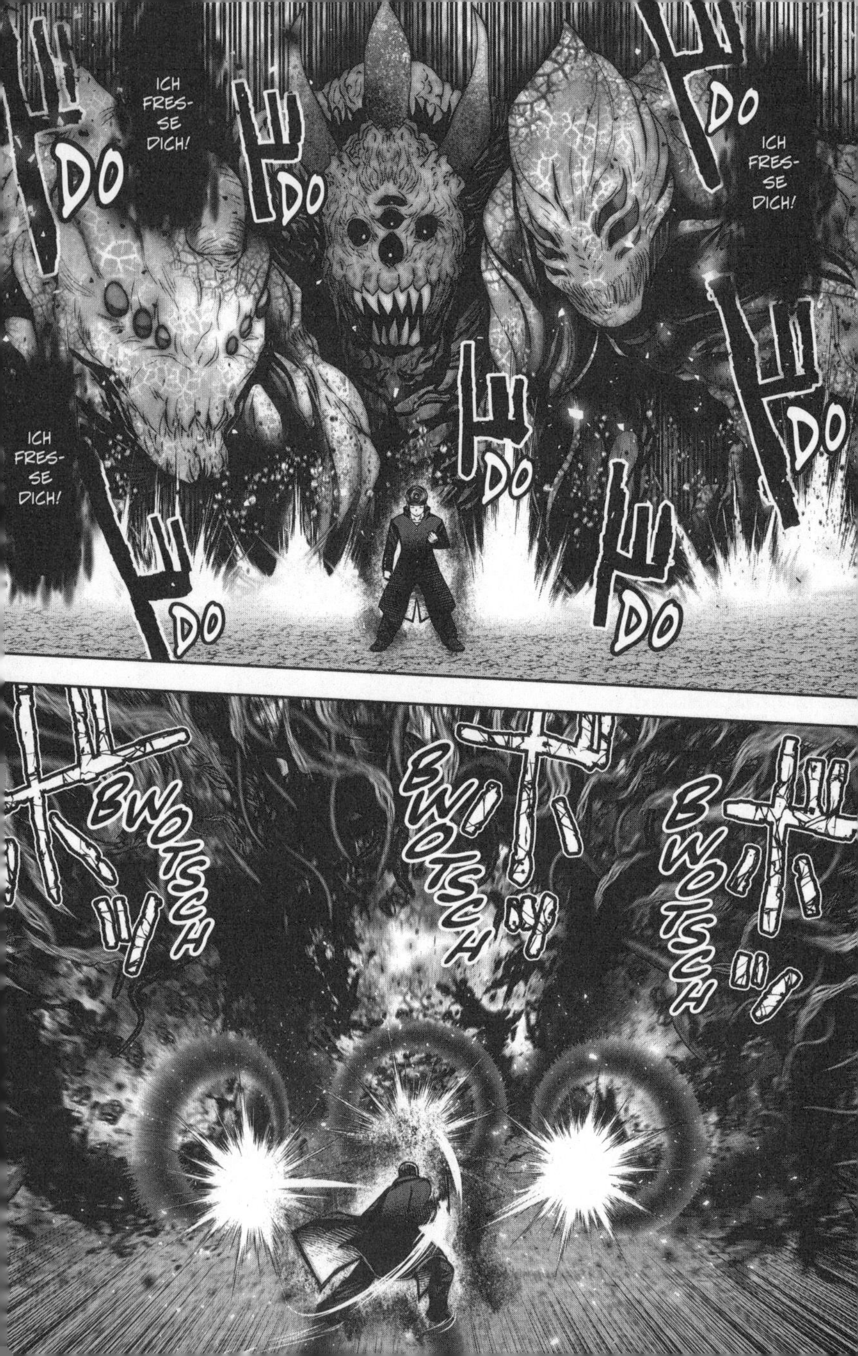
DO
ICH FRES-SE DICH!
DO
DO
ICH FRES-SE DICH!
DO
DO
ICH FRES-SE DICH!
DO
DO
BWOTSCH
BWOTSCH
BWOTSCH

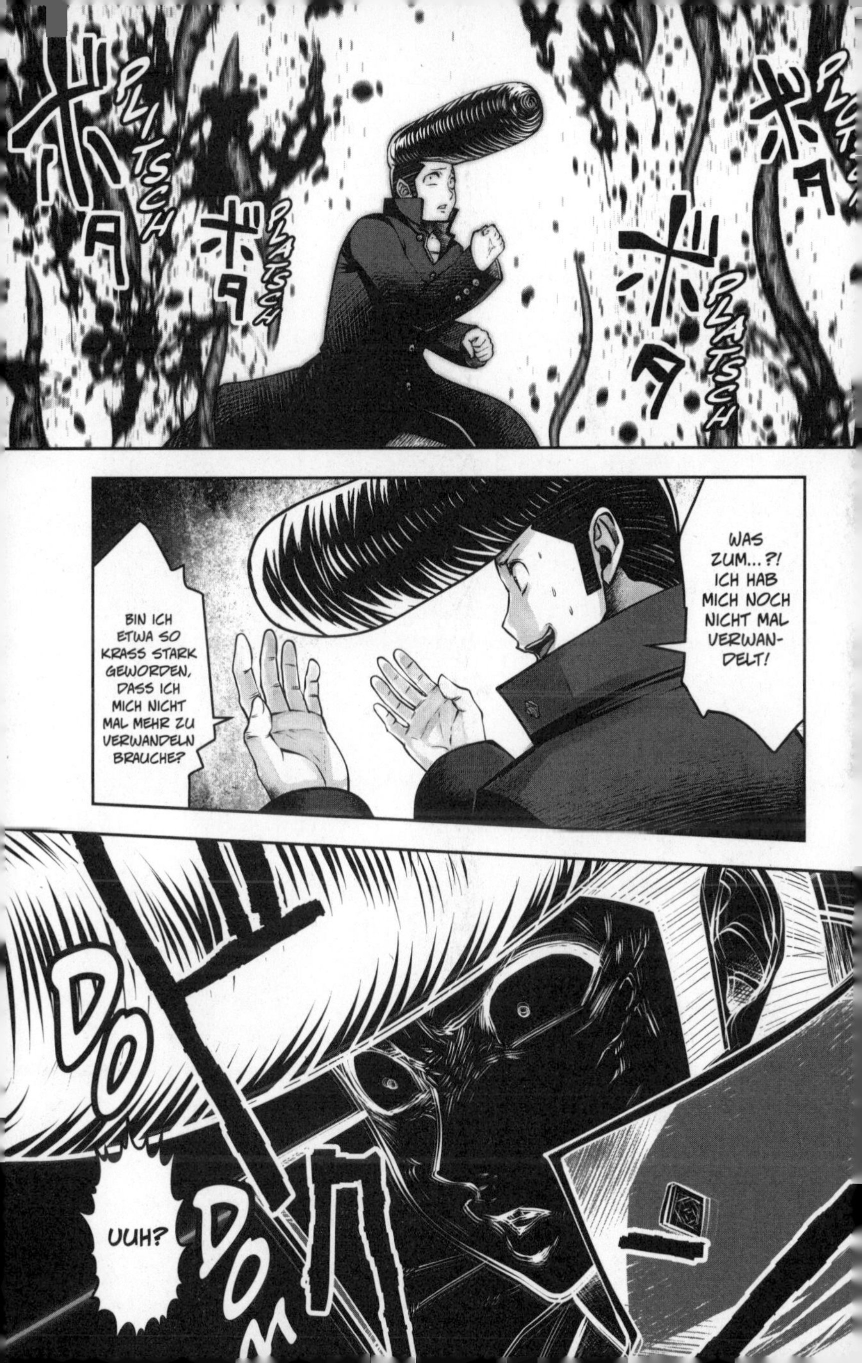
PLITSCH
PLATSCH
PLATSCH
PLATSCH
WAS ZUM...?! ICH HAB MICH NOCH NICHT MAL VERWANDELT!
BIN ICH ETWA SO KRASS STARK GEWORDEN, DASS ICH MICH NICHT MAL MEHR ZU VERWANDELN BRAUCHE?
DO
DOM
UUH?

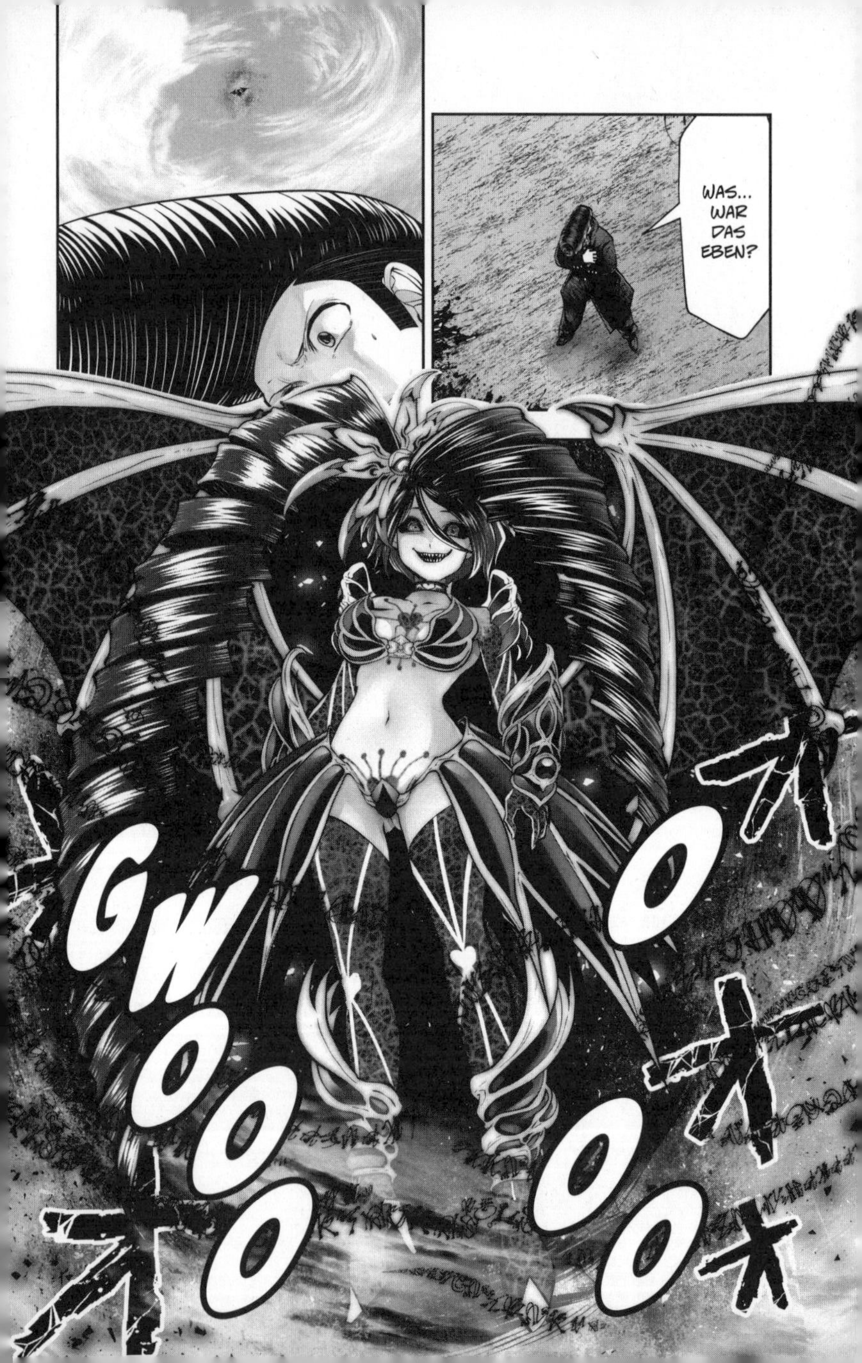
WAS...
WAR
DAS
EBEN?
GWOOOO
OOOO

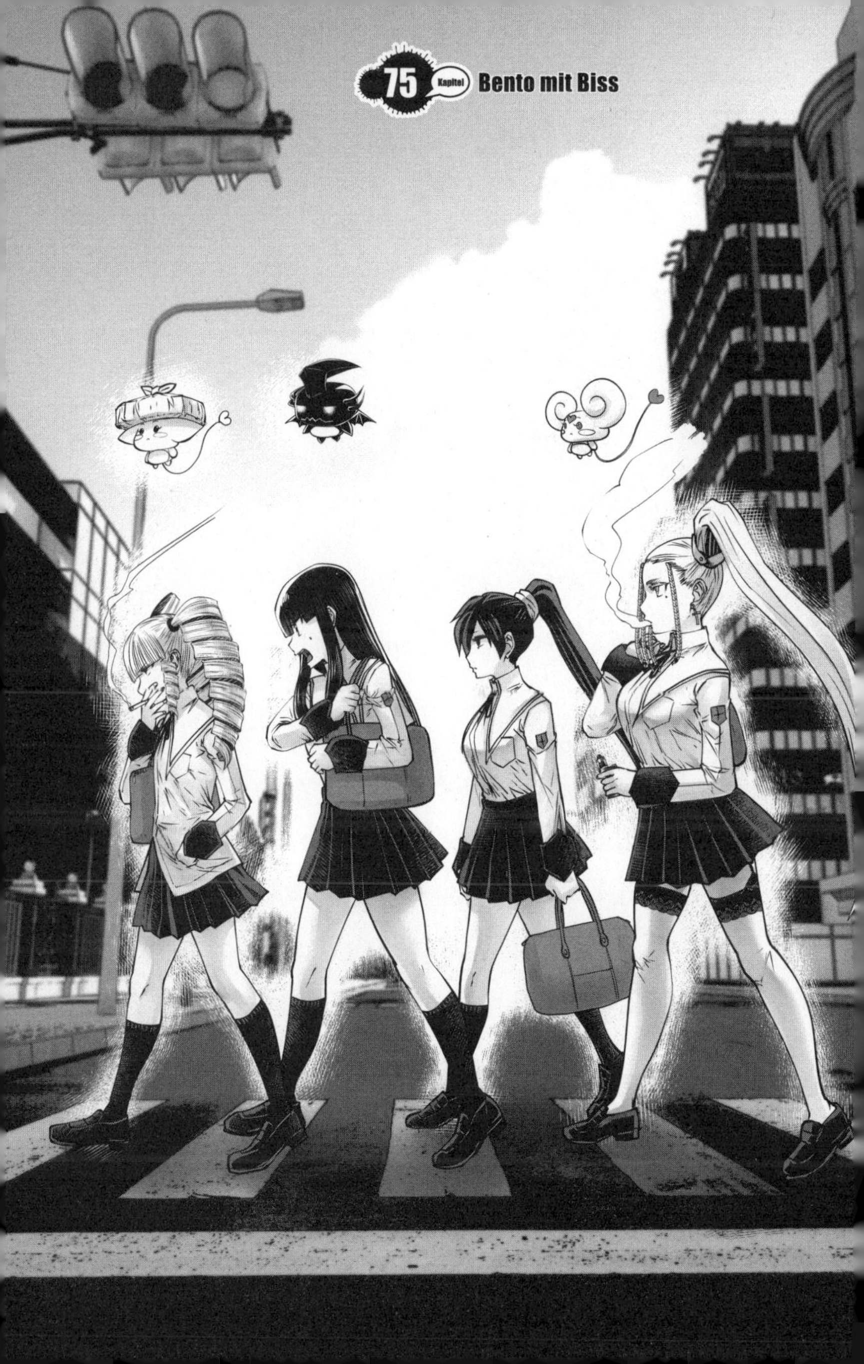
75 Kapitel Bento mit Biss

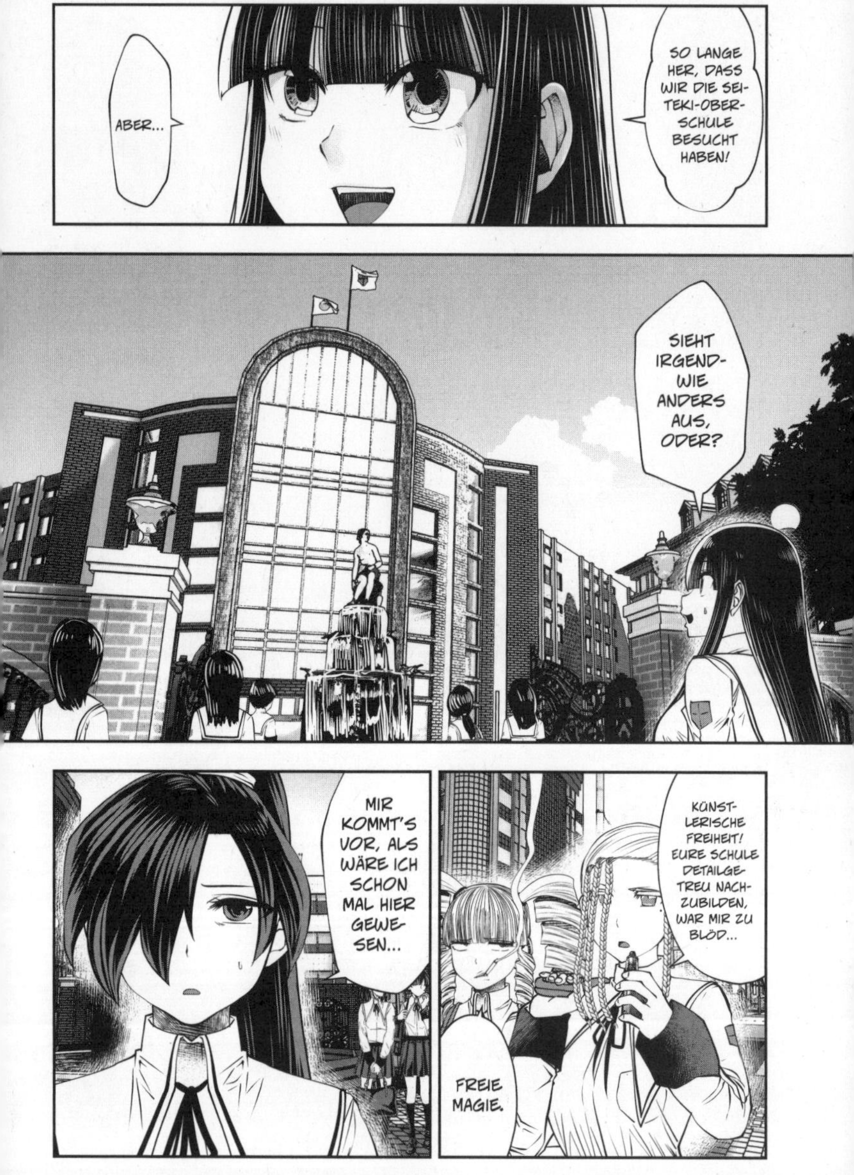
SO LANGE HER, DASS WIR DIE SEI-TEKI-OBER-SCHULE BESUCHT HABEN!
ABER…
SIEHT IRGEND-WIE ANDERS AUS, ODER?
KÜNST-LERISCHE FREIHEIT! EURE SCHULE DETAILGE-TREU NACH-ZUBILDEN, WAR MIR ZU BLÖD…
FREIE MAGIE.
MIR KOMMT'S VOR, ALS WÄRE ICH SCHON MAL HIER GEWE-SEN…

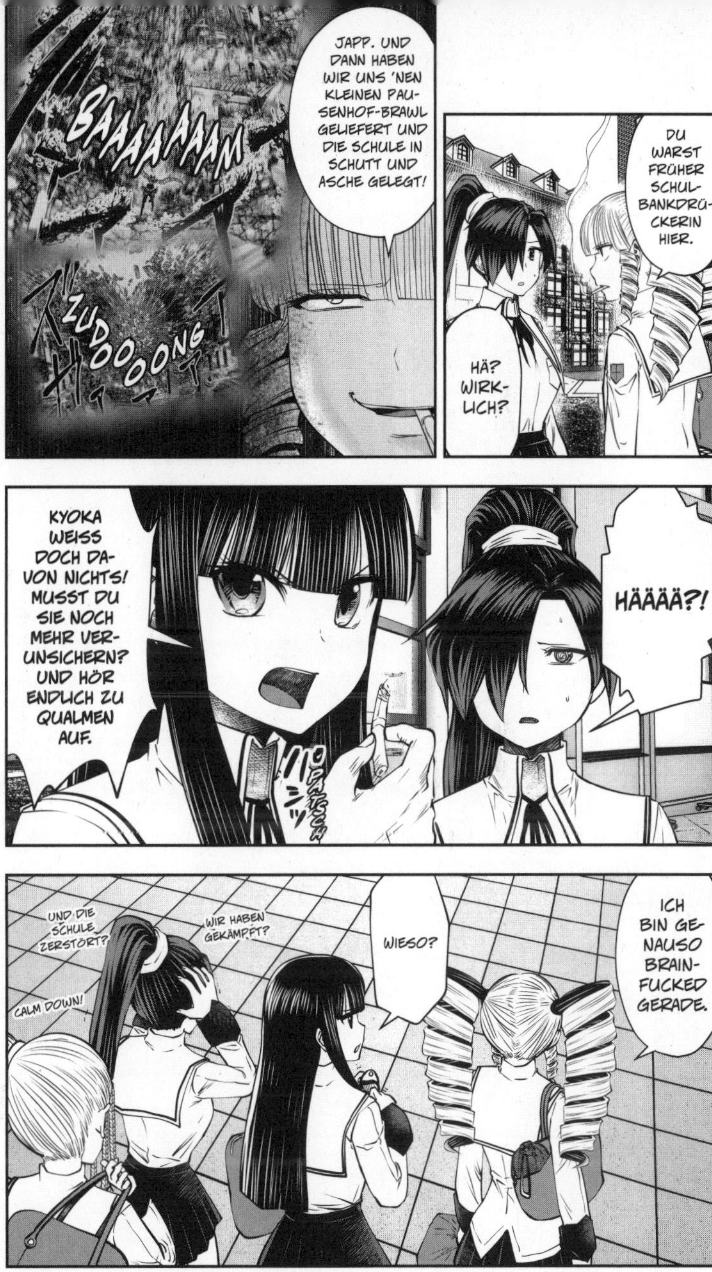
DU WARST FRÜHER SCHULBANKDRÜCKERIN HIER.
HÄ? WIRKLICH?
JAPP. UND DANN HABEN WIR UNS 'NEN KLEINEN PAUSENHOF-BRAWL GELIEFERT UND DIE SCHULE IN SCHUTT UND ASCHE GELEGT!
BAAAAAAAM
ZUDOOOOONG
HÄÄÄÄ?!
KYOKA WEISS DOCH DAVON NICHTS! MUSST DU SIE NOCH MEHR VERUNSICHERN? UND HÖR ENDLICH ZU QUALMEN AUF.
PATSCH
ICH BIN GENAUSO BRAINFUCKED GERADE.
WIESO?
WIR HABEN GEKÄMPFT?
UND DIE SCHULE ZERSTÖRT?
CALM DOWN!

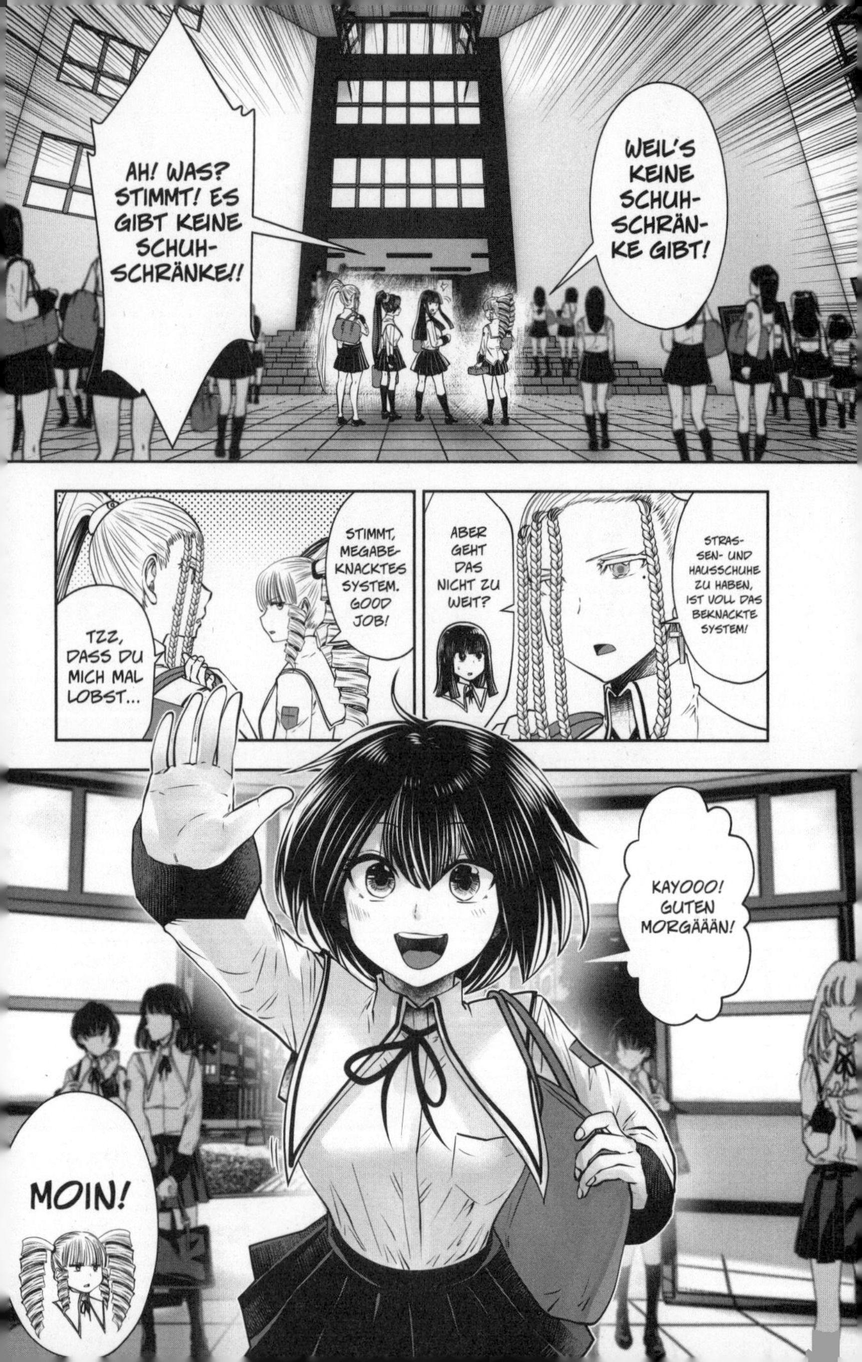
WEIL'S KEINE SCHUH-SCHRÄNKE GIBT!
AH! WAS? STIMMT! ES GIBT KEINE SCHUH-SCHRÄNKE!!
STRAS-SEN- UND HAUSSCHUHE ZU HABEN, IST VOLL DAS BEKNACKTE SYSTEM!
ABER GEHT DAS NICHT ZU WEIT?
STIMMT, MEGABE-KNACKTES SYSTEM. GOOD JOB!
TZZ, DASS DU MICH MAL LOBST...
KAYOOO! GUTEN MORGÄÄÄN!
MOIN!

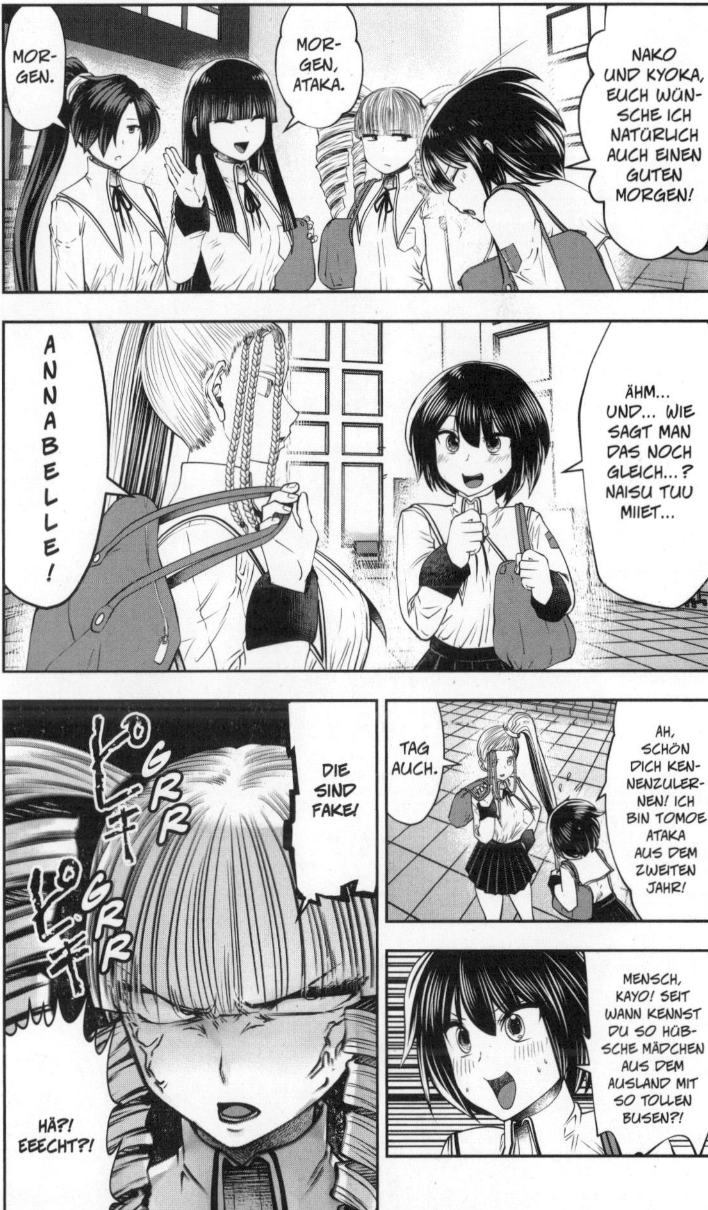
NAKO UND KYOKA, EUCH WÜNSCHE ICH NATÜRLICH AUCH EINEN GUTEN MORGEN!
MORGEN, ATAKA.
MORGEN.
ÄHM... UND... WIE SAGT MAN DAS NOCH GLEICH...? NAISU TUU MIIET...
ANNABELLE!
AH, SCHÖN DICH KENNENZULERNEN! ICH BIN TOMOE ATAKA AUS DEM ZWEITEN JAHR!
TAG AUCH.
MENSCH, KAYO! SEIT WANN KENNST DU SO HÜBSCHE MÄDCHEN AUS DEM AUSLAND MIT SO TOLLEN BUSEN?!
DIE SIND FAKE!
GRR
GRR
HÄ?! EEECHT?!

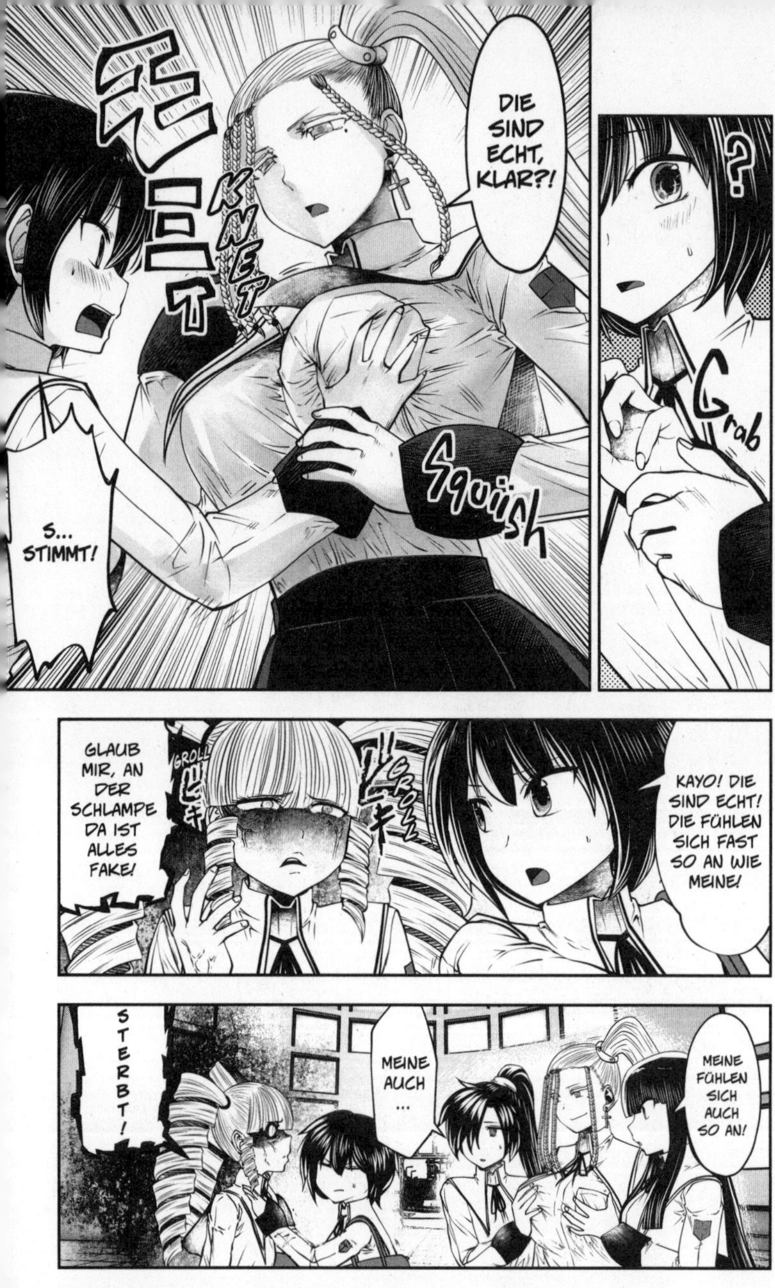
?
Grab
DIE SIND ECHT, KLAR?!
KNETT
Squish
S... STIMMT!
KAYO! DIE SIND ECHT! DIE FÜHLEN SICH FAST SO AN WIE MEINE!
GROLL
GROLL
GLAUB MIR, AN DER SCHLAMPE DA IST ALLES FAKE!
MEINE FÜHLEN SICH AUCH SO AN!
MEINE AUCH ...
STERBT!

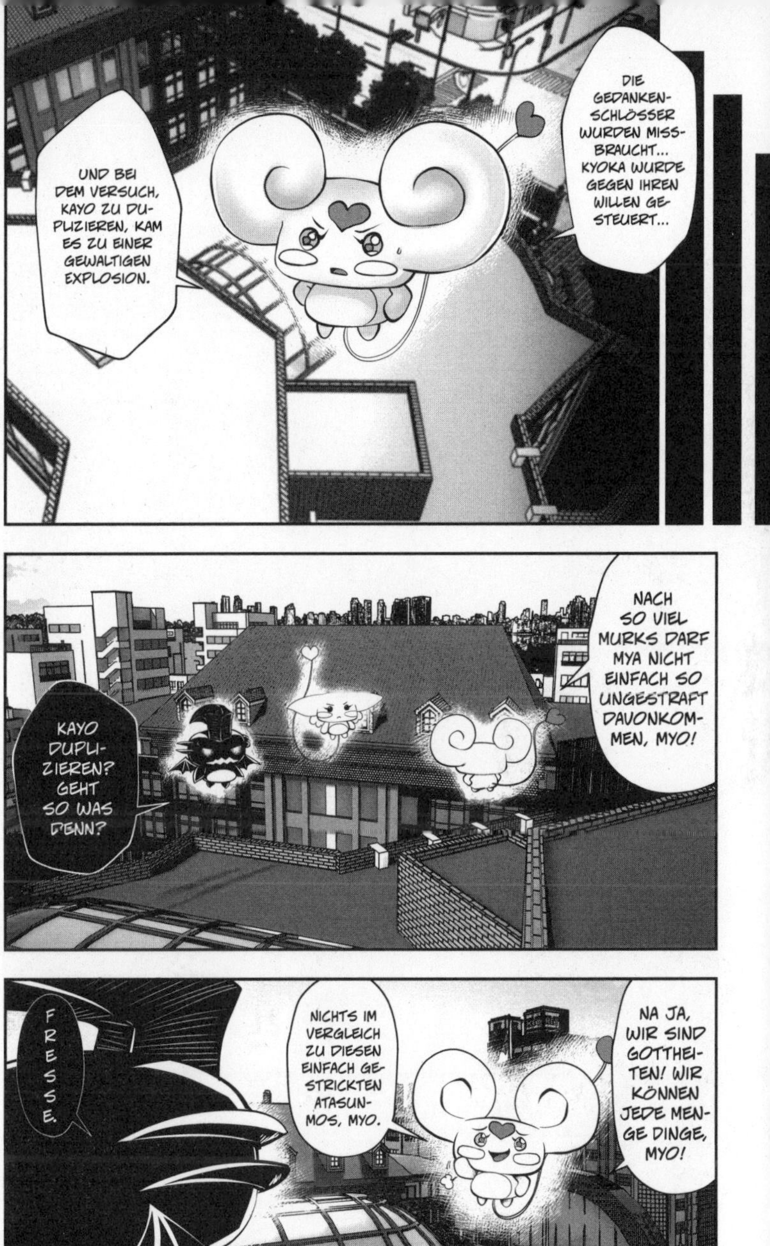
DIE GEDANKEN-SCHLÖSSER WURDEN MISS-BRAUCHT... KYOKA WURDE GEGEN IHREN WILLEN GE-STEUERT...
UND BEI DEM VERSUCH, KAYO ZU DU-PLIZIEREN, KAM ES ZU EINER GEWALTIGEN EXPLOSION.
NACH SO VIEL MURKS DARF MYA NICHT EINFACH SO UNGESTRAFT DAVONKOM-MEN, MYO!
KAYO DUPLI-ZIEREN? GEHT SO WAS DENN?
NA JA, WIR SIND GOTTHEI-TEN! WIR KÖNNEN JEDE MEN-GE DINGE, MYO!
NICHTS IM VERGLEICH ZU DIESEN EINFACH GE-STRICKTEN ATASUN-MOS, MYO.
FRESSE.

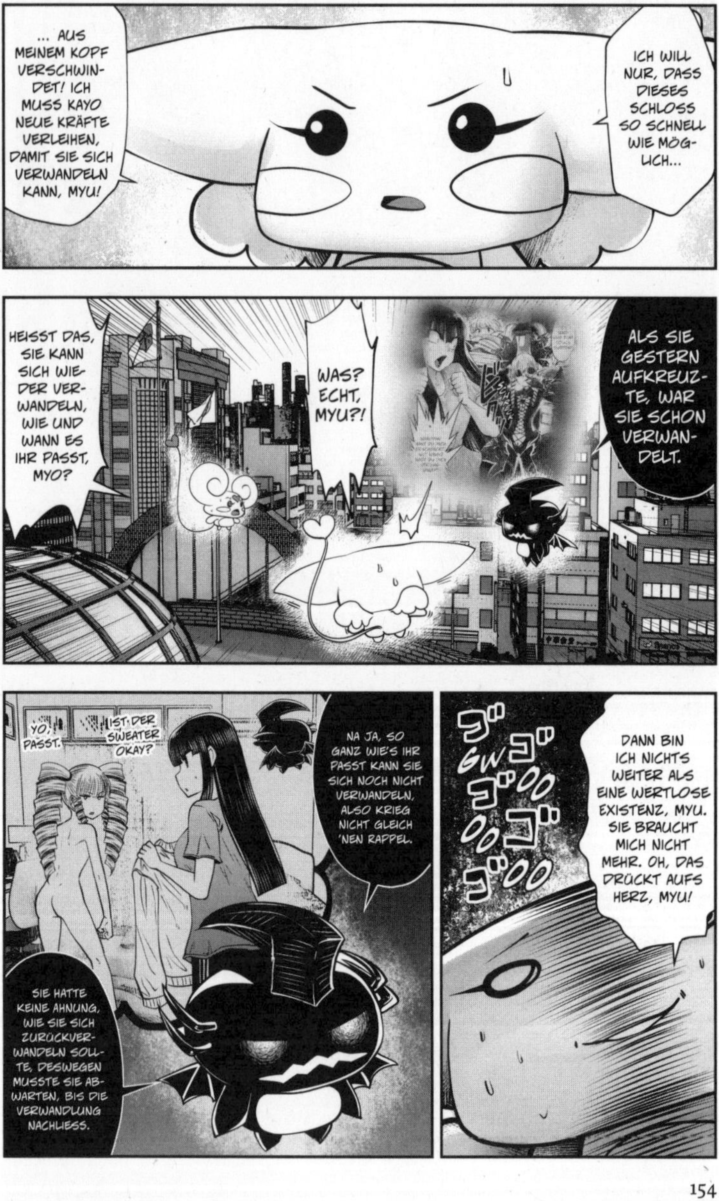
ICH WILL NUR, DASS DIESES SCHLOSS SO SCHNELL WIE MÖG-LICH...
... AUS MEINEM KOPF VERSCHWIND-DET! ICH MUSS KAYO NEUE KRÄFTE VERLEIHEN, DAMIT SIE SICH VERWANDELN KANN, MYU!
ALS SIE GESTERN AUFKREUZ-TE, WAR SIE SCHON VERWAN-DELT.
WAS? ECHT, MYU?!
HEISST DAS, SIE KANN SICH WIE-DER VER-WANDELN, WIE UND WANN ES IHR PASST, MYO?
DANN BIN ICH NICHTS WEITER ALS EINE WERTLOSE EXISTENZ, MYU. SIE BRAUCHT MICH NICHT MEHR. OH, DAS DRÜCKT AUFS HERZ, MYU!
NA JA, SO GANZ WIE'S IHR PASST KANN SIE SICH NOCH NICHT VERWANDELN, ALSO KRIEG NICHT GLEICH 'NEN RAPPEL.
IST DER SWEATER OKAY?
YO, PASST.
SIE HATTE KEINE AHNUNG, WIE SIE SICH ZURÜCKVER-WANDELN SOLL-TE, DESWEGEN MUSSTE SIE AB-WARTEN, BIS DIE VERWANDLUNG NACHLIESS.

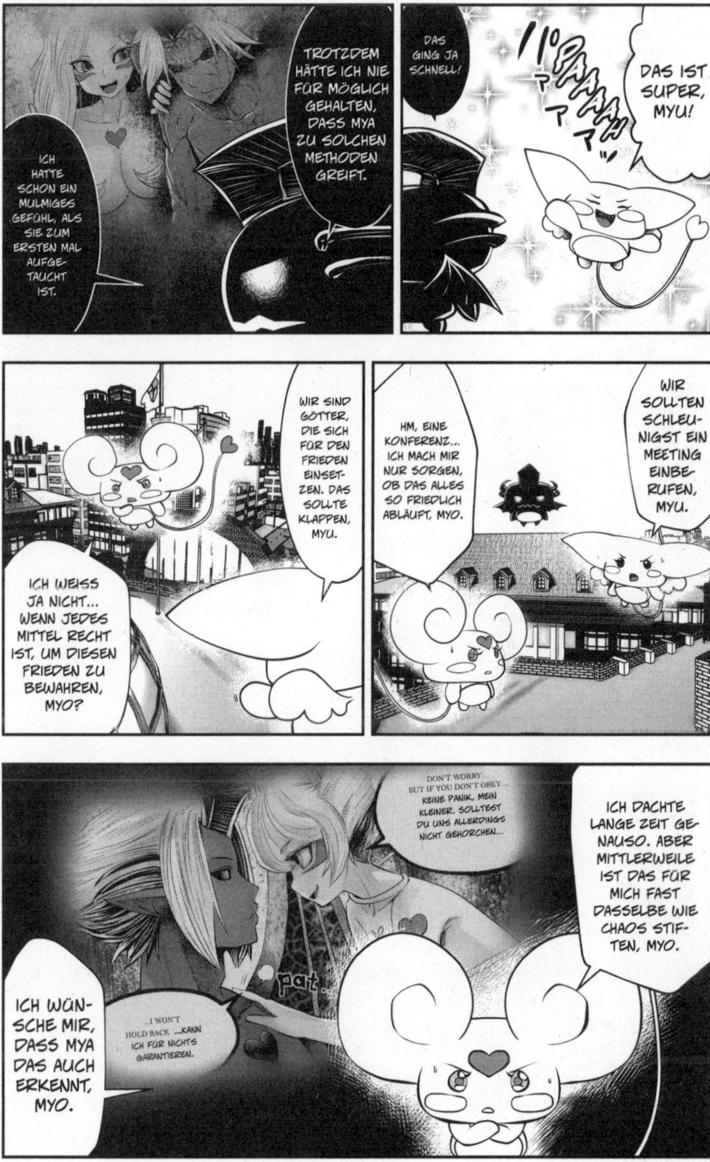
DAS IST SUPER, MYU!
PAAAAH
DAS GING JA SCHNELL!
TROTZDEM HÄTTE ICH NIE FÜR MÖGLICH GEHALTEN, DASS MYA ZU SOLCHEN METHODEN GREIFT.
ICH HATTE SCHON EIN MULMIGES GEFÜHL, ALS SIE ZUM ERSTEN MAL AUFGETAUCHT IST.
WIR SOLLTEN SCHLEUNIGST EIN MEETING EINBERUFEN, MYU.
HM, EINE KONFERENZ... ICH MACH MIR NUR SORGEN, OB DAS ALLES SO FRIEDLICH ABLÄUFT, MYO.
WIR SIND GÖTTER, DIE SICH FÜR DEN FRIEDEN EINSETZEN. DAS SOLLTE KLAPPEN, MYU.
ICH WEISS JA NICHT... WENN JEDES MITTEL RECHT IST, UM DIESEN FRIEDEN ZU BEWAHREN, MYO?
ICH DACHTE LANGE ZEIT GENAUSO. ABER MITTLERWEILE IST DAS FÜR MICH FAST DASSELBE WIE CHAOS STIFTEN, MYO.
DON'T WORRY... BUT IF YOU DON'T OBEY... KEINE PANIK, MEIN KLEINER. SOLLTEST DU UNS ALLERDINGS NICHT GEHORCHEN...
pat
...I WON'T HOLD BACK. ...KANN ICH FÜR NICHTS GARANTIEREN.
ICH WÜNSCHE MIR, DASS MYA DAS AUCH ERKENNT, MYO.

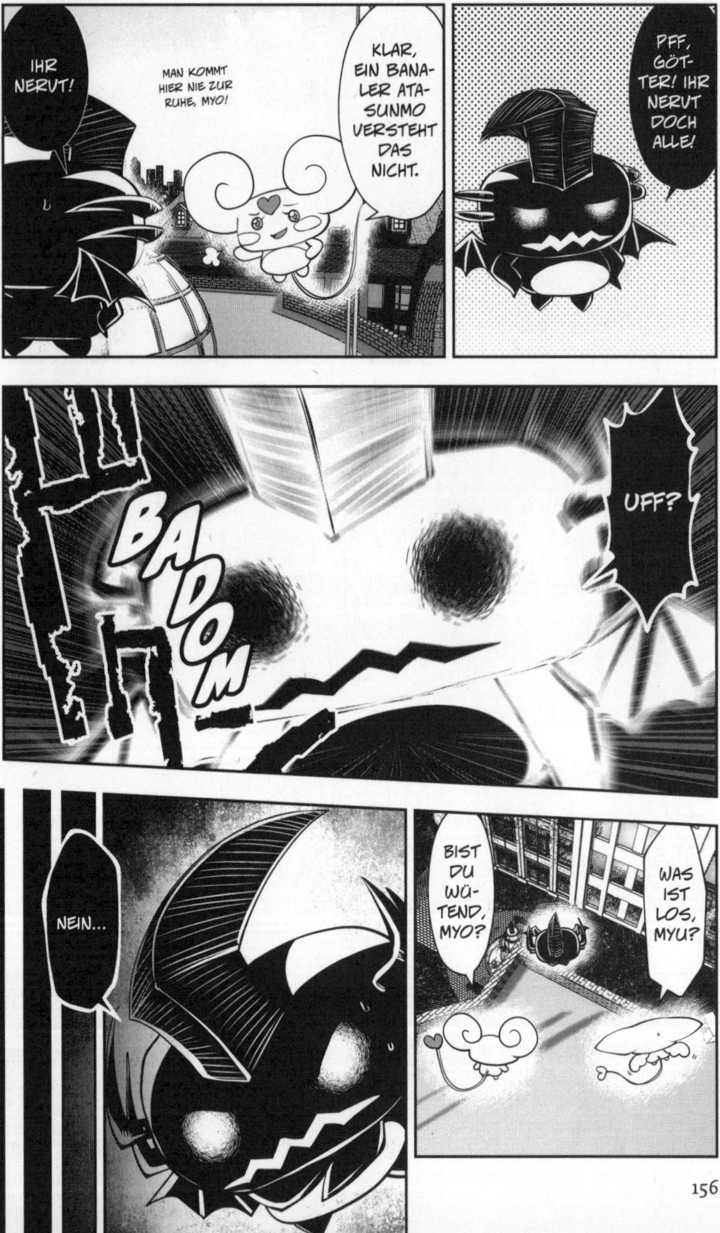
PFF, GÖTTER! IHR NERUT DOCH ALLE!
KLAR, EIN BANALER ATASUNMO VERSTEHT DAS NICHT.
MAN KOMMT HIER NIE ZUR RUHE, MYO!
IHR NERUT!
UFF?
BADOOM
WAS IST LOS, MYU?
BIST DU WÜTEND, MYO?
NEIN...

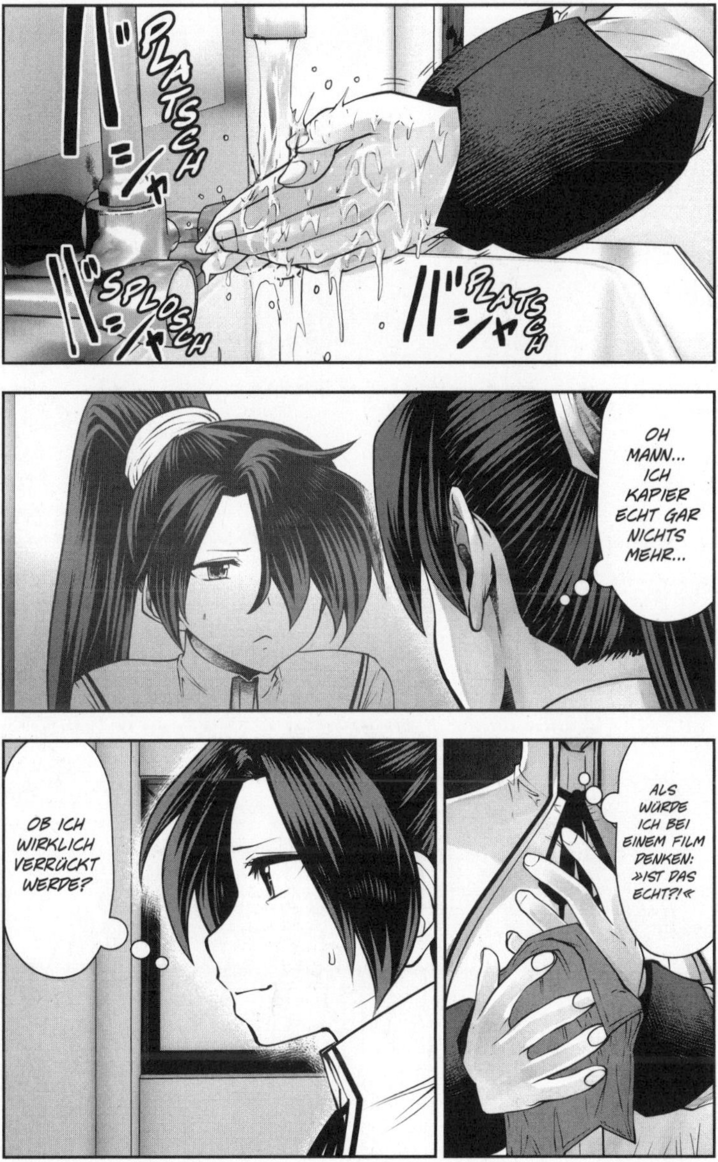
PLATSCH
PLATSCH
SPLOSCH
OH MANN... ICH KAPIER ECHT GAR NICHTS MEHR...
ALS WÜRDE ICH BEI EINEM FILM DENKEN: »IST DAS ECHT?!«
OB ICH WIRKLICH VERRÜCKT WERDE?

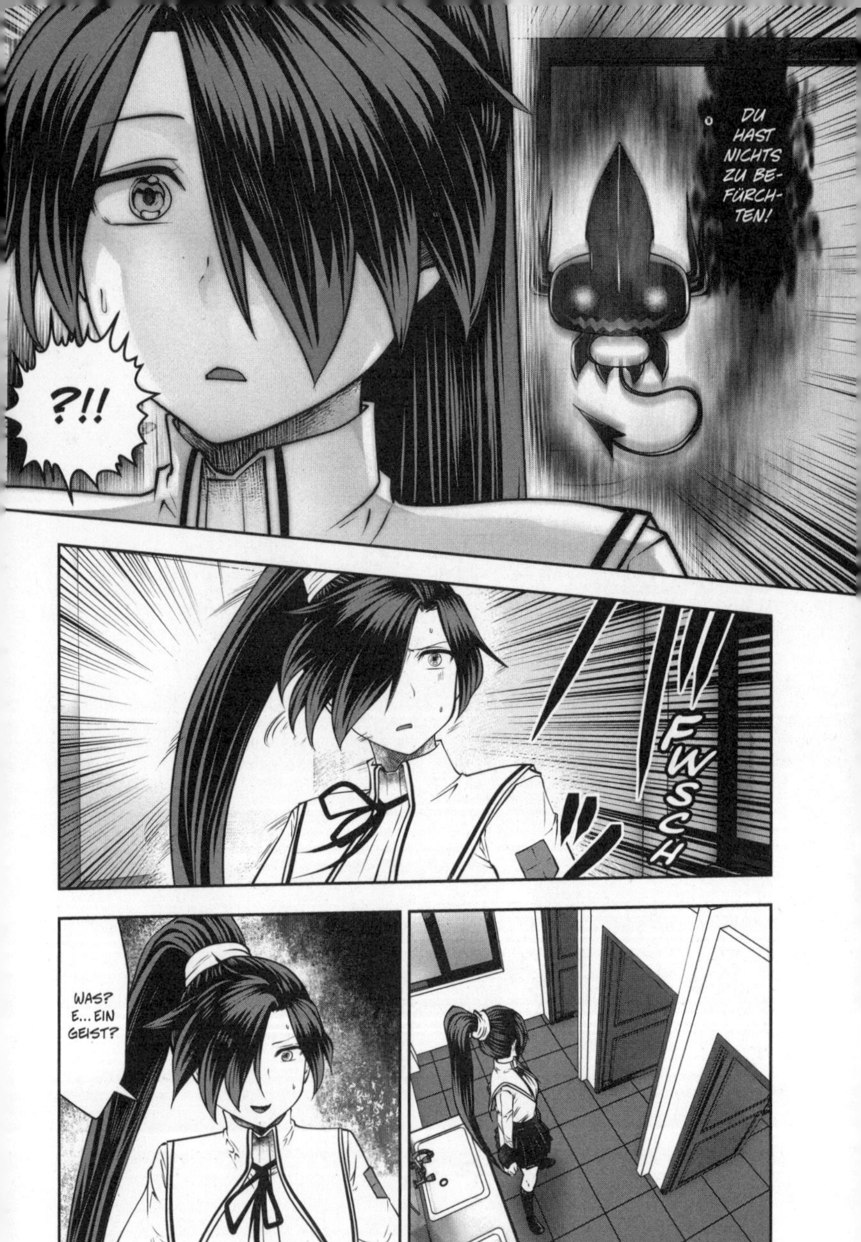
DU HAST NICHTS ZU BE-FÜRCH-TEN!
?!!
FWSCH
WAS? E... EIN GEIST?

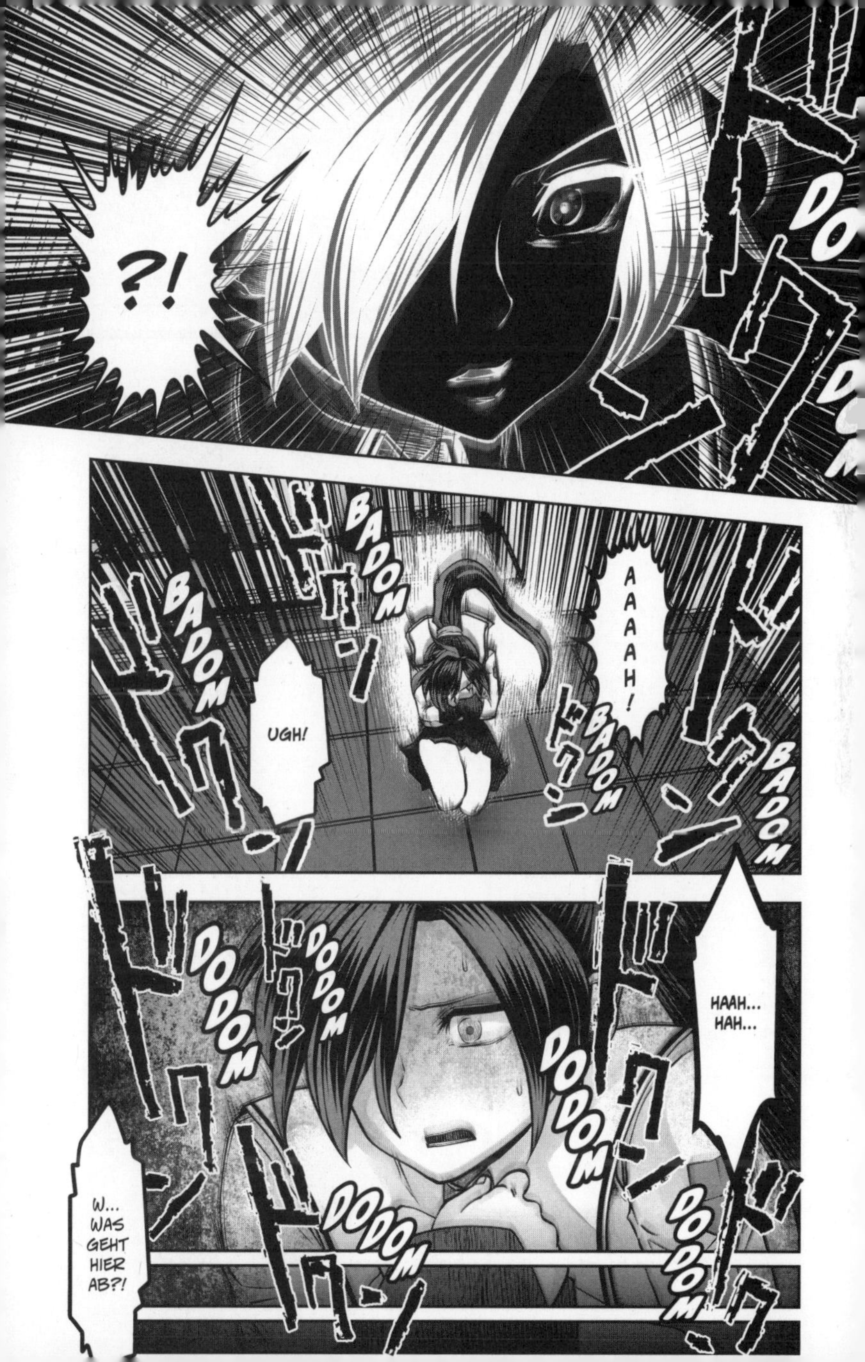
DO DO
?!
BADOM
AAAAAH!
BADOM
BADOM
UGH!
BADOM
HAAH... HAH...
DODOM
DODOM
DODOM
DODOM
DODOM
W... WAS GEHT HIER AB?!

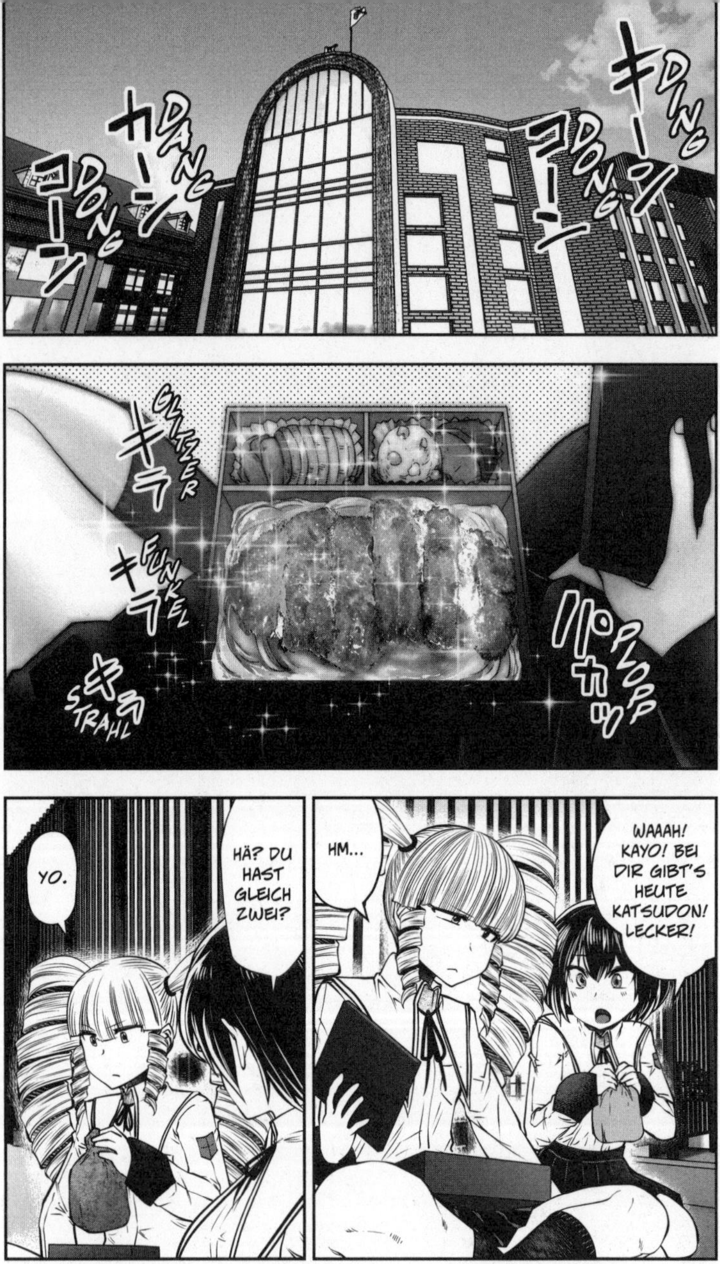
キーン DING
コーン DONG
カーン DANG
コーン DONG
パカッ PLOPP
キラ GLITZER
キラ FUNKEL
キラ STRAHL
WAAAH! KAYO! BEI DIR GIBT'S HEUTE KATSUDON! LECKER!
HM...
HÄ? DU HAST GLEICH ZWEI?
YO.

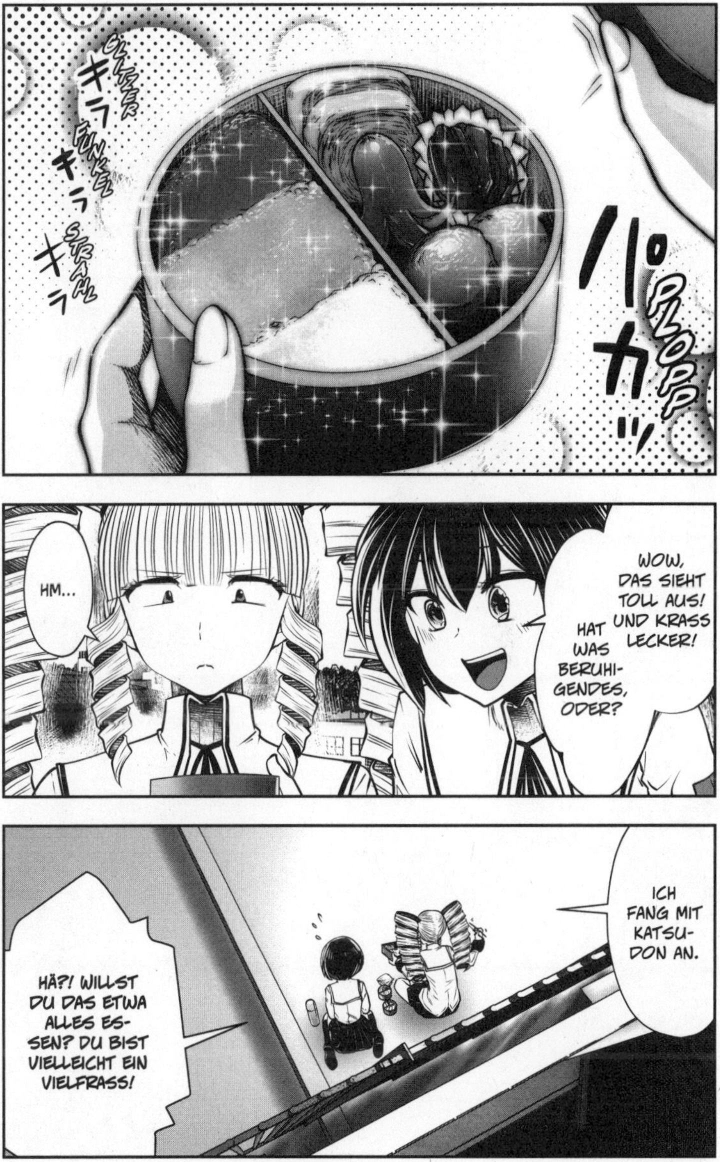
Glitzer
キラ
Funkel
キラ
Strahl
キラ
キラ
パカッ
Plopp
Wow, das sieht toll aus! Und krass lecker!
Hat was beruhigendes, oder?
Hm...
Ich fang mit Katsudon an.
Hä?! Willst du das etwa alles essen? Du bist vielleicht ein Vielfrass!

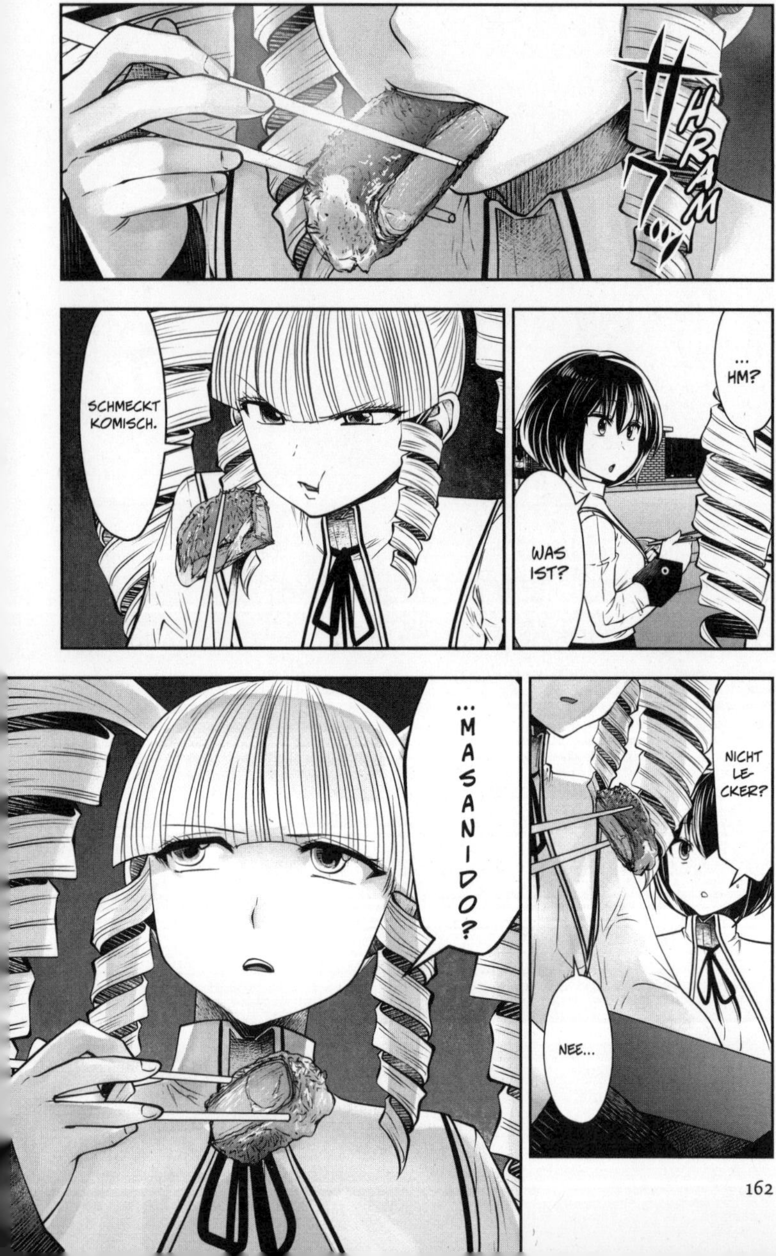
HRAM
...
SCHMECKT KOMISCH.
... HM?
WAS IST?
...MASANIDO?
NICHT LE-CKER?
NEE...

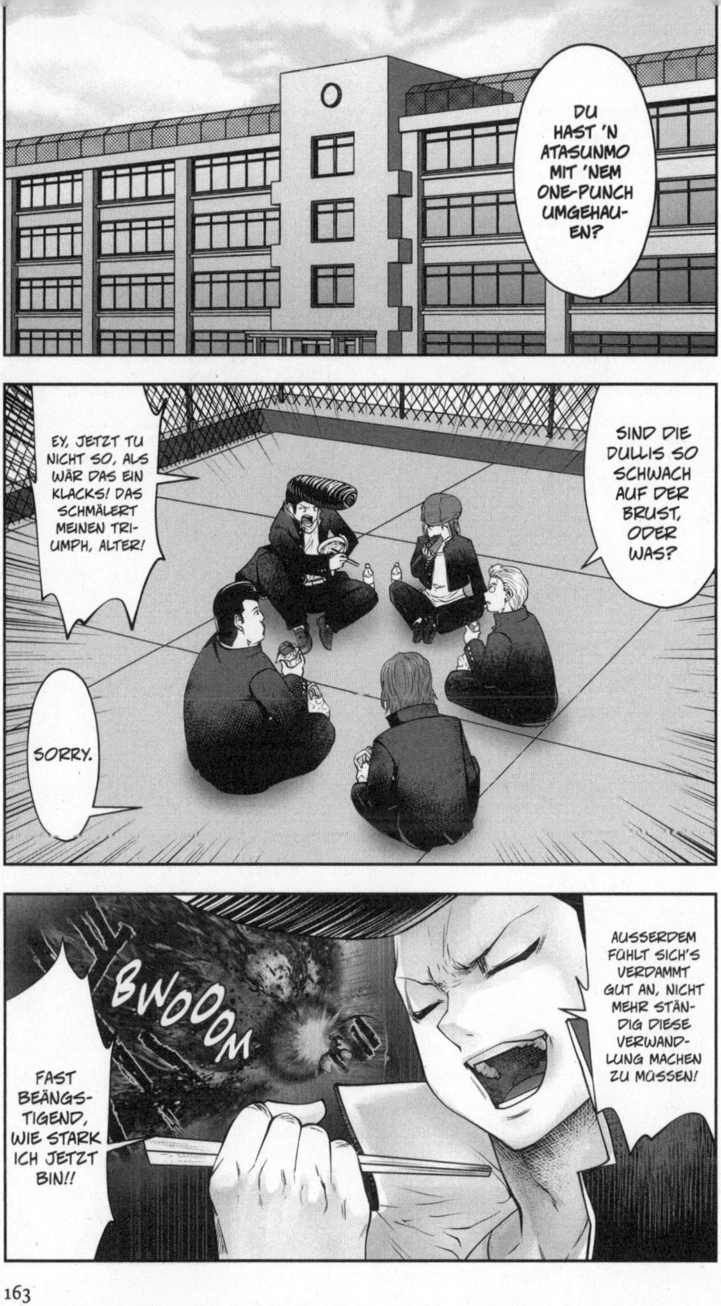
DU HAST 'N ATASUNMO MIT 'NEM ONE-PUNCH UMGEHAU-EN?
SIND DIE DULLIS SO SCHWACH AUF DER BRUST, ODER WAS?
EY, JETZT TU NICHT SO, ALS WÄR DAS EIN KLACKS! DAS SCHMÄLERT MEINEN TRI-UMPH, ALTER!
SORRY.
AUSSERDEM FÜHLT SICH'S VERDAMMT GUT AN, NICHT MEHR STÄN-DIG DIESE VERWAND-LUNG MACHEN ZU MÜSSEN!
BWOOOM
FAST BEÄNGS-TIGEND, WIE STARK ICH JETZT BIN!!

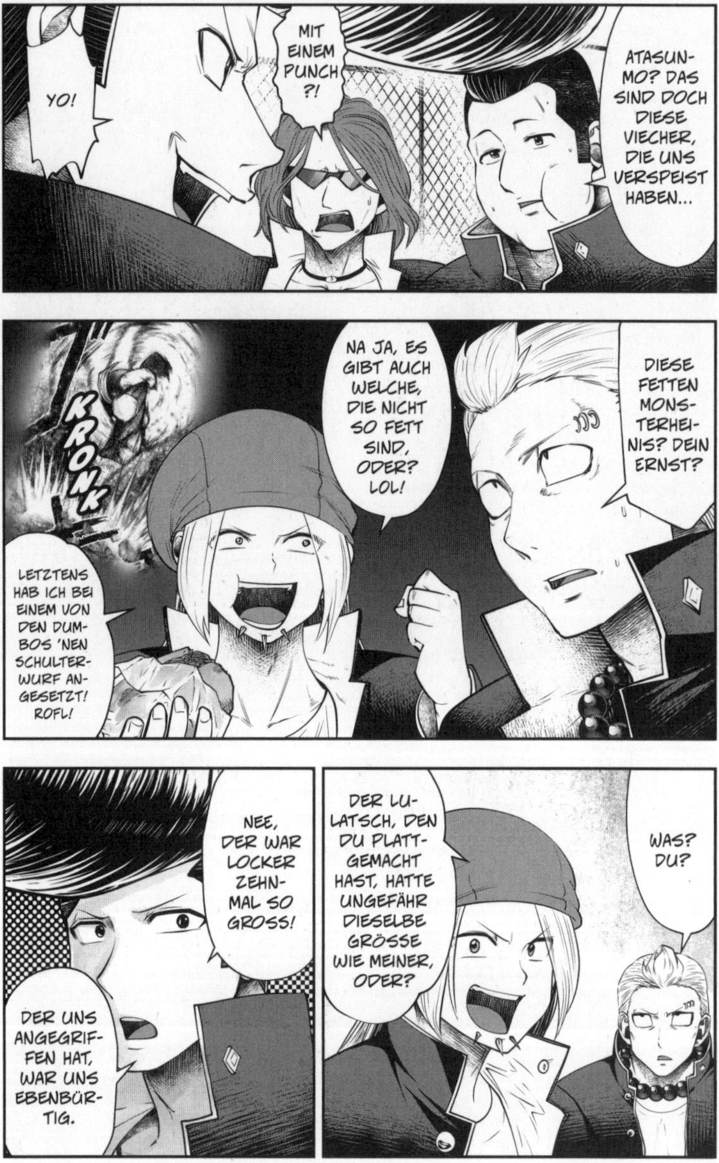
ATASUNMO? DAS SIND DOCH DIESE VIECHER, DIE UNS VERSPEIST HABEN...
MIT EINEM PUNCH?!
YO!
DIESE FETTEN MONSTERHEINIS? DEIN ERNST?
NA JA, ES GIBT AUCH WELCHE, DIE NICHT SO FETT SIND, ODER? LOL!
KRONK
LETZTENS HAB ICH BEI EINEM VON DEN DUMBOS 'NEN SCHULTERWURF ANGESETZT! ROFL!
WAS? DU?
DER LULATSCH, DEN DU PLATTGEMACHT HAST, HATTE UNGEFÄHR DIESELBE GRÖSSE WIE MEINER, ODER?
NEE, DER WAR LOCKER ZEHNMAL SO GROSS!
DER UNS ANGEGRIFFEN HAT, WAR UNS EBENBÜRTIG.

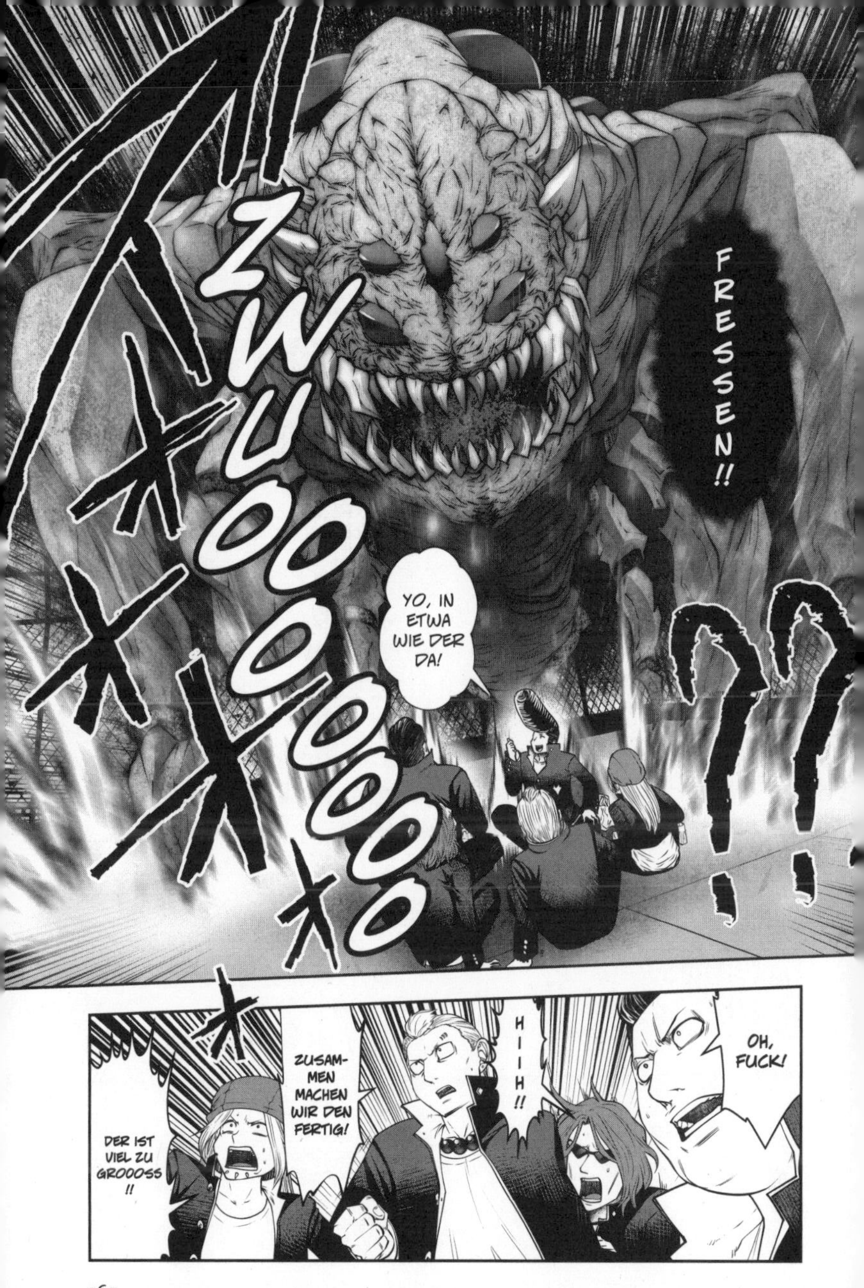
FRESSEN!!
YO, IN ETWA WIE DER DA!
??
OH, FUCK!
HIIH!!
ZUSAM-MEN MACHEN WIR DEN FERTIG!
DER IST VIEL ZU GROOOSS!!

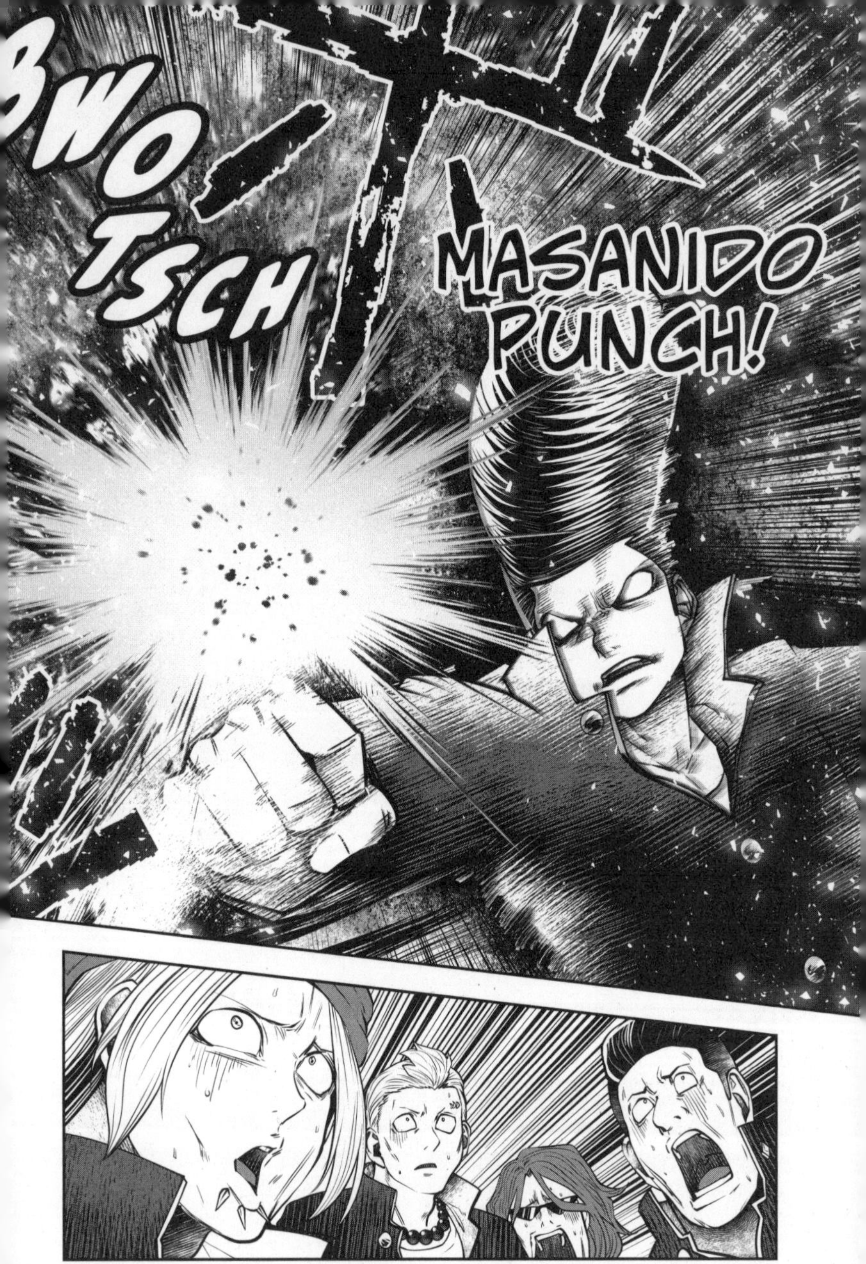
BWOTSCH
MASANIDO PUNCH!

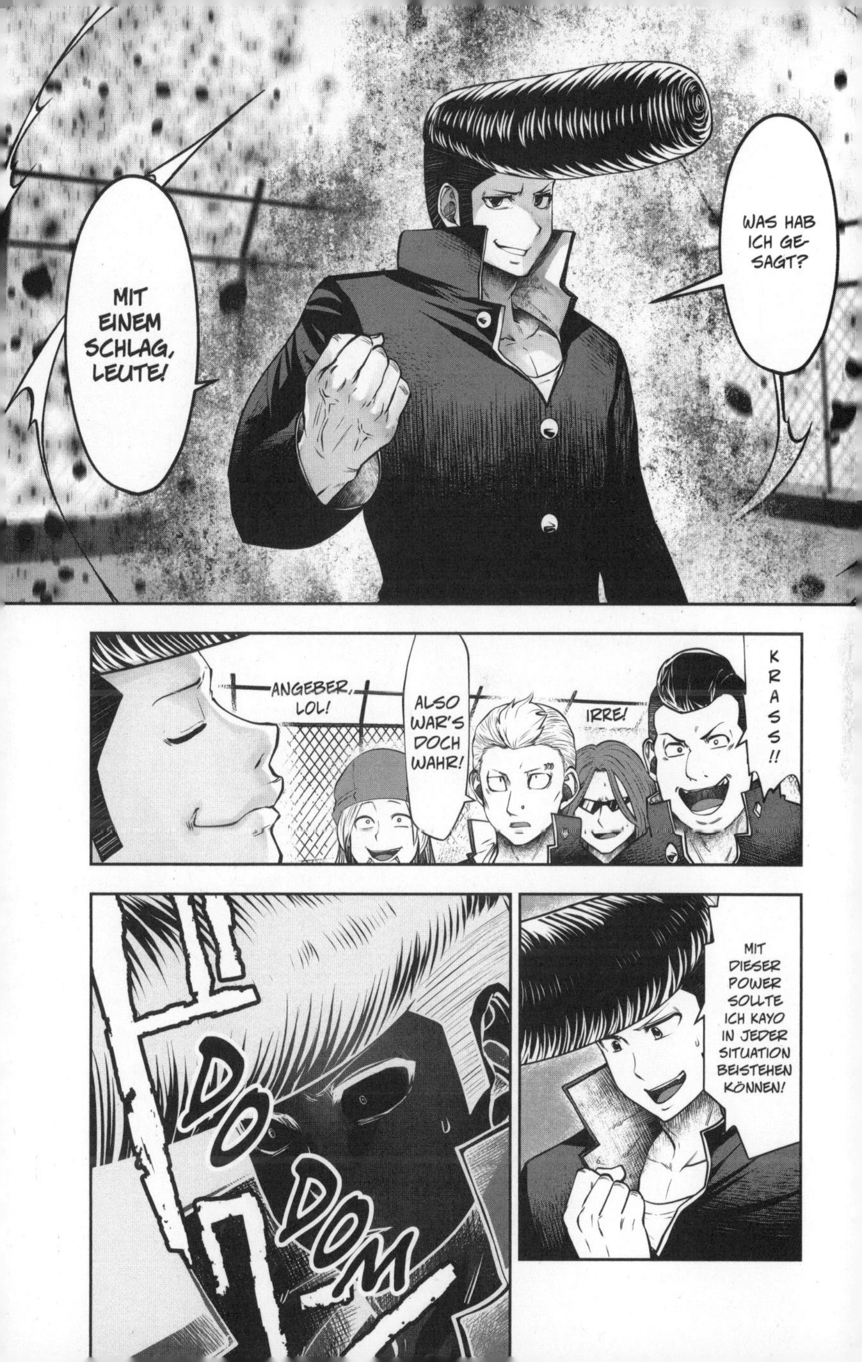
WAS HAB ICH GE-SAGT?
MIT EINEM SCHLAG, LEUTE!
KRASS!!
IRRE!
ALSO WAR'S DOCH WAHR!
ANGEBER, LOL!
MIT DIESER POWER SOLLTE ICH KAYO IN JEDER SITUATION BEISTEHEN KÖNNEN!
DO DOM

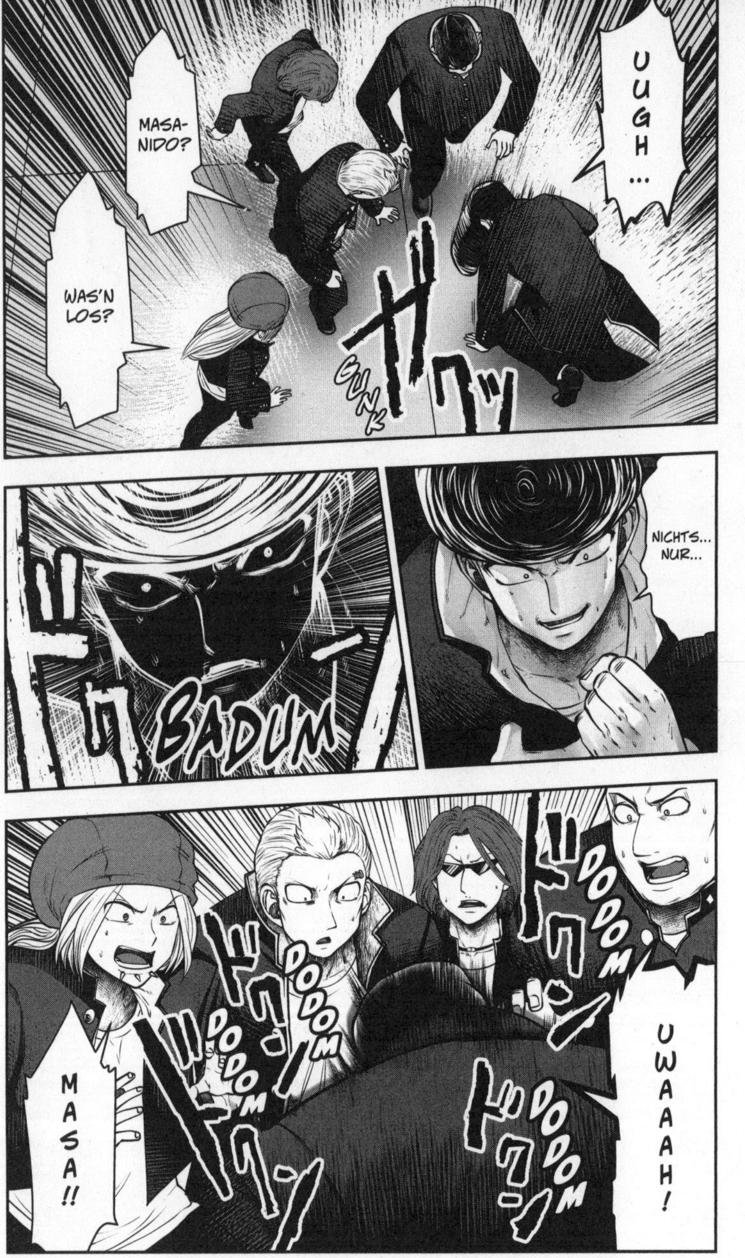

UUGH...
MASA-NIDO?
WAS'N LOS?
GUNK
NICHTS... NUR...
BADUM
UWAAAH!
DODOM
DODOM
DODOM
DODOM
DODOM
MASA!!

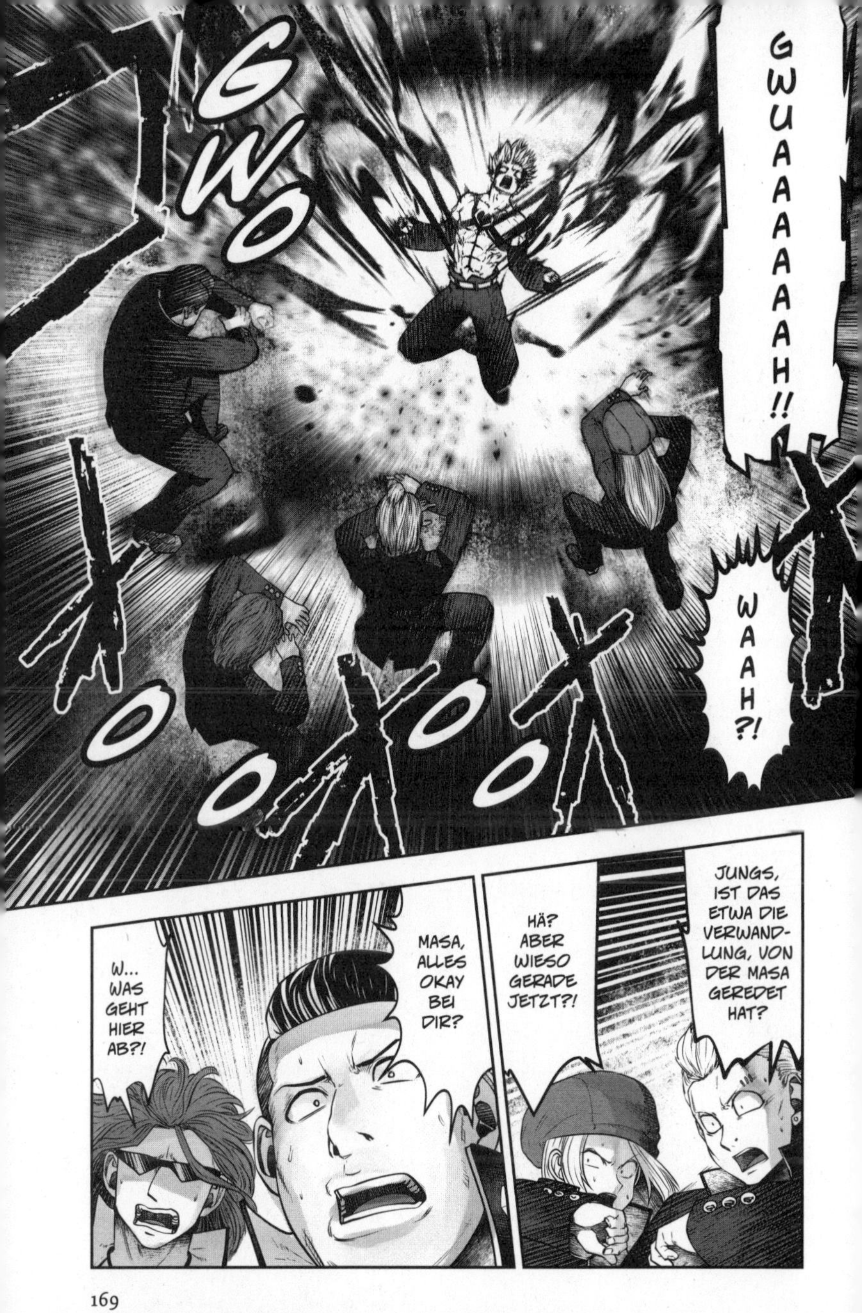
GWUAAAAAAAH!!
WAAAH?!
GWOOOOO
JUNGS, IST DAS ETWA DIE VERWAND-LUNG, VON DER MASA GEREDET HAT?
HÄ? ABER WIESO GERADE JETZT?!
MASA, ALLES OKAY BEI DIR?
W... WAS GEHT HIER AB?!

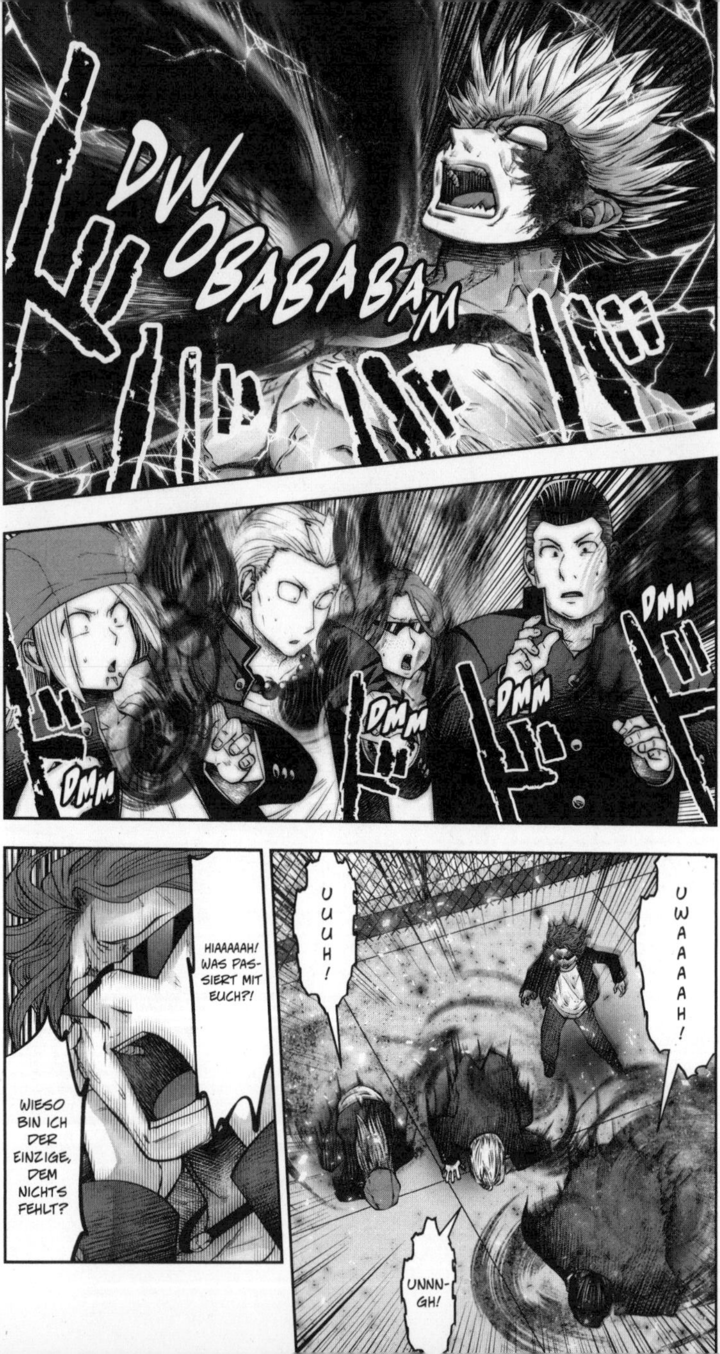
DWOBABABABAM
DMM
DMM
DMM
DMM
UWAAAAAH!
UUUH!
UNNN-GH!
HIAAAAAH! WAS PAS-SIERT MIT EUCH?!
WIESO BIN ICH DER EINZIGE, DEM NICHTS FEHLT?

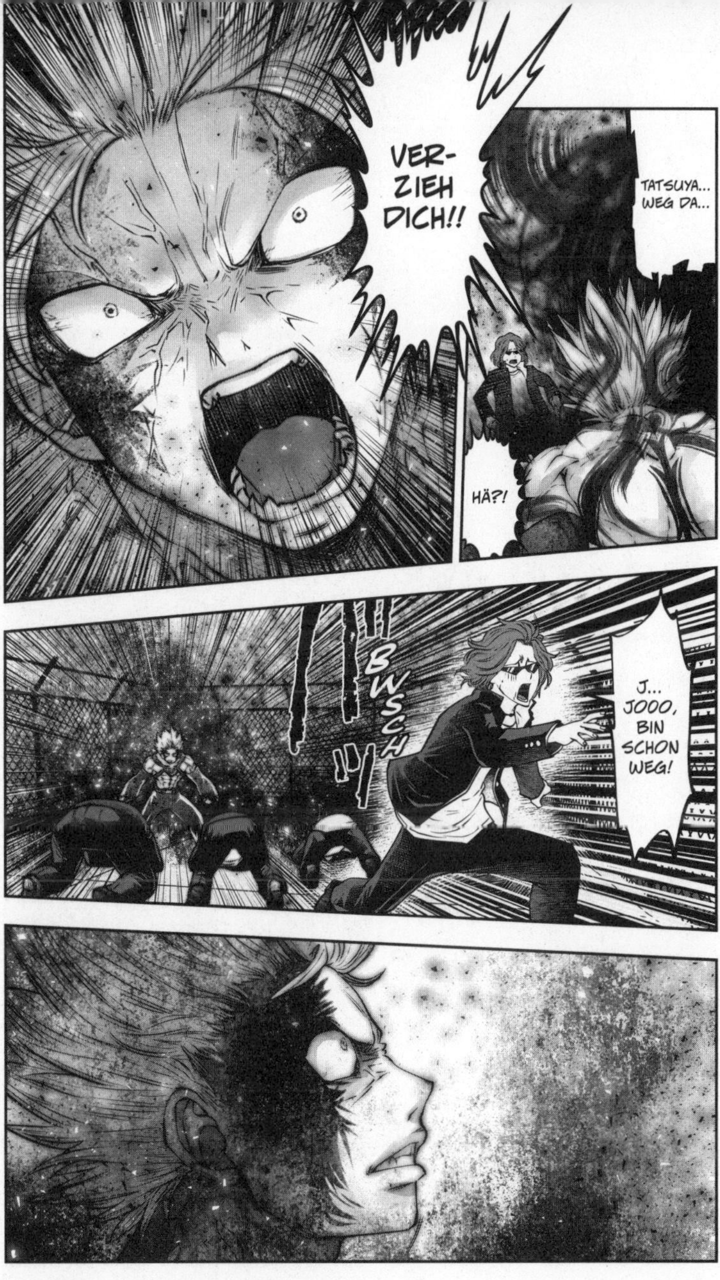
TATSUYA... WEG DA...
HÄ?!
VER-ZIEH DICH!!
J... JOOO, BIN SCHON WEG!
BWSCH

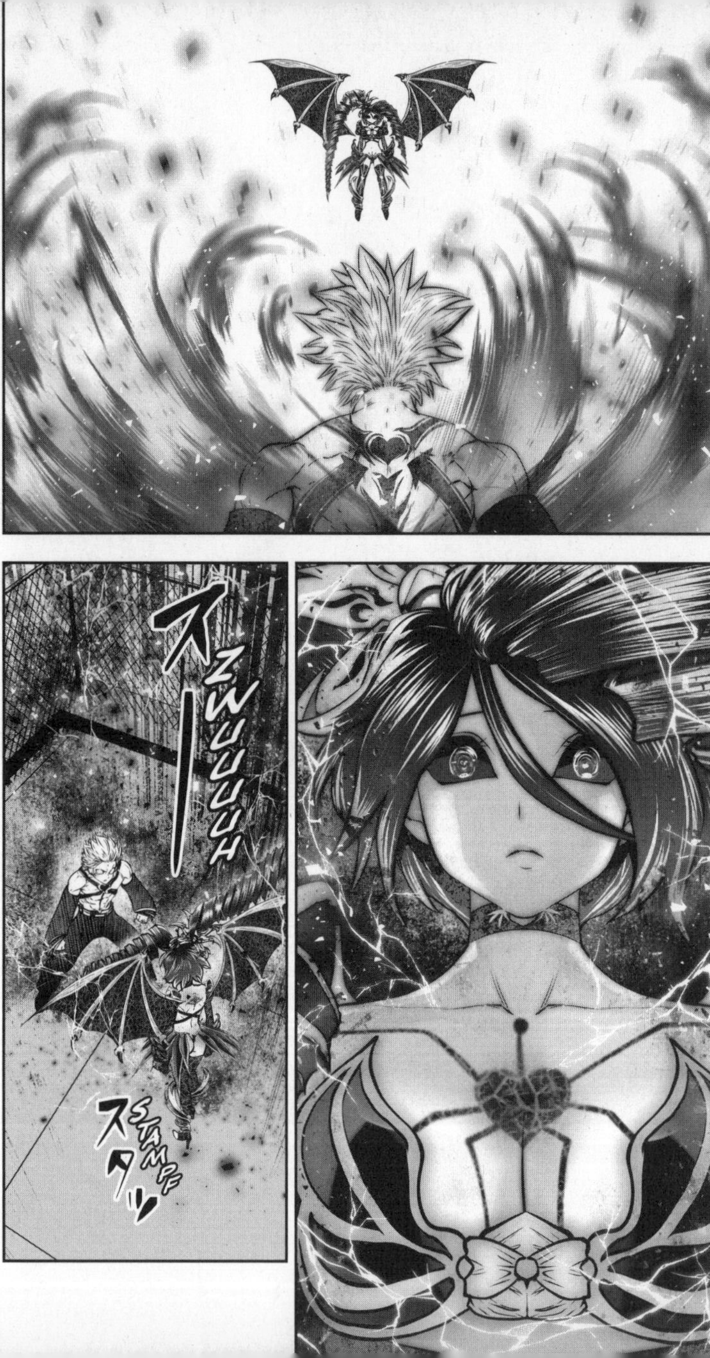
ス
ZWUUUUUH
スタッ
STAMPF

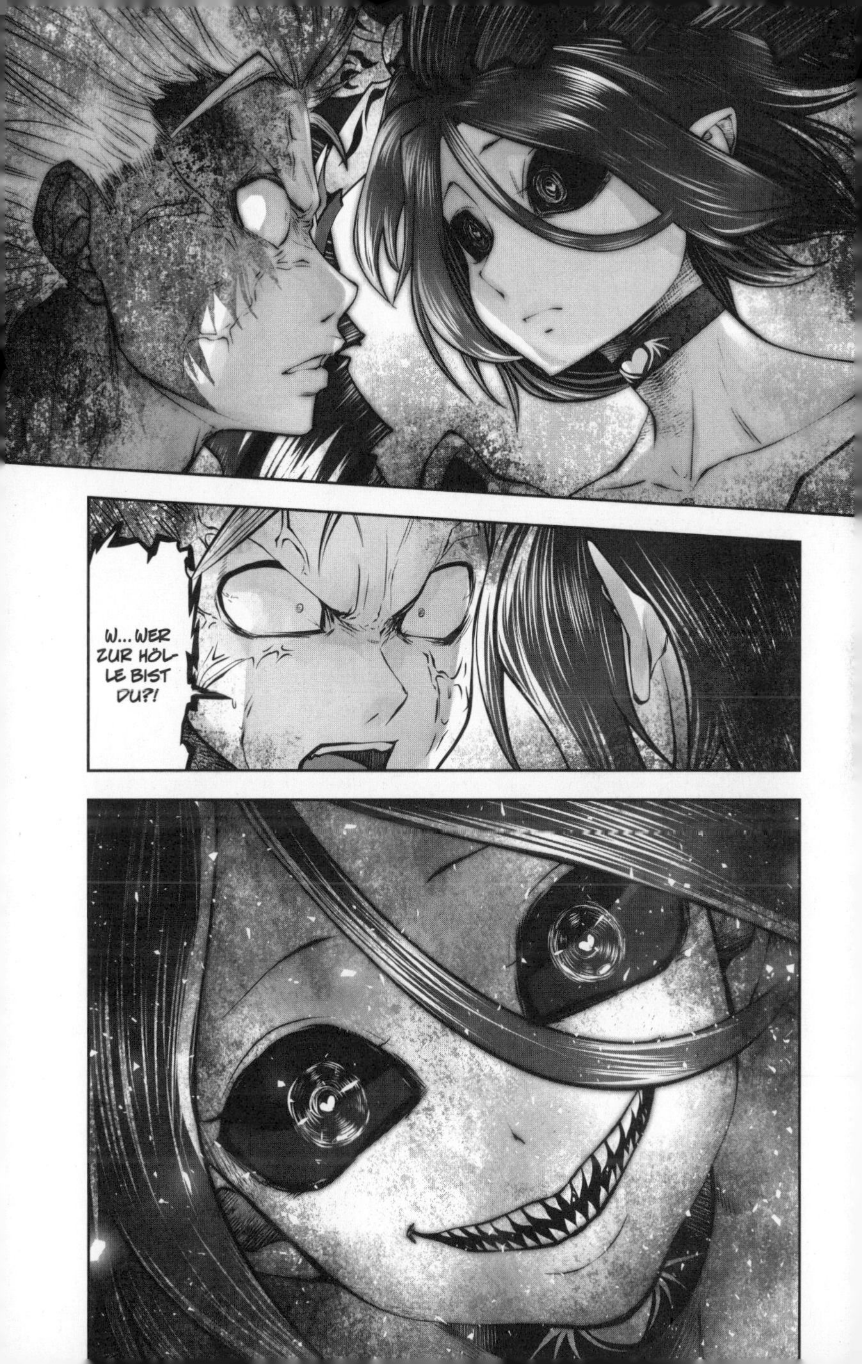
W... WER ZUR HÖL-LE BIST DU?!

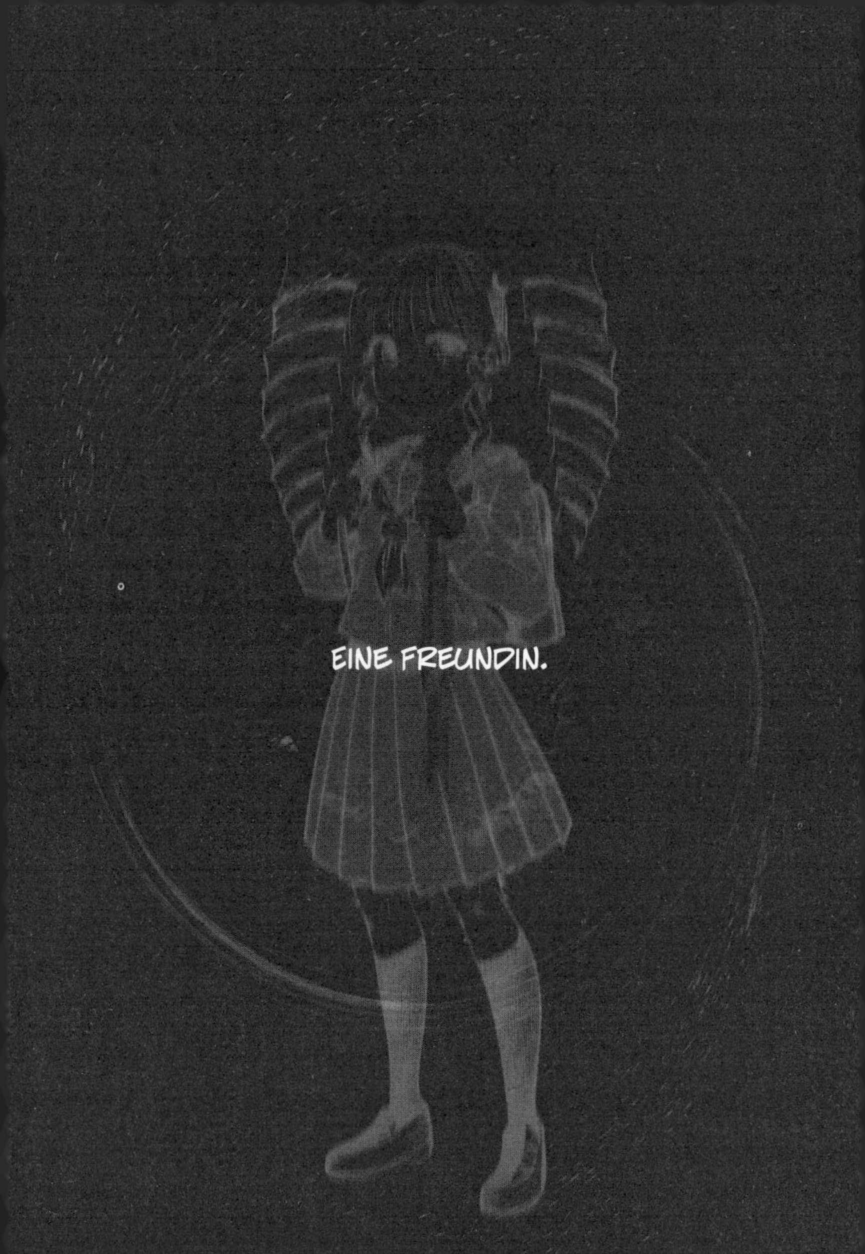

Magical Girl by Accident – Machimaho – Band 11 Ende

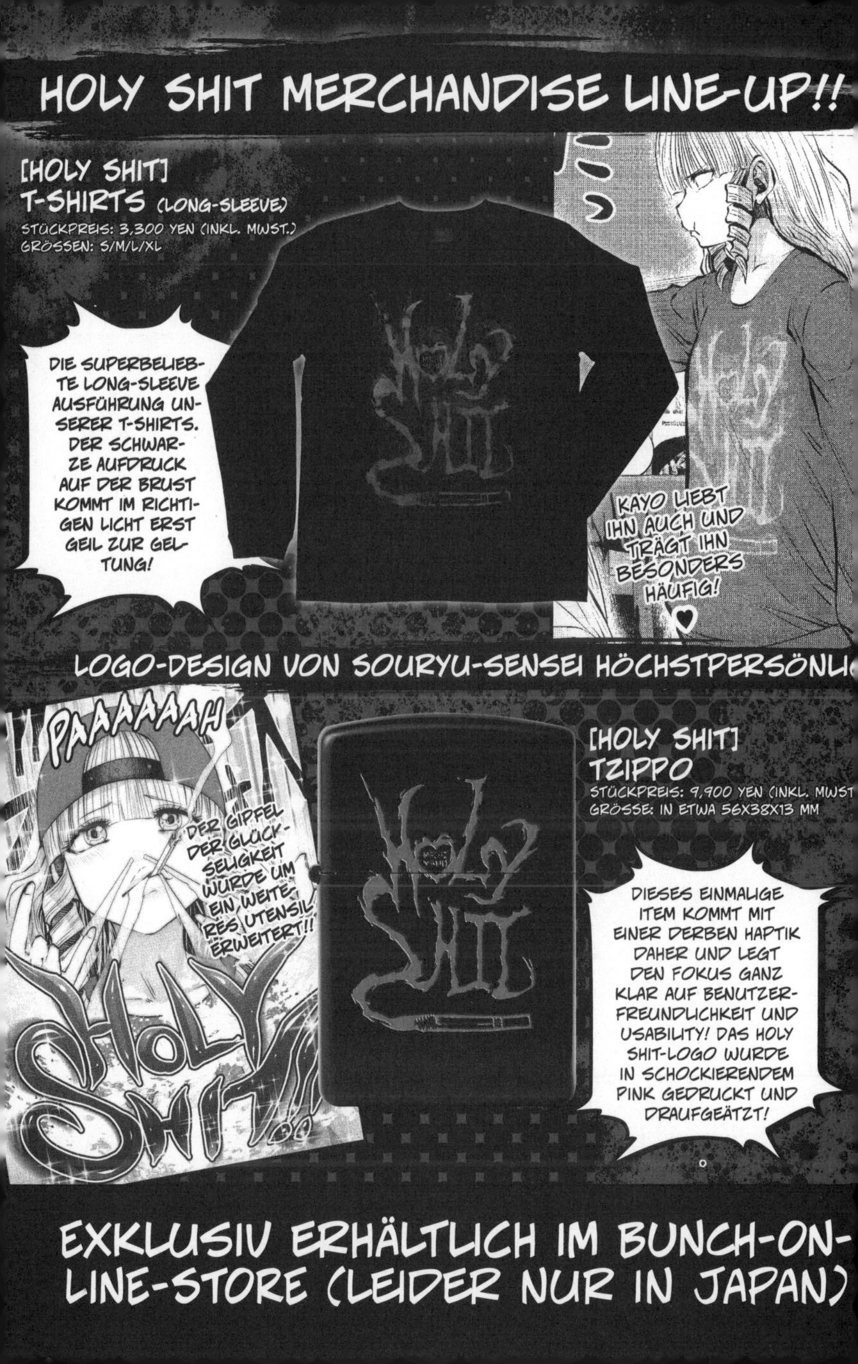
HOLY SHIT MERCHANDISE LINE-UP!!
[HOLY SHIT]
T-SHIRTS (LONG-SLEEVE)
STÜCKPREIS: 3,300 YEN (INKL. MWST.)
GRÖSSEN: S/M/L/XL
DIE SUPERBELIEBTE LONG-SLEEVE AUSFÜHRUNG UNSERER T-SHIRTS. DER SCHWARZE AUFDRUCK AUF DER BRUST KOMMT IM RICHTIGEN LICHT ERST GEIL ZUR GELTUNG!
KAYO LIEBT IHN AUCH UND TRÄGT IHN BESONDERS HÄUFIG! ♥
LOGO-DESIGN VON SOURYU-SENSEI HÖCHSTPERSÖNLI
PAAAAAAH
DER GIPFEL DER GLÜCKSELIGKEIT WURDE UM EIN WEITERES UTENSIL ERWEITERT!!
HOLY SHIT...
[HOLY SHIT]
TZIPPO
STÜCKPREIS: 9,900 YEN (INKL. MWST
GRÖSSE: IN ETWA 56X38X13 MM
DIESES EINMALIGE ITEM KOMMT MIT EINER DERBEN HAPTIK DAHER UND LEGT DEN FOKUS GANZ KLAR AUF BENUTZERFREUNDLICHKEIT UND USABILITY! DAS HOLY SHIT-LOGO WURDE IN SCHOCKIERENDEM PINK GEDRUCKT UND DRAUFGEÄTZT!
EXKLUSIV ERHÄLTLICH IM BUNCH-ONLINE-STORE (LEIDER NUR IN JAPAN)

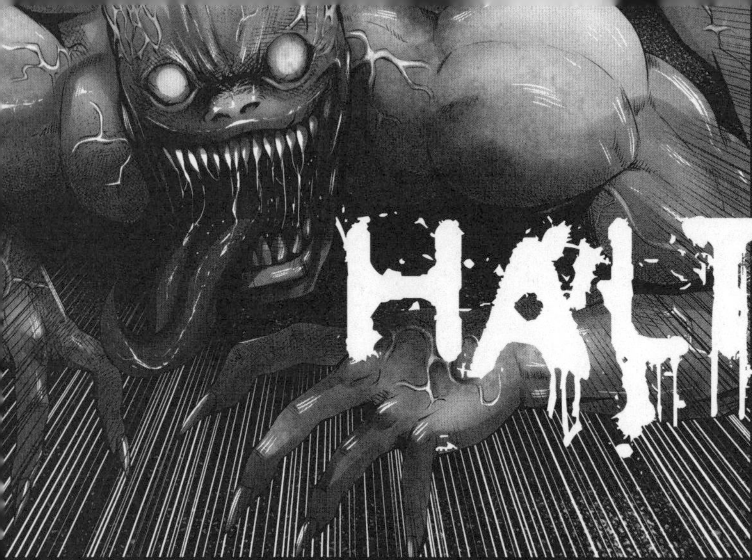

»Machimaho« ist eine japanische Serie, die originalgetreu von »hinten« nach »vorne« und von rechts nach links gelesen wird! Schlagt das Taschenbuch also »hinten« auf und blättert Seite für Seite nach »vorne« weiter!
Auch die Bilder und Sprechblasen auf jeder Seite werden von rechts oben nach links unten gelesen, wie es in der Grafik gezeigt wird!

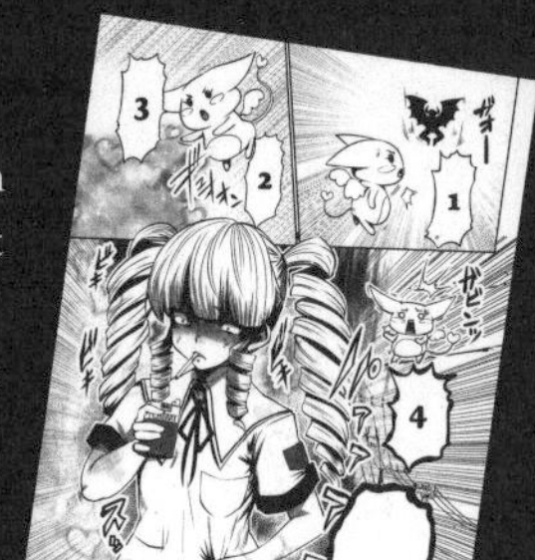

Rasante Unterhaltung!

Deutsche Ausgabe/German Edition | Carlsen Verlag, Hamburg 2023
Aus dem Japanischen von Martin Gericke
MACHIGATTA KO WO MAHOUSHOUJO NI SHITESHIMATTA vol. 11

First published in Japan in 2022 by SHINCHOSHA Publishing Co., Ltd., Tokyo
German translation rights arranged with SHINCHOSHA Publishing Co., Ltd., through TUTTLE-MORI AGENCY, INC., Tokyo. | Redaktion: Anne Berling
Textbearbeitung: Germann Bergmann | Herstellung: Karen Kollmetz
 | ISBN 978-3-551-73987-2